KB260605

북한이탈주민 사회복지실천론

북한이탈주민 사회복지실천론

초판 1쇄 발행 2008년 7월 1일

지은이 / 박영희 이기영 한성심 김현경 김선화
         그리스도대학교 남북통합지원센터 편
펴낸곳 / 나눔의집
펴낸이 / 박정희
주   소 / 152-790 서울시 구로구 구로3동 182-13번지
         대륭포스트타워 II 1205호
전   화 / 02-2082-0260
팩   스 / 02-2082-0263
www.ncbook.co.kr

값 15,000원
ISBN 978-89-5810-134-5   93330

●파본은 구입하신 곳에서 교환해 드립니다.

북한이탈주민 사회복지실천론

박영희 이기영 한성심 김현경 김선화

그리스도대학교 남북통합지원센터 편

사회복지 전문출판 나눔의집

그리스도대학교는 "남북통합시대를 대비한 복지전문인력 양성 및 허브 구축"이라는 주제로 2007~2008년도 교육인적자원부(교육과학기술부) 수도권대학 특성화사업 지원대상으로 선정되어 2008년 4월까지 그 1차년도 사업을 완료하게 되었습니다.

그간 본교 남북통합지원[SSNI: Support for South-North Integration] 특성화사업단(www.ssni.kcu.ac.kr)은 사회복지학부 안에 남북통합지원 특성화과정을 세계 최초로 개설하여 장학금을 통해 우수학생을 선발하고 새터민 전문가 양성 프로젝트를 시작하였습니다. 그 다양한 사업 가운데 핵심 사업은 다름 아닌 남북통합지원 특성화교과목의 신규 개발이었고, 그 성과가 바로 이번에 출간되는 남북통합지원 특성화 교재총서 시리즈입니다. 이 총서의 발간으로 비로소 우리 대학은 세계 최초 북한이탈주민 전문가 양성의 요람으로서 위상을 확고히 하게 되었습니다.

2007년 말 1만 명을 돌파하고 2008년 현재까지 2만 명에 육박하는 등 최근 급증세를 보이는 북한이탈주민은 1백만 명을 돌파한 다문화이주민과 함께 새로운 취약계층으로 급속히 부각되고 있습니다. 그럼에도 불구하고 이들에 대한 체계적인 한국사회 안내 및 적응 프로그램은 아직도 걸음마단계를 벗어나고 있지 못합니다. 이런 점에서 본교 특성화사업단에서 개발한 교재총서는 그 시발점이 될 것으로 확신합니다. 2차년도에서 개발할 교재총서까지 합하면 결코 적지 않은 양과 질이 될 것입니다.

본교 특성화사업은 우선 북한이탈주민을 주요 대상으로 설정하였지만 장기적으로는 다문화이주민까지 포괄하게 될 것입니다. 「북한이탈주민의 보호 및 정착지원에 관한 법률」과 「재한외국인 처우기본법」, 「다문화가족지원법」 등 법체계의 구비로 본교 특성화사업은 큰 힘을 얻고 있습니다.

본 교재총서 집필에 참여하신 교내외 전문가들께 감사와 치하의 말씀을 드리며, 그간 본 특성화사업 제1차년도 사업에 혼신의 노력을 기울이신 박영희 단장님 이하 9인의 위원교수님들께 심심한 사의를 표하는 바입니다.

감사합니다.

2008. 6.

그리스도대학교 총장 고성주

그리스도대학교는 지역에 2,000여 명의 북한이탈주민들이 거주하고 있어 지역사회의 책임을 다하는 대학으로서 오래 전부터 북한이탈주민들의 한국사회 통합을 대학이 담당해야 할 주요 과제로 생각해왔습니다. 이에 2007년부터 '남북통합시대를 대비한 복지전문인력 양성 및 허브구축'이라는 제목으로 교육과학기술부 수도권 특성화 대학으로 선정되어 관련 사업을 시행해오고 있으며, 2008년부터는 남북통합지원센터를 설립하여 운영해오고 있습니다. 무엇보다도 본 대학 사회복지학부에서는 특성화 사업의 일환으로 남북통합 시대를 준비하는 복지인력 양성을 위하여 기존의 사회복지 교과목 외 8개의 사업 관련 교과목들을 개설하여 운영하고 있습니다. 이는 우리 대학뿐만 아니라 사회복지계 전반에 큰 의미를 줄 것으로 생각합니다. 이와 함께 남북통합지원센터에서는 1차년도 사업의 결과로 『이주민 정책과 서비스』, 『북한이탈주민 사회복지실천론』, 『북한이탈주민 가족복지론』, 『북한이탈주민 사회복지실습』 등 4권의 교재를 개발하였습니다.

특히 북한이탈주민 사회복지실천론은 같은 민족이지만 서로 다른 정치사회 환경 속에서 50여 년을 살아온 북한이탈주민들을 정책과 서비스를 통해 만나야하는 한국의 사회복지사가 기존의 한국 클라이언트들과 비교해볼 때 북한이탈주민들은 어떤 차이점과 유사점이 있는지, 따라서 기존의 실천이론과 기술들을 적용하는 데에 있어서는 어떤 점들을 고려하여야 하는지에 관한 내용을 다루고 있습니다. 이는 사회복지서비스의 효율성 고양은 물론 북한이탈주민 관련 실무 현장에서 일을 하면서 마땅한 지침서가 없어서 어려움을 겪고 있던 많은 실무자들에게 큰 도움을 제공하게 될 것입니다. 그러나 무엇보다도 대학에서 사회복지를 전공하는 학생들이 이 책을 계기로 한국 사회가 직면한 민족적인 중요한 과제에 대하여 사회복지사로서의 역할과 책임을 인식할 수 있는 계기가 될 수 있을 것이라는 점에서 이 책들이 주는 의미는 대단히 크다고 생각합니다.

본 교재는 총 5부, 15장으로 구성되어 있습니다. 1부에서는 북한이탈주민에 대한 사회복지실천의 의의를 정리함으로써 이 책의 문제의식과 지향점을 담았습니다. 2부에서는 북한이탈주민 사회복지실천 모델로 생태학적 접근 모델, 위기개입 모델, 역량강화 모델 등을 살펴보았습니다. 3부에서는 북한이탈주민 사회복지실천의 과정으로 문제확인과 사정기술, 목표설정과 계약, 개입실행, 평가와 종결에 이르는 전 과정을 아울러 보았습니다. 4부는 사례관리에 관한 논의로 그 필요성과 과정, 실제 적용 등을 다루었습니다. 5부에서는 개인, 가족, 지역사회로 나누어 개입방안과 실천 사례를 살펴봄으로써 책을 마무리하였습니다.

1부 1장, 3부 9장은 부산대학교 이기영 교수가, 2부 2장, 3부 5~8장은 그리스도대학교 박영희 교수가, 2부 3~4장, 5부 13장은 호원대학교 김현경 교수가, 4부 10~12장, 5부 15장은 그리스도대학교 김선화 겸임교수, 5부 14장은 그리스도대학교 한성심 교수가 집필하였습니다.

집필진은 오랜 동안 관련 NGO활동과 연구를 함께 해온 교수들, 최근에 관련 분야의 논문으로 박사학위를 받고 대학에 근무하는 신진학자들, 10여 년 동안 관련 현장에서 북한이탈주민 업무를 담당해온 실무자가 마음을 모아 함께 어울렸습니다. 이 어울림이 남북통일을 바라보는 현 시점에서 사회복지계의 통일 준비를 위한, 작으나 힘찬 출발이 되길 기대하며, 책의 주인공인 북한이탈주민 가족들과도 우리의 마음과 뜻을 함께 나누고자 합니다.

통일의 길목을 함께 준비한다는 마음으로 이 책의 출판을 흔쾌히 승낙해 주신 나눔의집출판사 류보열 사장님과, 늦어지는 원고를 마지막까지 꼼꼼히 손보아 책으로 만들어준 편집부 여러 선생님들, 특히 집필진과 대학과 출판사를 연결하느라고 마지막까지 마음 졸인 이주연 선생님에게 진심으로 감사의 마음을 전합니다.

1차년도 사업을 마감하며
저자 일동

contents

차례

I

북한이탈주민에 대한 사회복지실천의 관점 · 13

1장 북한이탈주민에 대한 사회복지실천의 관점 〈이기영〉 / 15

II

북한이탈주민 사회복지실천 모델 · 25

2장 생태학적 접근 모델 〈박영희〉 / 27

3장 위기개입 모델 〈김현경〉 / 35

4장 역량강화 모델 〈김현경〉 / 75

III

북한이탈주민 사회복지 실천과정 · 99

5장 사회복지실천의 과정 〈박영희〉 / 101

6장 문제 확인과 사정 기술 〈박영희〉 / 107

7장 목표설정과 계약 〈박영희〉 / 115

8장 개입실행 〈박영희〉 / 119

9장 평가와 종결 〈이기영〉 / 125

IV

북한이탈주민 사례관리 · 147

10장 북한이탈주민 사례관리의 필요성 〈김선화〉 / 149

11장 북한이탈주민 사례관리의 과정 〈김선화〉 / 169

12장 북한이탈주민 사례관리의 실제 〈김선화〉 / 189

V

북한이탈주민 정착 이슈와 프로그램 사례 · 201

13장 개인에 대한 개입방안과 실천 사례 〈김현경〉 / 203

14장 가족에 대한 개입방안과 실천 사례 〈한성심〉 / 227

15장 지역사회에 대한 개입방안과 실천 사례 〈김선화〉 / 253

I

북한이탈주민에 대한 사회복지실천의 관점

1장 북한이탈주민에 대한 사회복지실천의 관점__이기영

1 북한이탈주민에 대한 사회복지실천의 관점

1990년대 중반이후 증가하기 시작한 북한이탈주민이 지난 2006년 12월경에 1만 명을 넘어서고 지난해 2007년 말 1만 2천여 명에 이르고 있다. 북한이탈주민에 대한 학문적 관심은 정치학, 법학, 사회학, 심리학, 정신의학, 문화인류학 등 다양한 학문분야에서 각 영역의 고유한 관심분야를 중심으로 지속되고 있다. 예를 들어, 정치학에서는 탈북자 문제와 남북관계, 국제관계, 북한인권문제 등에, 법학에서는 탈북자의 난민지위에 관련된 법적, 국제법적 문제에, 사회과학분야에서는 이들의 북한생활, 탈북과정에서의 경험, 남한입국후의 사회적, 심리적 경험과 정신의학적 충격과 치료의 문제 등에 관심을 가져왔다.

사회복지분야에서의 학문적, 실천적 관심은 다른 분야와 비슷한 시점에서 시작되었다. 1990년대 중·후반부터 소수의 사회복지학자들의 관심이 대두되었고 실천현장에서는 사회복지관 등 기관에서의 정착지원 프로그램이 시작되었다. 그러나 실무자들과 사회복지기관들의 현장프로그램들은 지속적으로 유지·발전되고 있으나, 그동안 사회복지 학계에서는 연구와 교육의 저변이 확대되지 못하고 일부 학자들의 연구업적에 다소 제한되어 있었다고 볼 수 있다. 그러나 최근 북한이탈주민 문제에 대하여 민관협력의 필요성 아래 지역사회 내의 민간사회복지기관들의 개입의 당위성이 제고되고, 다양한 서비스욕구에 대한 전문적인 지원이 요구됨에 따라 사회복지 현장의 역할과 학문적 참여가 중요시되고 있다. 다른 한편에서는 한국사회 내의 이주민과 다문화 현상에 대한 관심이 제고됨으로써 한국사회 내 북한이탈주민의 존재에 대한 관심 또한 새로운 시각에서 높아지고 있다. 그러나 그동안 사회복지 현장실무자들의 지속적인 프로그램 운영에도 불구하고 북한이탈주민 문제에 대한 사회복지실천의 접합성, 체계적 개입방법과 역할에 대한 내용이 이론적이고 논리적으로 정리되지 못했기 때문에 향후 이 분야에 투입될 사회복지 실천가들과 사회복지를 전공하는 학생들에 대한 훈련 및 교육과정에서 체계적인 교육이 이루어지 않고 있다.

북한이탈주민과 관련된 이슈와 논점들은 다양하지만 사회복지의 관점에서 북한이탈주민의 문제는 정치적 이슈나 국제관계적 이슈라기보다 한 인간으로서 혹은 한 사회 구성원으로서 생존과 적응이라는 현실적 삶의 측면, 그리고 사회통합이라는 사회관계적 의미가 더욱 중요하게 부각된다. 한국에 들어와 정착하고 있는 북한이탈주민의 생존과 적응, 통합에 관한 문제는 전통적으로 이러한 목적을 전문지의 사명으로 인식헤오고 있는 사회복지 영역에 있어서 새로운 도전으로 다가온다. 북한이탈주민 문제는 미시적으로는 우리사회의 하나의 이주민이며, 동포이자, 사회적 소수자집단의 개입에 대한 과

제이다. 또한, 거시적, 장기적으로는 향후 다양한 이주자들이 함께
살아갈 것으로 예상되는 한국의 미래에 대한 과제인 동시에 북한주
민과 북한을 대상으로 하는 사회복지연구와 실천이 요구될 미래에
대한 예비 과제로 북한이탈주민 문제를 좀 더 진지하고 체계적으로
고려해야 할 시점이다.

이 책에서는 이러한 현실적 배경에 기반을 둔 북한이탈주민 사회
복지실천 개입에 대한 학문적 입장과 개입방법에 관한 세부적인 논
의를 정리하고자 한다. 물론, 이 저술이 아마도 북한이탈주민 문제에
관한 사회복지실천론의 관점에서 최초로 저술되는 것으로 판단되므
로 내용과 체계부분에서 부족한 점들이 많을 것으로 생각되나, 향후
관련 연구의 발전에 초석이 될 것이다.

1. 북한이탈주민 문제, 왜 사회복지인가?

먼저 논의해 보아야 할 주제는 북한이탈주민 문제에 대한 사회복
지실천 개입의 이유이다. "왜 이들의 문제에 사회복지가 개입해야
하는가"이다. 그 이유는 첫째로, 사회복지는 북한이탈주민의 삶의
문제에 직접적으로 관여하고 현실적인 대응을 모색하는 분야이기
때문이다. 사회복지는 사회 소외계층 및 소수자집단의 삶의 욕구에
대응적이다. 정치전략적인 구조 속에서 국제법적으로 아직 난민으
로 인정되지 않고 있지만 북한이탈주민은 북한 내에서의 정치적 탄
압 혹은 국가경제의 파탄으로 인한 극심한 기아상태로 탈북과정에
서 절대적 생사의 귀로에 섰던 이들의 경험과 중국 등지에서의 체류
시 비인권적 처우를 받은 경험을 볼 때 난민인정자에 준하는 존재들
이며, 한국에 들어와서 정착과정에서도 여전히 소수자이며 소외계

층이다. 북한이탈주민의 문제는 탈북과 제3국에서의 험난한 체류과정을 거치면서 살아남아야 한다는 극적인 생존의 문제이다. 그리고 한국사회에 편입 후 새로운 지역사회에서 경제적으로 생존하고 사회제도와 문화에 적응해야 한다는 현실적이고 구체적인 삶의 문제이다. 사회복지는 이러한 생존, 적응 혹은 정착이라는 북한이탈주민의 구체적인 욕구와 삶의 현실에 대하여 세부적으로 사정査定하고, 직접적으로 개입하며 대응하는 학문이자 실천분야이다.

그만큼 북한이탈주민의 문제에 대한 개입과 원조는 사회복지의 기본적 가치 및 사명mission과 맥을 같이 하고 있다. 북한이탈주민은 정치적 난민, 환경난민, 불법체류자(중국 등 제3국에서의 지위), 이주민, 북한동포 등으로 그 정체성을 매겨볼 수 있는데, 대부분 이들에게 매겨져 있는 정체성은 국가적, 사회적, 국제사회적으로 불이익집단disadvantaged people 혹은 배제의 대상임을 알 수 있다. 사회복지의 기본적 가치 중에는 인간의 존엄성의 추구, 개인의 생존권, 기본적 인권의 보장, 어떠한 배경에 의한 차별의 금지, 개인과 환경의 조화, 사회통합의 가치 추구, 피억압자the oppressed에 대한 지원, 저항과 옹호를 위한 사회행동의 가치추구 등이 열거될 수 있는데 이러한 기본적 가치들은 북한이탈주민에 대한 지원의 가치와 전반적으로 그 맥락을 같이 한다. 이뿐만 아니라 사회적 약자로서 아동과 여성에 대한 우선성의 강조는 역사적으로 오래전부터 내재화된 가치로서 외국의 경우, 무연고 미성년 난민신청자Unaccompanied asylum-seeking minors를 위한 지원프로그램에 영향을 미쳤고(Collett, 2004), 우리나라 북한이탈주민의 경우, 무연고 탈북청소년과 여성 북한이탈주민의 인신매매경험으로 인한 심리적 외상에 대한 프로그램에 우선적인 지원을 강조하고 있다. 그렇다고 해서 북한이탈주민들의 입국 전 배경과 탈북과정에서의 경험을 도외시하는 것은 결코 아니다. 누구보다도 이들의 비인권적 처우에 대하여 사회적 행동으로 이들의 문제를 공표하고 이들의 인권을 위한 사회적 행동의 가치를 발휘할 수 있다. 물론 현재 한국사회의 사회복지계가 이러한 가치적 내용의 실천을 모두 수행하고 있다는 것은 아니지만[1] 대부분의 북한이탈주민을 위한 지원의 배경에 사회복지의 가치들이 적합하게 연결되고 뒷받침하는 것이 될 수 있다. 그러므로 사회복지의 근본적 가치를 실현하는 대상으로서 북한이탈주민의 문제는 배제될 수 없는 것이다.

둘째로 사회복지는 가치와 사명이란 원칙과 개념차원에서 뿐만 아니라 실제로 이러한 문제에 대한 기본적인 경험과 학문적 토대를 구축해왔기 때문에 북한이탈주민에 대하여 적절한 실천적 개입을 도모할 수 있는 분야이다. 세계의 많은 나라에서 사회복지는 역사적으로 이민자, 난민, 사회적 소수자에 대한 서비스와 원조적 기술을 발전시켜 왔다. 예를 들어, 미국의 경우, 사회복지의 학문적 태동기의 개척자들, 제인 아담스[Jane Adams], 그레이스 애보트와 에디스 애보트[Grace & Edith Abbott] 부부, 그리고 소피 브레켄리지[Sophie Breckenridge] 등은 새로운 이민자들을 위한 일에 집중하고 헌신하였다. 인보관[settlement houses], 지역사회센터[neighborhood centers], 자원봉사기관 등이 새로운 나라에 이민 온 이들에 대한 적응을 지원하는데 많은 노력을 경주해 왔으며 사회복지 실천가들은 이들을 위한 중재자 혹은 대변자의 역할이 중요하게 인식되어져 왔다. 그리고 미국이 소위 용광로[melting pot] 개념의 동화주의를 포기한 후에도 사회복지사들의 이민자 원조와 중재의 과업은 계속되었고, 이들의 권리향상과 기본적 복지를 위한 입법투쟁 및 사회행동을 벌여옴으로써(Balgopal, 2000: 15). 다문화사회의 초석을 다지는 데 주효하게 공헌하였다고 볼 수 있다. 이러한 역할들은 난민정착

---

1 특히, 탈북자의 비인권적 처우대응과 난민지위신청을 위한 국제적 연합캠페인에 사회복지계는 적극적인 의사를 표명해오지 못했다.

지원과 이민자 적응문제, 이들을 위한 역할을 넘어서 장애인, 여성과 아동, 노인을 비롯한 동성애자와 같은 성 정향^{sexual orientation} 소수자, 외국인 이주노동자, 기타 사회적 피억압집단들에 대한 서비스로 확대되어 이들에 대한 원조의 방법론과 세부적인 기법, 그리고 사회적 행동의 역할로 지속적으로 실천하고 발전시켜 왔다.

또한 사회복지는 사회문제에 대하여 가장 포괄적으로 접근하고 개입하기 때문에 북한이탈주민과 같은 새로운 이주민의 개입에 적절한 영역이 될 수 있다. 주지하다시피, 사회복지는 개인, 집단, 가족, 지역사회를 클라이언트로 하여 이들의 문제를 내적 심리정서적 차원과 외적 환경구조적 차원으로 동시에 접근하여 사정하고 원조하는 방법론을 구축하고 있다. 이주민의 문제는 일반적으로 다차원적인 욕구를 기반으로 복잡하게 얽혀있다. 이주전의 출신국에서의 생활의 문제, 가족의 문제, 경제적 문제 등이 이주의 욕구를 강화시키며, 이주과정에서의 준비에 투자되는 시간, 노력, 재정적인 자원 등은 이주후의 정착생활과 관련되어 문제를 일으키기도 한다. 더 핵심적인 욕구들은 새로운 나라와 지역에서 정착하면서 나타나게 되는데, 적응스트레스와 같은 개인적 사회적응의 욕구, 노동시장참여와 같은 경제적 욕구의 문제, 가족구조 및 관계의 부정적 변화와 같은 관계적 문제, 정착지의 사회복지제도와 지원구조에 대한 지식과 활용에 대한 욕구, 지역사회 자기민족 단체들과의 교류욕구, 지역사회 내의 통합욕구 등이 열거될 수 있다. 난민과 같은 비자발적이고 준비되지 않은 이주민의 경우에는 그 문제나 욕구가 더욱 심각하고 대응하기 어려울 수 있다. 북한이탈주민의 경우, 탈북과정에서의 심리정서적 외상의 문제로부터 시작하여 가족해체의 문제, 한국사회에서의 가족 재결합 혹은 가족 재형성의 문제, 사회 부적응의 문제, 지역사회 내에서의 괴리와 소외 등 다양한 문제 혹은 관련된 욕구들이 해결되기를 기다리고 있는 것이다. 이러한 다양한 문제와 다양한 문제인구를 대상으로 접근할 수 있는 기반이 사회복지분야에서 오랫동안 축적되어 왔다고 할 수 있다. 그 축적된 지식과 실천의 경험 속에 구체적인 원조의 실천이론과 개입 방법론을 가지고 있기 때문에 이러한 내적 지식자원을 동원할 수 있다고 본다. 가까운 예로서, 북한이탈주민의 정착지원에서 사회복지프로그램이 제안한 '사례관리'case management 기법은 정착지원서비스 실천현장에서 사회복지기관들에서 널리 활용 될 뿐만 아니라 정부의 정착지원 프로그램구상에 매우 중요한 기본개념으로 수용되고 있다.

2. 한국 사회복지실천에 있어서 어떤 의미를 가지는가?

그러면 북한이탈주민 문제에 대한 개입은 한국의 사회복지의 학문과 실천에 어떤 의미를 차지하는가에 대한 논의를 할 필요가 있다. 이러한 질문은 한국 사회복지 학문과 실천의 현주소를 실천영역과 방법론에서 되짚어 볼 수 있게 하고, 북한이탈주민의 문제를 다양한 측면에서 조명해 볼 수 있게 한다.

첫째, 북한이탈주민 문제는 한국 사회복지가 이주와 이주민 문제에 대하여 적극적이고 민감하지 못했음을 보여준다. 놀라운 일이 아님은 한국 사회복지가 최근까지 이주민에 관한 연구와 실천에 경험이 거의 없었기 때문에 북한이탈주민문제에 대한 개입에 준비가 제대로 되지 않았다고 할 수 있다. 복지관현장의 실무자들은 이론적이고 방법론적인 토대를 가지 못한 상황에서 지역사회에 점차로 증가하는 북한이탈주민들을 대상으로 기존의 사회복지대상자들을 위한 개입에서 발달시킨 프로그램을 적용하느라 서비스진행 가운데서 시행착오를 수정하느라 고군분투 하였다. 그리고 사회복지 교육계와 학계는 이를 제대로 지원하지 못해 왔던 것이 사실이다. 그러나 한국 사회복지는 북한이탈주민의 정착지원 사업을 기반으로 사회 내의 이주민지원의 경험을 쌓게 되었고, 그 과정에서 현재 한국 사회복지가 가진 실무자의 지식과 기술, 그리고 이론적인 뒷받침이 부족하고 얕다는 것을 절실히 인식하였다.

이러한 상황에 최근 한국사회가 경험하는 외국인근로자 문제와 결혼이주민의 증가는 이러한 부족함에 대한 인식을 더욱 자극하여, 한국 사회복지서비스 실천에 있어서 영역의 확대, 지식의 확대, 기술의 제고, 인력의 확대, 전문분야로서의 일자리 확대 등에 대한 심각한 고민의 발판이 된다. 또한 이주민에 대한 문화적으로 유능한^{culturally competent} 사회복지실천의 관점을 발전시켜야 할 필요성을 진지하게 고려하도록 한다. 이 점은 핏줄과 문화를 공유한 한민족이며 동포라고 생각하고 북한이탈주민의 경우에도 큰 차이 없이 적용될 수 있다. 실제로 남북한의 50년이 넘는 오랜 단절로 인한 문화적 간극은 다른 나라에서 온 다양한 이주민족들과 비교적 차원에서 논의할 만큼 현실적인 문화적 차이가 크게 존재한다는 점에 주목해야 한다. 또한 이들의 북한사회 탈출과 한국으로 오기까지의 이주과정에서 겪게 되는 차별적이고 독특한 경험은 남북 간의 문화적 간극과 함께 한국입국 후 서비스 전달과정에서 사회복지실천가와 클라이언트로서의 북한이탈주민 상호간 이해의 간극을 더욱 증폭시키는 요소로 작용하고 있다(이기영, 2007).

둘째, 북한이탈주민 문제는 한국 사회복지가 북한과 북한주민의 존재, 민족분단으로 현상하는 질곡, 북한의 사회제도와 문화의 단절에 대하여 지금까지 제대로 고려하지 못하고 연구하지 못했음을 말

해준다. 북한이탈주민 문제이전의 사회복지의 접근은 북한사회의 사회복지관련 제도와 이념연구, 북한의 사회보장체계와 한국의 사회보장체계와의 통합가능성 모색 및 최근 진행되었던 북한에 대한 직접적 원조에 대한 사회복지기관의 참여 등이었다. 사회복지연구와 실천에서 북한이란 존재를 잊고 있었던 것이 아니었음에도, 탈북자 문제와 같은 북한사회의 현실이 파생하는 비인간적 상황과 이들의 심리정서적 외상, 난민지위를 부여받게 하려는 국제조직 및 인도주의 단체의 추구, 기아와 빈곤으로 인한 국경지대 북한가족 및 공동체의 와해, 한국사회 내에서의 북한이탈주민의 섞임으로 인한 개인적 정체성의 갈등 그리고 가족단위 적응에서의 남북한 가족문화의 격차의 현상화 등은 한국 사회복지에 있어 분명 새로운 주제였으며 그동안의 무관심과 무지함을 일깨워 주는 것이었다. 이러한 반성적 인식은 향후 북한이란 지역과 그 속의 주민들을 향한 사회복지의 구체적인 실천관점과 방법론적 개입전략을 구상하는 데 매우 유의미한 것이 될 수 있다.

3. 거시적이고 미래지향적인 비전은 무엇인가?

북한이탈주민 문제에 대한 실천을 생각하면서 우리는 좀 더 거시적이고 미래지향적인 패러다임과 비전을 가질 필요가 있다. 거시적이고 미래적인 비전을 가진 실천은 북한이탈주민문제에 대한 사회복지 현장에서의 개입이 단순히 시류적으로 뜨거운 이슈에 민첩하게 반응하는 맹목적인 움직임이 아니라는 것을 입증하기 위해서라도 꼭 필요한 것이다. 더욱이 사회복지를 전공하는 학생들의 교육이라는 관점에서는 더더욱 중요한 것이다. 거시적 패러다임은 북한이탈주민

지원을 위한 사회복지 실천이 이들의 생존과 적응이라는 개별적 목
표와 사회 내 통합이라는 좀 더 전체사회적인 목표에서 어느 것을 우
선시 할 것인가 하는 문제 혹은 이러한 목표들을 어떻게 균형 있게 달
성할 수 있을 것인가 하는 문제, 북한이탈주민의 문제는 사회 내 다른
이주민 인구집단과 동일한 선상에서 개입될 수 있을 것인가 혹은 다
른 사회복지 대상자들과 어떤 차별적인 개입이 이루어져야 하는가의
문제 등에 관한 것이 될 수 있다. 미래지향적 비전이란 북한이탈주민
에 대한 현재의 사회복지 실천적 지원이 미래적으로 어떤 의미를 가
질 수 있는가를 생각하는 것이다. 현재로서 많은 학자들이 북한이탈
주민의 존재와 이들의 남한 삶의 과정은 통일기에 발생할 남북한 출
신 주민의 적응과 통합을 예고하는 것이며, 또한 북한이탈주민에 대
한 지원경험은 통일한국의 사회복지실천영역에 대한 준비가 된다고
들 이야기한다. 그만큼 미래 한국 사회복지 실천방법론의 유연성을
보장할 수 있다는 말이다. 그러나 사실 한국사회 내 북한이탈주민 문
제의 향후 전망에는 미지수가 매우 많다. 북한이탈주민의 규모는
2007년 초 이미 1만 명을 넘어섰고 2008년에도 2천여 명의 북한이탈
주민이 지역사회로 편입되고 있지만, 향후의 탈북자 지속성 여부, 수
용과 입국 규모, 이들에 대한 한국사회의 여론의 향방, 통일에 대한
국민의 태도 그리고 통일가능성과 그 시기 등 북한이탈주민 문제에
대한 미래 비전을 가지기는 쉽지 않다. 그럼에도 불구하고 단기적 현
실에 근거하는 실천은 발전적인 의미를 가지거나 체계적인 담론을
형성하기 어렵다. 그러므로 문제 자체와 사회상황에 관련된 다양한
변수들을 염두에 두고 현재와 미래를 연결하는 관점을 발전시켜가려
는 노력이 학계와 현장에서 요구된다고 하겠다.

　이러한 배경 하에서 이 책은 북한이탈주민을 대상으로 하는 사회
복지 실천방법론의 초기저술이 되려는 목표 하에 만들어졌다.

II

북한이탈주민 사회복지실천 모델

2장 생태학적 접근 모델__박영희
3장 위기개입 모델__김현경
4장 역량강화 모델__김현경

2 생태학적 접근 모델

1. 생태학적 접근법의 개념[1]

생태학적 접근은 1970년 바틀렛Bartlett이 이전까지 사용되어온 케이스워크, 그룹워크, 커뮤니티 실천 등의 전문화된 실천 용어를 재개념화하여 '사회사업실천'Social Work Practice이라는 보편적 용어로 바꾼 사실과 깊이 연관되어 있다. 이 변화는 사회복지전문직에 있어서 큰 변화였다. 개인과 환경이 만나는 사회적 기능의 상호작용Social functioning interactions은 사회복지전문직의 핵심초점으로서 이 핵심에는 사람, 상호작용과 환경이 중요한 개념으로 존재하는데 오늘날 그것은 환경 속의 개인person-in-environment의 개념으로 알려져 활용되고 있다.

---

[1] Fong, 2005: 21~26

이와 같은 생태학적 접근은 유기체와 환경 간의 관계를 연구하는 학문이다. 유기체는 살아남기 위하여 그들 환경으로부터 자원을 필요로 하고, 때로 환경을 변화시키기도 한다. 반면 환경도 유기체에 긍정적 혹은 부정적으로 영향을 줄 수 있다. 생태학적 접근은 사람들과 환경을 , 그리고 그들 간의 교류transaction의 성격을 이해하는 것을 강조한다. 생태학적 접근의 주요 개념들은 교류작용, 사람과 환경간의 적합성good of fit, 적응이 있다. 교류작용은 사람과 환경이 상호작용하고 형성하고 또 서로를 변화시키는 관계에서 필수불가결한 지속적인 상호교환이다. 부정적 교류작용을 가져오는 교환은 사회복지사와 소비자가 이해하고 해결하기 위하여 사회복지의 관심을 필요로 하지만 긍정적 교류작용을 가져오는 상호교환은 보통 사회복지 관심을 필요로 하지는 않는다. 왜냐하면 둘 사이에는 적합성이 있기 때문이다. 만일 그 둘 사이에 적합성이 형성되지 못하면 사람들은 스스로나 환경 혹은 둘 다를 변화시키려 하게 되며, 이러한 변화를 '적응'이라고 말한다. 적응은 적극적인 자기나 혹은 환경의 변화이거나 둘 모두의 변화이다.

생태학적 접근은 인간에 대하여 그들 환경의 요소들과 지속적으로 상호작용하는 적응적이고 진화적인 견해를 제공한다. 인간은 지속적인 상호적응과정을 통하여 물리적, 사회적 환경을 변화시키며 또 그것들에 의하여 변화된다(Germain, 1980). 또 그것이 잘 조화되면 상호적응은 사람의 성장을 지지하고, 생명을 지지하는 환경의 속성을 더욱 정교화시킨다(Juliet C. Rothman: 31). 이러한 사실들은 이주난민들이 새로운 환경과의 상호작용을 통하여 스스로 변화·발전하는 동시에 환경도 변화시키며, 그러한 과정이 잘 조화롭게 이루어지면 스스로 성장하게 되는 기회를 가질 수 있다는 점에서 이주난민들과의 실천에 있어서 유의미한 시사점을 제공한다.

2. 생태학적 체계론적 접근의 원칙

생태학적 체계 관점은 다음과 같은 몇 가지 기본 원리를 가지고 있다(Germain, 1991; Hearn, 1979).

- 사회사업실천은 사람과 상황, 시스템과 그 환경을 포함한 이중 초점에 따른다.
- 사회사업실천은 인간시스템과 그 환경 사이의 중간 지점에서 이루어진다.
- 교류작용은 시스템과 환경 사이의 중간 지점에서 일어난다.
- 교류작용에서 두 시스템은 변화노력의 영향을 받는다.
- 사회사업실천은, 교류작용이 그 유기체의 성장과 발달을 증진시키고 동시에 환경을 개선할 수 있게 될 때, 가장 효과적으로 이루어진다. 그 결과 환경은 보다 개선되며 모든 체계가 생존을 위하여 거기에 의존하게 된다.

생태학적 접근의 이러한 원칙들은 이주난민들이 새로운 곳에서 적응하고자 할 때 발생하는 '문제'는 개인적인 문제라기보다는 사람과 환경 간의 조화가 잘 되지 않을 때 발생한다는 것을 암시한다. 이것은 문제를 '해결'하기 위한 노력도 사람과 환경 사이의 중간 지점에서 이루어져야 한다는 것을 의미한다. 북한이탈주민들의 경우도 그들 자신만 한국이라는 새로운 사회에서 적응하려고 노력한다고 해서 되는 것이 아니다. 한국 사회 자체도 함께 변화 노력을 기울임으로써 북한이탈주민들의 성장이 최대화되며 결과적으로 북한이탈주민들이 더욱 깊이 한국 사회에 관여되게 됨으로써 상호 조화로운 관계를 가져오게 된다.

브론펜브래너[Bronfenbrenner]는 물리학으로부터 인간의 행동에 생태학을 적용하여 4개의 다른 체계를 언급하였다. 그가 이야기하는 4체계란 첫째, 미시적 체계이다. 이것은 개인들의 역할과 특징을 포함하는 것이다. 둘째, 중간체계는 성장하는 개인이 가족, 학교, 동료, 교회 등과 상호작용하는 환경이다. 셋째, 외부체계[exo-system]는 아동이 성장함에 따라 개인이 직접 상호작용하지는 않으나 이웃, 가족의 친구, 매스컴, 법적 서비스처럼 성장에 영향을 주는 환경이며, 거시 체계는 정책, 자원분배, 가치, 사회적 관습의 측면에서 영향을 미치는 문화적 가치와 변수들을 의미한다.

이주난민들의 경우 원래의 생활 기반이 완전히 뿌리뽑혀[uprootedness] 옮겨지는 상태를 경험하게 된다. 따라서 미시적 체계로부터 거시체계에 이르기까지 전적인 환경의 변화를 경험하게 되고 또 이와 같은 전체적인 관점에서 개입도 이루어져야 한다.

따라서 이민자의 지위와, 다른 개인과 체계들과의 교류작용에 대하여 전체적인 관점에서 접근을 고려하며 가족을 대상으로 할 때 사회복지사는 가족원과 다른 개인, 집단과 조직, 사회제도 사이의 상호작용을 생태도와 가계도를 이용하여 자료를 조직하고 보다 철저한 사정과 가족원의 상호작용, 적합성, 자기나라와 이주해온 나라에서의 적응에 기초한 효과적인 치료계획을 할 수 있다. 특히 문화의 다양한 측면에 초점을 둔 사정도구인 문화지도[culturagram]는 문화적으로 다양한 가족을 더 잘 이해하고 역량강화할 수 있도록 하는 데에 유용하게 활용할 수 있다. 이 때 사회복지사의 역할(Segal & Mayadas, 2005)은 첫째, 그들의 행동을 관찰하기 둘째, 클라이언트의 문화규범 측면에서 이해하기 셋째, 클라이언트가 새로운 나라에서 생존하기 위하여 행동을 변화시키는 것이 필요한지 여부 판단하기 넷째, 클라이언트로 하여금 변화가 왜 필요한지를 이해할 수 있도록 도와주기 다섯째, 클라이언트가 뒤따르는 불일치에 대처하도록 돕기 등이다.

3. 북한이탈주민에 대한 개입에 있어서의 생태학적 접근의 유용성

생태학적 모델은 개인, 가족 집단과 지역사회가 그들이 사는 광범위한 환경과 상호작용하는 방식을 이해하기 위한 생태학의 개념 틀을 기반으로 한다. 생태학적 모델은 성원들이 광범위한 환경과의 상호작용에 따른 억압적 성격에 의하여 조화를 경험하지 못하는 다양한 사람들의 이슈와 관심들을 이해하는 데에 도움이 된다. 사회복지사는 변화노력에 적절히 초점을 맞추기 위하여 문화적 맥락과 억압의 영향을 이해하는 것이 중요하다. 생태학적 모델에 입각한 사정결과, '문제' 란 사람과 환경간의 조화가 잘 되지 않을 때 발생된다. 개인과 환경은 영향을 받고 사회사업의 변화노력은 그 조화를 개선하고 강화하는 데에 초점을 둔다. 이것은 환경과 개인 안의 변화에 영향을 줌으로써 이루어진다.

북한이탈주민은 그들이 살아온 사회·정치·문화적 환경에 의하여 영향을 받아왔으며 또 앞으로도 계속 영향을 받을 것이다. 따라서 그들과 일하는 데에는 북한의 사회·정치·문화적 환경에 대한 지식, 특히 거시적 수준의 이슈들에 관한 지식이 필요하다. 왜냐하면 그들과 일하는 데에 있어서 이주민들의 경험이 사회사업실천에서 고려될 필요가 있기 때문에 그들의 원래의 사회환경에 대하여 잘 알아야 하듯이(Fong, 2004), 북한이탈주민들의 경우 마찬가지이기 때문이다. 한국 사회와는 완전히 다른 세계 속에서 살아온 북한이탈주민들을 이해하기 위해서는 그들이 살아온 북한에서의 사회문화적 환경과 구체적인 경험에 대한 이해가 필요하다.

또 북한이탈주민들과의 실천에서 사회복지사는 그들이 북한을 떠나 한국사회로 오기까지 경험하는 여러 상황과 사회적 상황에 주목하고 잘 사정하여야 하며, 그것들이 그들의 적응행동에 어떤 영향을 미치는지를 이해하여야 한다. 즉, 북한이탈주민들이 북한을 떠나 중국 등 제3국을 경유해오는 과정 중의 상황들에 대하여 잘 사정하는 것이 그들의 행동을 잘 이해하는 것과 연관된다. Whittaker & Tracy(2002)가 환경을 충분히 이해하는 능력이 효과적인 실천의 핵심요소라고 한 것이나 O' Melia & Miley(2002)가 맥락적 사회사업실천과, 내담자를 역량강화하는 데에 있어서 환경을 고려하는 것의 중요성을 강조한 것은 이러한 측면에서 다시 한번 더 강조될 수 있다.

따라서 생태학적 접근에 의하여 사정을 하고 개입할 때에 사회복지사가 북한이탈주민의 현재의 환경과 생활상황, 또 이주 전의 환경과 생활상황을 고려하도록 한다. 사회복지사들은 북한이탈주민들에 대한 보다 충분한 이해와 최선의 실천을 위하여 문화적 가치, 세대 간 갈등, 언어의 한계, 취업훈련, 건강과 전통적 치료방법뿐 아니라 그들의 정부에 대한 두려움, 고문과 신체적 고통, 굶주림, 가까운 가족의 상실 등 이전 경험들의 영향을 점검할 필요가 있다. 더 나아가 북한이탈주민과 사회·정치·문화적 환경에 대한 지식, 특히 거시적 수준의 이슈들에 관한 지식이 필요하다. 이러한 점에서 환경 속의 개인이라는 생태학적 모델은 북한이탈주민의 작업에 적합하되 그들을 원래의 환경(북한·중국·기타 제3세계)의 시각에서 보고, 동시에 새로운 환경(한국)에 대한 그들의 적응을 모니터링하는 역할도 필요하다.

그러나 북한의 정치사회적 가치가 한국의 것과 너무 달라서 사회복지사가 그 환경을 충분히 알지 못하고 그들이 한국사회에 정착할 때 직면하는 거대한 변화를 미처 생각하지 못하는 경우가 있다. 이때 '문화적 역량을 갖춘 사회복지 실천'이 필요한데, 문화적 역량을 갖춘 사회복지실천이란 사회복지사가 북한이탈주민이 가지고 있는 많은 문화들(교육, 종교, 정치체계 등)을 알고 그 각각이 어떻게 그들의 사회적 기능과 행동에 영향을 주어왔는지를 깨닫도록 하는 것이다. 이 지식을 실행화하기 위하여 사회복지사는 북한이탈주민의 사회적 환경 맥락을 이해하고 거시적 수준에 초점을 둔 복합적 사정multiple assessment을 해야 한다.

3 위기개입 모델

1. 스트레스로서의 위기

모든 위기사건에는 스트레스를 일으킬 수 있는 여러 요소들이 포함되어 있지만, 다섯 가지 정도로 구분하여 설명할 수 있다(전우택, 2007: 459).

첫째는 대인관계에서의 상실personal loss이다. 동료의 사망이나 심각한 상해, 동료가 죽음을 당한 경우 살아남았다는 죄책감, 자신이 상해를 입거나 공격받은 경우 느끼는 공허감 등이 해당된다.

둘째는 외상적 노출traumatic exposure이다. 공포감을 느끼게 하는 경험, 즉 대량학살의 생존자, 고문과 죽음의 목격과 생존자를 돌보는 업무, 구조 순위를 정하고 생사를 판정해야하는 책임, 육체적으로 위험하거나 정신적으로 해로운 환경에서의 근무 등이 있다.

셋째는 임무실패mission failure로 인한 스트레스이다. 이에는 많은 노력을 기울인 임무의 실패나 많은 인명손실이 생긴 경우의 자책감, 참여자와 조직 내의 자신감 상실, 구조업무가 오히려 해로운 상황을 초래할 경우의 낙담 등이 해당한다.

넷째는 대중매체media coverage로 인한 스트레스이다. 외부 관찰과 업무에 대한 비판, 부정확하고 위험을 증가시키는 상황에 대한 보도, 대중매체를 의식할 과도한 감독, 업무 수행에 대한 불안 증가 등이 있다.

다섯째는 업무 중단으로 인한 스트레스이다. 위험을 감수해야 한다는 사실에 대한 분노, 표적이 된 것에 대한 혼란감, 언론의 보도경쟁, 난민의 분노와 실망, 인도주의적 도움의 효과에 대한 실망, 외부 물자 제공의 중단, 해결되지 않는 윤리적 갈등 등이 있다.

일반적으로 위기란 '개인의 현재 자원과 대처기제로는 감당하기 어려운 사건이나 상황을 지각하는 것'을 의미한다. 이것이 경감되지 않는다면 심각한 정서적, 인지적, 행동적 역기능을 초래할 수 있다. 위기는 보편적인 것이기도 하고 고유한 것이기도 하다. 사람에 따라 환경을 적절하게 조정할 힘을 갖거나 탄력적일 수 있겠지만 어떤 사람도 위기에 대한 면역력을 타고나지는 않았다는 점에서 보편적이다. 나아가 위기는 같은 상황에서도 어떤 사람은 성공적으로 극복할 수 있는 반면 어떤 사람은 그렇지 못하다는 면에서 고유성이 있다(James & Gilliland, 2001: 3~5).

위기는 심리적 응급emergency과 구별해야 하며, 위기와 유사한 뜻으로 사용되는 용어인 외상trauma이라는 개념과도 구별해야 한다. 비록 심리적 위기와 응급 상태 그리고 외상 개념 사이에 중복되는 부분이 존재하긴 하나 차이 또한 존재한다. 〈그림 3-1〉은 이런 용어 사이의 관계를 보여준다. 각 개념을 주목해보면, 어떤 특성은 중복되는가 하면 또 다른 특성은 고유성을 띠고 있다. 중복은 두 가지 개념 사이에 존

<그림 3-1> 중복모델

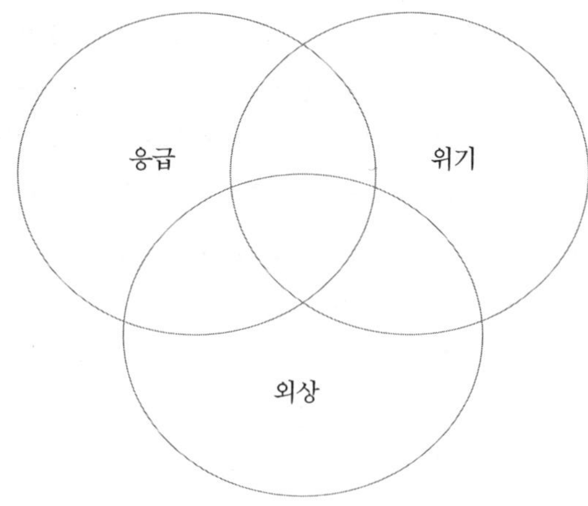

재할 수 있고 세 가지 개념 모두에 일반적으로 존재할 수도 있다. 이러한 유사성과 차이점을 꿰뚫는 분류는 개입의 적절한 수준과 유형을 제공하기 때문에 중요하다(Callahan, 1994: 164~171; 한인영 외 역, 2006: 4에서 재인용).

2. 심리적 응급의 특성

심리적인 응급의 첫 번째 특성은 사람이 정상적으로 기능할 수 없으며 책임을 질 수 없는 무능한 상태로 기술할 수 있다. 응급에 처한 사람들은 무방비상태이며, 판단력이 손상되었기 때문에 자신이나 타인을 돌볼 수 없다고 덧붙인다. 심리적인 응급을 경험하는 사람들은 심리적으로나 신체적으로 영구적인 손상 가능성을 항상 가지고 있으며, 많은 경우 이런 사람들은 자살이나 타살의 위협을 받거나 이를 시도해왔다. 위기에 처한 사람들은 예방이나 일반적인 안전감각을 활용하지 못하는 상태에서 방임되기 때문에 자기 자신이나 다른 사람을 위험에 처하게 하는 경우가 많다. 약물사용으로 의식을 잃어, 어린 아이가 스스로를 돌보도록 방치하는 사람이나 또는 정신적 에피소드를 가지고 위험을 인식하지 못한 채 복잡한 도로 가운데로 걸어가는 사람이 그 예가 될 것이다. 이런 사람들이 의도적으로 자살이나 타살을 하지는 않는다 하더라도 그들은 자신이나 타인을 돌보는 데 무능하며, 영구적인 손상이라는 긴박한 위험이 도사리고 있다.

심리적인 응급의 두 번째 특성은 그것이 출현할 수 있는 돌연성 혹은 갑작스러움이라 할 수 있다. 어떤 친구들은 약물을 과다복용하거나 자살을 시도하며, 어떤 가족구성원들은 정신적인 에피소드를 경험하거나 중요한 성격변화를 경험하고 분열 상태로 들어간다. 이와 같은 문제들은 극적이며, 점차 심리적으로나 신체적으로 손상되는 급작스러운 위험에 처할 수 있다. 자신이나 타인에게 돌이킬 수 없는 신체적, 심리적인 위험 가능성을 막기 위해 가능한 빨리 처리되어야 할 것들이 있다. 이러한 문제들은 현재 구체적으로 나타나지 않는다고 하더라도 이후에 더 많이 나타날 수 있다. 우리가 앞서 언급한 것처럼 완전한 세상이라면 사람들은 응급수준에 이르지 않도록 단호하고 즉각적이어야 한다. 자발적이든 비자발적이든 개인의 안전을 위해 입원이 필요한 경우가 많다. 이때 입원의 주된 목표는 자신이나 타인에게 손상을 주지 않도록 보호하는 것이다(Callahan, 1998: 22~40; 한인영 외 역, 2006: 5에서 재인용).

3. 위기의 분류

위기에 처한 사람은 압도감을 느끼면서 평형감을 잃게 되기 쉽다.

위기에 처한 사람은 심리적인 응급에 처한 사람과 유사하게 자기 통제에 대한 수위 조절에 취약할 수 있지만, 이런 취약성이 자신이나 타인을 해치는 즉각적인 위험에 처하게 하는 것은 아니다. 예를 들어 유방암으로 진단받은 여성이라든지, 십대 딸의 임신 사실을 알게 된 아버지가 위기에 처할 수는 있지만 취약한 정도나 손상의 위협이 입원이 필요할 정도는 아니라는 것이다. 따라서 위기에 있는 사람들이 전문가나 준전문가, 가족이나 친구와 같은 지지자의 도움을 활용하지 않는다면 장기적인 정서, 행동, 인지문제로 발전될 가능성이 있겠지만, 다른 사람의 도움을 받을 수 있다면 장기적인 문제로 발전하지 않을 것이다.

일반적으로 위기는 '발달적 위기', '상황적 위기', '실존적 위기', '체계적 위기' 등 4가지 유형으로 분류할 수 있는데, 이런 유형은 위기로 몰아가는 사건에 따라 결정된다. 때로 특성이 비슷하거나 중복되는 면이 있겠지만 각각은 달리 설명되어야 한다.

1) 발달적 위기

발달적 위기는 인간성장의 보편적인 변화와 흐름 내의 사건들이 극적인 변화로 인해 비정상적인 반응을 촉진시킬 때 발생한다. 대학 졸업, 결혼, 첫아이 출산, 이직, 퇴직 등은 사람이 대처해야 하는 극적인 변화를 가져오는 주요한 발달 기점이고 위기사건을 발생시킬 수 있다.

2) 상황적 위기

상황적 위기는 예측하거나 통제할 방법이 없는 비일상적인 사건으로 인해 발생한다. 교통사고, 성폭력, 총격, 갑작스런 질병과 죽음, 실직, 이혼 등은 일반적인 기능 범위를 넘어서는 사건으로 예측하지 못하고, 놀랍고, 갑작스러운 강렬한 외상 사건이다.

3) 실존적 위기

실존적 위기는 기쁨, 행복, 사랑, 책임, 목표지향, 자아개념 같은 중요한 인간적인 이슈와 함께 동반되는 내면적 갈등을 말한다. 실존적 위기는 갑자기 자기 삶의 중요한 내적인 면이 충족되지 않는다는 것을 깨달을 때 발생한다. 대학에서 우수한 선수생활을 했음에도 메이저리그에서의 야구생활이 자신의 능력 밖이라는 것을 발견하는 것이라든지, 30년이 지난 시점에서 불행하게 시작된 결혼이 파탄 날 지경이라는 것을 깨닫는 것이나, 모험 한번 해보지 못하고 관절염으로 침대 신세를 지게 되는 것, 임종 때가 되어서야 자신의 삶이 의미 없었다는 것을 깨닫게 되는 것들은 자기 목적과 자기 가치에서 위기를 경험하는 예가 된다.

4) 체계적 위기

체계적 위기는 많은 사람과 환경에 영향을 준다는 면에서 앞에서 언급한 위기와는 다른 특성을 갖는다. 허리케인 같은 자연재앙은 생태체계의 많은 부분을 파괴시켰고, 죽음과 상처 외에도 식량과 집 같은 기본 필수품을 잃게 했다. 또한 산업기반 서비스들이 파괴되고 사람들이 디 이상 할 수 있는 일이 존재하지 않기 때문에 고용수단 또한 잃는다. 9.11테러와 같은 인간이 만든 재앙들, 오클라호마시 연방빌딩 폭파와 고등학교 대량 학살공격은 광범위한 미디어 노출을 통해 직접적인 희생자뿐 아니라 전 세계 사람들에게 심리적으로 영향을 미치고 충격과 상처를 주었다.

위기에 처한 사람들의 특징은 일반적으로 약 6주 이내에 평형감각을 회복한다는 것이다. 이 기간의 개입은 위기 이전의 기능수준으로 회복하도록 돕는 데 초점을 두며 현실적이어야 하고, 위기에 대한 반응에 초점을 두어야 하며, 전반적인 삶이나 성격을 변화시키려 하지 않아야 한다. 그러나 많은 사람들은 평형감각을 되찾은 후에도 위기로 인한 문제를 경험하는데, 이런 문제들은 기념일이나 휴일에 촉발될 수 있다. 소중한 사람이 사망한 후 처음 맞이하는 크리스마스나 결혼기념일이 그 예가 될 것이다. 이때 사람들의 반응은 위기 시에 경험했던 반응과 같지는 않더라도 비슷한 경험을 할 것이다 (Cournoyer, 1996: 3~15; 한인영 외 역, 2006: 6~7에서 재인용).

4. 북한이탈주민이 경험하는 위기와 외상

북한이탈주민은 북한 내에서, 제3국으로 향하는 국경을 넘는 과정에서, 제3국에 체류하면서, 남한에 입국하는 과정에서, 남한에 입국한 이후에도 계속적으로 시공간을 넘나드는 심리·정서적 위기를 경험하였다. 이들의 위기는 난민에 해당하는 극도의 외상경험과 연계된다고 할 수 있다.

일반적으로 난민들의 전형적인 경험은 자국으로부터 탈출하여 새로운 정착지로 이주하기 이전pre-migration까지의 경험이 이주 이후post-migration의 삶에 영향을 미쳐 흔히 심리·정서적 고통 및 외상 후 스트레스 반응을 보인다고 제시되고 있다. 난민이주자의 이주 이전에 따른 일반적인 경험으로는 고문, 강제노동, 굶주림, 감시와 잔혹한 폭력행위 그리고 가족과의 이별 및 죽음 목격, 전쟁, 성폭행, 집단수용소 생활, 생명을 위해하는 질병에 걸림, 수용소에서의 영양실조, 신체적 상해 및 대량학살, 인질이 됨, 군사전쟁, 세뇌, 고문, 기근 및 불법이주 생활로 인한 희생의 위험 등(Khamphakdy-Brown et al., 2006: 38~39; Nicholl & Thompson, 2004: 351; Schweitzer et al., 2006: 179~180)을 포함한다. 따라서 이주 이후에는 이주 이전에 경험하였던 심리적 외상경험의 후유증과 더불어 새로운 사회문화에 적응하는 과정에서 경험하게 되는 심리적 고통이 연합하여 우울이나 불안, 무기력감, 외상 후 스트레스 반응, 약물남용 및 자살생각 등을 노출시켜 정신건강을 위태롭게 한다는 사실은 이미 많은 문헌을 통해 밝혀졌다(이기영, 1999: 161~176; 전우택, 2006: 7~13; Keys et al., 2004: 809~831; Watters, 2001: 1709~1718). 난민들이 경험한 충격적인 외상경험의 증상적 결과는 신체적 각성 및 행동영역, 정신적 영역, 정서적 영역에서 심층적이며 지속적인 변화를 생산한다.

신체적 각성 영역에서는 불면, 신체화 증상, 쉽게 피곤함, 안절부절 못함, 그리고 과도한 경계 등을 나타내면서 행동적으로는 쉽게 놀라거나, 작은 자극에도 불안정하게 반응하며, 폭발적인 공격적 행동, 특정 장소나 상황을 회피함, 대인관계 철회 등으로 이어진다. 정서적 영역에서는 일반화된 불안 증상과 구체적인 공포 등이 연합되면서 안전과 보호된 삶 속에서도 부적응적인 반응을 보이게 되며, 우울, 상실에 대한 슬픔, 분노, 무감정, 생존자 죄책감, 신뢰의 상실, 자존감 상실, 무기력감, 타인과 정서적 철회, 과도하거나 극단적인 감정 그리고 만성적인 공허감 등을 보인다. 마지막으로 정신적 영역에서는 공포스러운 사건들은 과거임에도 불구하고 마치 그 일이 현재에도 지속적으로 발현되는 것처럼 그 사건을 재체험 한다는 것이다. 따라서 원치 않는 과거 기억의 반복적 침습으로 인해 현재의 일상적인 과정을 시작하는데 장애를 초래하게 된다. 또한 집중곤란과 기억력 약화, 사격을 받거나 추적당하는 등의 악몽, 그리고 전체 맥락에 따른 기억을 이야기하기보다는 맥락 없이 파편화된 이미지 또는 감정에 초점을 맞추어 각인된 부분만 세밀하게 묘사하며, 경우에 따라서 자신과 분리된 해리^{dissociation}를 동반하기도 함으로써 마치 현실과는 분리된 것처럼 느끼거나 행동하는 것으로 보이게 된다(Herman, 1997: 51~73).

이렇게 외상 사건의 경험 또는 극단적인 심리적 고통이란 갑작스럽고 기대하지 않았던 충격적 사건의 결과이며, 예상하였다 할지라도 당시 비극적인 삶의 환경은 개인의 통제에서 벗어난 것으로 일상적인 수준을 넘는 것이기에 만성적인 문제를 발생시키기도 하고 역행할 수 없는 부정적인 결과를 초래할 수도 있다. 이렇게 개인 통제에서 벗어나 역행시킬 수 없는 변화들은 직접적이고 교정적인 조치를 거의 취할 수 없게 만드는 경향이 있다. 또한 개인의 삶 속에서 무기력함, 우울, 불안, 물질중독, 자살충동, 신체화 증상 및 자아기능의 손상 등이 일어나면서, 개인의 불행에 대해 다른 사람을 비난하게 되기도 한다. 하지만, 그로 인한 충격의 정도는 외상 사건을 경험한 개인의 발달 단계^{Developmental Stage}에 따라서 달라진다는 특성을 갖기 때문에 동일한 외상 사건에 노출되더라도 개인에 따라서 외상 후 스트레스를 경험하기도 하고, 다른 부류는 특별한 증상을 보이지 않기도 한다(Tenne & Affleck, 1990: 65~99). 그러나 일반적으로 난민의 외상경험은 미래의 스트레스원에 대해서 개인의 취약성을 증가시킴으로써 지속적이며 간접적인 영향을 주게 된다(Mollica et al., 2002: 156~166).

북한난민이주자 및 국외 난민 연구에서 나타나는 공통적인 특성을 살펴보면, 가족과 관련된 외상의 경우 외상 후 스트레스 수준이 더 높다고 보고되고 있다. 또한, 북한이탈주민을 포함한 난민의 외상 경험은 단일 사건이 아니라 상호 연계된 일반적으로 누적된 경향이 있다는 특성으로 인해 깊은 슬픔과 관련된 증상, 삶에 대한 의미 상실과 같은 실존적 의미의 위기, 정체성 상실 및 임파워먼트에 대한 인식에 대한 의심 등과 같이 정신건강에 더욱 부정적인 영향을 미친다(강성록, 2000; 홍창영, 2004; Schweitzer et al., 2006: 7~53). 나아가 외상을 경험했던 시간도 연관성이 있는데, 동남아시아 난민과 같이 외상경험이 10~15년 정도로 장기화된 경우에는 정신건강에 더욱 치명적인 영향을 준다는 것을 알 수 있다(Kinzie et al., 1990: 913~917; Sue et al., 1995: 39~51).

그러나 홍창영(2004)의 연구에 의하면, 국내 북한이탈주민 관련 외상 연구에서 북한 내 그리고 제3국에서의 심리적 충격 즉, 외상 후 스트레스 장애 경험을 3년 동안 추적한 결과, 하나원 교육시기에는 Partial 및 full 외상 후 스트레스 장애 유병률이 56%인 것으로 보고되었는데, 3년 후 보고 대상자의 88.8%가 외상 후 스트레스 장애에서 회복된 것으로 밝혀졌다. 또한 김현경(2007)의 연구는 한국사회로 이주한 북한이탈주민들이 북한에서, 중국 등 제3국에서, 남한에서의 외상경험들을 시간이 경과함에 따라 사회적,.종교적, 개인적, 정신건강의 회복 요인의 개입으로 증상이 호전된다는 긍정적인 측면을 밝혔다.

5. 위기개입이란 무엇인가?

한인영 외 역(2006)에 따르면 위기개입은 방치한 문제나 예상치 않았던 외상사건으로 발생된 정서적, 행동적, 인지적 왜곡을 표적으로 하고, 사람들이 자신들의 감정, 행동, 인지를 인식하고 위기 이전 기능에 가깝게 고쳐가도록 돕는 것에 있다. 따라서 치료는 평형감각의 회복과 직접적으로 관련된 단일 이슈에 초점을 둔다. 그밖에 문제가 되는 사항이 있고, 그 문제가 밝혀지더라도 이는 위기개입을 종결할 때 논의되어야 한다. 가정폭력 쉼터를 찾은 여성의 예를 들면, 그 여성이 아동기에 학대받은 경험이 있다 하더라도 위기개입은 가정폭력 이슈를 다루는 데 초점을 두어야 한다.

신속하게 문제에 초점을 두는 것 또한 위기개입에서 중요한 것이다. 라포 형성에 너무 많은 시간을 쓰는 것은 사람들이 일반적으로 자신들의 위기를 무시한다고 생각할 수 있다. 치료 관계를 발전시키고 폭넓은 심리사회 정보를 수집하는 전통적인 첫 면담 접근을 그대로 사용하지 않는다. 대신에 클라이언트를 재빨리 참여시키는 행동지향적인 접근이 필수적이다. 또한 위기와 관련된 정보는 가능한 신속하고 간략하게 수집되어야 한다. 위기에 대한 클라이언트의 감정, 위기를 해결하기 위해 취한 행동, 위기의 의미에 대한 인식과 관련된 정보는 중요하다. 이러한 정보는 클라이언트가 그 위기를 해결하고 위기 이전의 기능수준으로 회복하도록 도울 수 있는 직접적인 것이어야 한다.

위기개입에서 스케줄의 유연성 또한 필요한데, 위기에 처한 사람에게는 50분이라는 전형적인 시간이 적용되지 않을 수 있다. 위기개입 세션에서는 필요한 만큼의 시간을 사용한다. 이것은 위기개입 세션이 몇 시간 동안 지속될 수도 있고 어떤 경우에는 단지 10분 정도로 진행될 수도 있다는 것을 의미한다. 클라이언트에 따라서는 몇 주에 걸쳐 각 세션마다 시간 길이가 다른 다양한 세션을 필요로 한다. 세션은 15분 정도일 수도 있고 전통적인 50분 정도일 수도 있다. 어떤 클라이언트는 짧은 한 세션만을 필요로 할 수도 있다. 전화는 스케줄의 유연성을 가질 수 있는 중요한 도구로써, 클라이언트가 전화를 걸거나 당신이 전화를 거는 것은 짧은 시간에 더 많은 접촉을 할수 있게 한다. 이러한 지침은 특히 자신이나 타인에게 잠재적으로 위험할 수 있는 클라이언트와의 관계에서 유용하다.

6. 위기상담의 목표

위기개입에서 위기개입전문가가 클라이언트와 함께 다루어야 하는 것은 무엇인가? 전통적인 장기치료처럼 치료나 클라이언트의 더많은 자아실현 행동이 최종 목표는 아니다. 위기개입전문가들이 즉시 해야 하면서 가장 중요한 목표가 되는 것은 상황을 함께 고려하는것, 클라이언트를 안정시키는 것, 정서적 불안정과 혼란의 상승을 막는 것 그리고 가능하다면 클라이언트를 위기 이전의 기능에 가깝도록 회복시키는 것이다.

7. 위기개입을 위한 6단계 모델

여기에서 다루는 위기개입 모델은 Gilliland와 James(1989)가 개발한 위기개입 6단계 모델(〈그림 3-2〉 참조)에 기반을 두고 있다(한인영 외 역, 2006: 10~26에서 재인용). 단계는 반드시 분리되어 기능하는 것이 아니며 단계의 일부는 순서를 바꾸거나 유연하게 이어지는 과정으로 통합될 수도 있다. 사정은 6단계 전 단계에 걸쳐 선체를 포괄하며 이루어지는 것으로, 클라이언트의 과거와 현재의 상황적 위기를 평가하며 계속적이고 역동적으로 진행되는 것이다. 대처능력,

<그림 3-2> 위기개입을 위한 6단계 모델(Gilliland & James, 1989)

사정하기

위기의 전 과정에 걸쳐 전체를 포괄하며, 계속적이고 역동적으로 진행되는 것:
클라이언트의 대처 능력, 대인적 위협, 유동성 혹은 비유동성의 측면에서
클라이언트의 현재와 과거의 상황적 위기를 평가하고,
위기개입전문가가 취해야 할 행동 타입 판단하기
(아래, 위기개입전문가의 활동 연속체를 보라)

경청(listening) ↓　　　　　　　　　　**활동(acting)** ↓

경청 : 감정이입, 진실, 존중, 수용, 비심판, 돌보는 태도로 관심 기울이기, 관찰하기, 이해하기, 반응하기.	활동 : 클라이언트의 사정된 욕구와 환경적 활용가능 정도에 따라 비지시적, 협력적, 지시적인 수준에서 개입하기.
1. 문제를 정의하라. 클라이언트의 관점에서 문제를 검토하고 정의하라. 개방형 질문을 포함하여 적극적 경청을 사용하라. 클라이언트의 언어적, 비언어적 메시지 모두에 관심을 기울여라.	4. 대안을 검토하라. 클라이언트가 지금 이용할 수 있는 선택사항을 탐색할 수 있도록 원조하라. 즉각적인 상황적 지지, 대처기제, 긍정적 사고를 찾아내도록 촉진하라.
2. 클라이언트의 안전을 확보하라. 클라이언트의 신체적, 심리적 안전에 대한 위협의 치명성, 중요성, 비유동성, 심각성을 사정하라. 클라이언트의 내적 사건과 클라이언트를 둘러싸고 있는 상황 모두를 사정하라. 필요하다면 충동적이고 자기파괴적인 행동에 대한 대안을 클라이언트가 지각하도록 도우라.	5. 계획을 세우라. 자원을 명확히 하고 대처지제를 제공할 수 있는 현실적인 단기 계획을 세우도록 도우라. 이 계획은 클라이언트가 이해할 수 있고 실천할 수 있는 명확한 활동 단계여야 한다.
3. 지지를 제공하라. 위기개입전문가는 정당한 절차를 거쳤으며 지지적인 사람임을 클라이언트에게 알리라. 클라이언트를 돌보고, 긍정적이고, 비소유적이고, 비심판적이고, 수용적이고, 인간적인 개입을 하고 있음을 말, 음성, 신체언어로 드러내라.	6. 참여를 유도하라. 클라이언트가 현실적으로 달성할 수 있으며 수용할 수 있는, 명확하고 긍정적인 행동단계에 참여하도록 도우라.

일신상의 위협에 대한 반응, 치명성의 정도, 유동성의 정도와 위기개입전문가에게 필요한 지시적인 행동의 양과 타입을 고려한다.

6단계 모델은 경청하기와 활동하기라는 두 가지 주요 카테고리로 나눌 수 있다. 처음 세 단계에서 위기개입전문가에게 강조되는 것은 경청에 대한 것이다. 경청은 관심 기울이기, 관찰하기, 이해하기, 강조하기, 수용하기, 비심판적 태도 취하기, 돌보기, 존중하기, 진실하기 등을 포함한다. 두 번째 세 단계에서 위기개입전문가에게 강조되는 것은 활동에 관한 것이다. 활동은 클라이언트의 사정된 욕구와 환경적 지지와 대처기제의 활용가능성에 따라 비지시적, 협력적, 지시적 수준에서 개입하기 등을 포함한다.

〈표 3-1〉 6단계를 기초로 한 단계별 지침

단계	단계별 지침
1단계: 문제 정의하기	1. 돌보는 태도를 전달하라. 2. 접촉하라. 3. 위기의 의미를 탐색하라
2단계: 안전 확보하기	1. 직접적이고 폐쇄적인 질문을 사용하라. 2. 치명성의 정도를 판단하라. 3. 자기 자신, 클라이언트, 중요한 사람들의 안전을 확보하기 위해 즉각적인 행동을 취하라. 4. 클라이언트의 예방적이고 안전한 행동을 강화하라. 5. 당신의 책임에 대해 말하라. 6. 클라이언트의 특성에 대한 의사결정의 기초로 위기분류사정척도를 사용하라.
3단계: 지지 제공하기	1. 클라이언트가 정말로 중요한 사람이라는 것을 아주 분명하게 말하라. 2. 클라이언트의 가장 최소한의 변화조차도 긍정적으로 강화하라. 3. 외부의 사회적 지지를 찾는 것은 위기 동안 지속적인 도움을 제공하는 데 중요하다.
4단계: 대안 탐색하기	1. 상황에 맞는 지지기제를 활용하라. 2. 이전에 성공적이었던 대처기제를 활용하라. 3. 환경자원을 활용하라. 4. 긍정적이고 건설적인 사고 패턴을 생성하라. 5. 행동 취하기를 강화하라.
5단계: 계획 수립하기	1. 단기적인 목표를 강조하라. 2. 구체적인 계획을 세우라.
6단계: 참여 유도하기	1. 계획을 재검토하라. 2. 책임감을 확고히 하라.

이 모델의 작동법을 알리기 위해 6단계와 함께 이것이 작동할 수 있도록 돕는 '단계별 지침'을 덧붙여 〈표 3-1〉에 제시하였다. 이것은 위기개입전문가가 클라이언트에 대해 생각하고 클라이언트에게 함께 반응할 수 있도록 돕는 지침이다. 이런 지침은 일반적으로 모델에 있는 구체적인 단계와 관련된 실용적인 제안이다. 그러나 모델이 정적이기보다는 동적이기 때문에 각 단계별 지침은 모델 내 다른 단계에 적용하거나 사용할 수 있다. 이러한 상황은 한 단계에서 다른 단계로 넘어갈 때 특히 명백히 드러난다. 예를 들어 1단계에서 2단계로 넘어갈 때 1단계의 단계별 지침은 2단계에서도 여전히 적절하고 적용 가능하다.

1) 1단계: 문제 정의하기

① 돌보는 태도를 전달하라

감정이입, 진실함, 수용, 구체성, 무조건적인 긍정적 관심이라는 위기개입전문가의 핵심적인 촉진기술은 클라이언트가 위기개입전문가에게 관심을 받는 현재 순간에 상태가 좋지 않은 경우 특히 중요하다. 위기에 처한 클라이언트는 잘 활동하지 못하더라도, 그들은 최선을 다해 문제를 해결하려고 시도하고 있다.

② 접촉하라

위기에 처한 클라이언트와 접촉하는 것은 개인 상담에서 라포를 발전시키는 것과 다르다. 위기개입전문가는 돕는 자로서의 역할을 취해야 하고 클라이언트와 그것을 대담하게 의사소통해야 한다. 접촉하는 데 가장 중요한 변수는 클라이언트 반응의 냉담함이다. 반응이 냉담할수록 위기개입전문가는 접촉을 해나가야 한다.

③ 위기의 의미를 탐색하라

위기개입에서는 위기를 클라이언트의 관점에서 정의하는 것이 중요하다. 당신은 문제를 클라이언트가 알고 있는 형태로 이해하는 작업을 해야 한다.

2) 2단계: 안전 확보하기

① 직접적으로 하라

안전욕구를 고려함에 있어, 위기개입전문가는 클라이언트 자신 및 타인에 대한 치명성을 판단하기 위해 주춤거리지 말고 직접적으로 질문해야 한다. 반면 폐쇄질문은 보편적인 상담에서는 종종 부적절한 것으로 보이지만 위기상담에서는 안전욕구를 판단하는 데 아주 효율적이다. "자살하려는 계획을 가지고 있나요?"라는 직접적인 질문은 클라이언트에게 "예" 혹은 "아니오"라는 대답을 요구한다. 그런 직접적인 질문은 초보 위기개입 전문가들이 우려하듯 클라이언트가 그와 같은 행동을 고려하도록 충동질하기보다는, 실제로 클라이언트로 하여금 그 이슈에 대해 말할 수 있게 해주면 클라이언트가 그런 무서운 생각을 하고 있다는 것을 인식할 정도로 위기개입전문가가 민감한 사람이라는 믿음을 주게 된다.

② 치명성의 정도를 판단하라

척도를 사용한다 하더라도 치명성의 정도를 판단하는 데 정확한 양식인 것은 아니다. 그러나 클라이언트가 치명적일수록 방법, 동기, 기회, 수단을 더욱 명료하게 하고 구체화해야 한다.

③ 자기 자신, 클라이언트, 중요한 사람들의 안전을 확보하기 위해 즉각적
   인 행동을 취하라

치명성의 정도가 클라이언트 표현에 달려 있기 때문에 위기개입
전문가는 자살방지계약, 안전한 장소 등과 같이 적용할 수 있는 특별
한 행동상담 도구를 갖추어야 한다. 위기개입전문가는 또한 곧바로
연결할 수 있는 병원, 경찰, 응급요원과 같은 즉각적인 의뢰자원에
대한 정보(예: 전화번호, 시간, 장소 등)를 모두 가지고 있어야 한다.

④ 클라이언트의 예방적이고 안전한 행동을 강화하라

치명적인 행동에서 멀어지고 안전한 행동에 근접해가는 것은 비
록 클라이언트가 완전히 적응적이지 않을지라도 즉시 강조되어야
하는 것이다.

⑤ 당신의 책임에 대해 말하라

위기의 잠재적인 치명성에 대해 당신이 예방적이고 즉각적인 방
법으로 반응할 것임을 클라이언트에게 분명하게 해야 한다.

〈그림 3-3〉 안전계약서

나 <u>(클라이언트 이름)</u> 는 다음 주까지 나 자신을 해치지 않을 것에 동의한다.
만일 자살에 대한 생각이 들고 이것이 감당하기 힘들 정도로 강해지면
<u>(위기개입전문가 이름)</u> 에게 전화할 것을 약속한다. 만일 위기개입전문가에게
연락을 취할 수 없을 경우에 나는 응급전화 <u>(전화번호)</u> 로 연락을
할 것이다.

<u>(클라이언트 이름)</u>　　　　<u>(날짜)</u>　　　　<u>(위기개입전문가 이름)</u>

⑥ 클라이언트의 특징에 대한 판단의 기초로 위기분류사정척도를 사용하라

위기분류사정척도는 신뢰도가 높고(Watters, 1997) 위기개입 초보자도 쉽게 배울 수 있다. 간호사, 경찰, 사회복지사, 위기개입전문가, 자격을 갖춘 전문 상담가, 학교 상담가, 위기개입에 거의 익숙하지 않은 대학 학부생조차도 한 세션이면 배울 수 있다. 위기분류사정양식^{TAF: Triage Assessment Form}는 클라이언트에게 발생하는 것과 당신이 어느 정도로 지시적인 접근을 해야 하는지 판단할 수 있는 기초선을 제공한다. 위기에 처한 클라이언트를 신속하고 적절하게 사정하는 것이 개입에서 가장 중요한 요소이기 때문에, 위기개입 모델에서는 사정에 최고의 가치를 둔다. 클라이언트의 평형상태에 대한 일정하고 신속한 사정은 개입자가 다음 단계에 무엇을 해야 하는지를 가르쳐주고 위기가 전개되는 때를 알게 한다.

Myer, Williams, Ottens & Schmidt(1992: 137~148)는 위기에 처한 클라이언트를 신속하고 타당하게 사정할 것으로 보이는 3차원의 위기사정 모델 평가척도인 위기분류사정양식을 만들었다. 이 양식의 가장 큰 장점은 사정절차에 대한 훈련을 받지 않은 상담자도 신속하게 수행할 수 있다는 점이다. 위기분류사정양식은 클라이언트의 정서적, 행동적, 인지적 역기능에 대해 빠르고 효과적인 사정을 할 수 있는 신뢰할 만한 도구이다.

3) 3단계: 지지제공하기

① 클라이언트가 정말로 중요한 사람이라는 것을 아주 분명하게 말하라

위기에 처한 클라이언트는 보통 과거에 다른 사람으로부터 자신이 가치 없는 사람이라는 메시지를 많이 받아왔다. 클라이언트가 이런 상황에 이르기까지 자아존중감과 자아개념이 아주 낮을 것이라

ⓒ R. A Meyer, R. C. Williams, A.J. Ottens, .& A. E. Schmidt

① 위기사건: 위기상황을 간단하게 규명하고 기술하라.

____

② 정서 영역 : 현재의 정서를 간단하게 규명하고 기술하라(한 가지 이상의 정서를 경험하고 있다면, 첫 번째에 #1, 두 번째에 #2, 세 번째에 #3 번호를 매기라).

분노/적의: _______________________________________

____

걱정/두려움: _____________________________________

____

슬픔/침울: _______________________________________

____

③ 정서 평가 척도: 클라이언트의 위기에 대한 반응과 가장 가까운 번호에 체크하라.

1	2	3	4	5	6	7	8	9	10
손상 없음	극소의 손상		경미한 손상		중등도의 손상		현저한 손상		심각한 손상
정상적으로 변화하는 안정된 기분. 혹은 일상적 기능에 적절한 정서	상황에 맞는 정서. 가볍긴 하지만 상황이 초래할 것으로 예상되는 것보다 부정적인 기분을 단기간 더 강하게 경험. 클라이언트는 감정을 대체로 통제.		상황에 맞는 정서를 보이지만 상황보다 부정적 기분을 더 강하게 경험하는 기간 점차 더 길어짐. 클라이언트는 감정을 대체로 통제할 수 있는 것으로 지각.		정서가 상황에 맞지 않을 수 있음. 부정적 기분을 강하게 느끼는 기간 확장. 상황이 초래할 것으로 예상되는 것보다 더 강한 기분을 눈에 띄게 경험.		상황보다 현저하게 높은 수준에서 부정적 정서 경험. 정서는 분명하게 상황에 맞지 않음. 기분의 진동이 있다면 두드러짐. 클라이언트는 부정적인 기분의 시작을 통제할 수 없는 것으로 지각.		보상작용의 상실 혹은 이인화 증거

④ 행동 영역: 현재 취하고 있는 행동을 간단하게 규명하고 기술하라(한 가지 이상의 행동을 하고 있다면, 첫 번째에 #1, 두 번째에 #2, 세 번째에 #3 번호를 매겨라).

⑤ 행동 평가 척도: 클라이언트의 위기에 대한 반응과 가장 가까운 번호에 체크하라.

1	2	3	4	5	6	7	8	9	10
손상 없음	극소의 손상		경미한 손상		중등도의 손상		현저한 손상		심각한 손상
위기사건에 적절한 대처행동. 일상적 기능에 필요한 임무 수행.	경우에 따라 비효과적인 대처행동. 일상적 기능에 필요한 임무 수행 위해 많이 노력.		경우에 따라 비효과적인 대처행동. 일상적 기능에 필요한 일부 임무에 소홀하고 효과성 떨어뜨리면서 다른 일 수행.		비효과적이고 부적응적인 대처행동. 일상적 기능에 필요한 임무 수행능력 눈에 띄게 손상.		위기상황 악화시키는 대처행동. 일상적인 기능 수행능력 현저하게 결핍.		행동 산만하고 예측 불가. 행동이 자신과 타인에게 유해.

⑥ 인지영역: 다음 영역에서 현재 발생하고 있는 일탈^{transgression}, 미래의 위협^{threat}, 과거의 손실^{loss}이 있다면 이를 간단하게 규명하고 기술하라(한 가지 이상의 인지적 반응이 일어난다면, 첫 번째에 #1, 두 번째에 #2, 세 번째에 #3 번호를 매기라).

물리적(음식, 물, 안전, 쉼터 등)

현재의 일탈_________ 미래의 위협_________ 과거의 손실_________

____

심리적(자아개념, 정서적 안녕, 정체감 등)

현재의 일탈_________ 미래의 위협_________ 과거의 손실_________

____

사회적 관계성(가족, 친구, 동료 등)

현재의 일탈_________ 미래의 위협_________ 과거의 손실_________

____

도덕적/영적(인격적 통합, 가치, 신념체계 등)

현재의 일탈_________ 미래의 위협_________ 과거의 손실_________

____

⑦ 인지 평가 척도: 클라이언트의 위기에 대한 반응과 가장 가까운 번호에 체크하라.

1	2	3	4	5	6	7	8	9	10
손상 없음	극소의 손상		경미한 손상		중등도의 손상		현저한 손상		심각한 손상
집중력 손상되지 않음. 정상적인 문제해결력과 의사 결정력 보임. 위기 사건에 대한 클라이언트의 지각과 해석 실제 상황과 부합.	사고는 위기사건에 빠져 있지만 사고의 초점은 의지적인 통제하에 있음. 문제해결력과 의사결정력에 미치는 영향 아주 작음. 위기사건에 대한 클라이언트의 지각과 해석은 대체로 실제 상황과 부합.		경우에 따라 집중장애 보임. 위기사건에 관한 사고 통제 감소 지각. 문제해결력과 의사결정력 정기적으로 어려움 경험. 위기사건에 대한 클라이언트의 지각과 해석은 실제 상황과 어떤 면에서 다를 수 있음.		빈번한 집중장애. 위기사건에 대한 침입적 사고로 통제력 제한. 강박, 자기-의심, 혼동이 문제해결력과 의사결정력에 부정적 영향. 위기사건에 대한 클라이언트의 지각과 해석은 실제 상황과 아주 다를 수 있음.		위기사건에 관한 침입적 사고로 고통당함. 강박과 자기의심. 혼동으로 클라이언트의 문제해결력과 의사결정력의 적절성 영향 받음. 위기사건에 대한 클라이언트의 지각과 해석은 대체로 다를 수 있음.		위기사건 외 집중 거의 안됨. 강박, 자기의심, 혼동으로 고통받아 문제해결과 의사결정 능력 '차단'. 위기사건에 대한 클라이언트의 해석은 실제상황과 대체로 달라서 클라이언트의 복지 위협

⑧ 영역 평가 척도 요약

정서_________ 인지_________ 행동_________ 합계_________

고 보는 것이 적절하다.

② 클라이언트의 가장 최소한의 변화조차도 긍정적으로 강화하라

비치명적인 행동을 강화하는 것과 같이, 적응적이고 규범에 맞는 행동 역시 바로 강화해야 한다. 클라이언트가 심각한 정신적 발작 후에 클리닉으로 갈 수 있는 것, 폭력을 당한 후에 배우자 학대 전화에 전화하는 것 혹은 클라이언트가 흐느낌으로 고통당하기 전에 5분 정도 위기개입전문가가 강화할 수 있는 행동적인 구체적 사건이다. 조금이나마 사리에 맞는 유머 사용은 긴장을 감소시키는 기제로 사용될 수 있다.

③ 외부의 사회적 지지를 찾는 것은 위기기간 동안 지속적인 도움을 제공하는 데 중요하다

이 지침은 클라이언트가 개인적인 사회적 지지가 전혀 없다고 믿는 삶의 한 지점에 있을지도 모른다는 면에서 중요하다. 여러 가지 부정적인 감정과 자기 귀인으로 인해 클라이언트는 이 상황이 아닐 때에도 자신을 돌본 사람은 없었다고 생각할 수 있다. 위기개입전문가의 주된 일은 클라이언트가 새로운 지지자를 발견하도록 돕거나 이전의 지지체계와 다시 연결될 수 있도록 돕는 것이다. 클라이언트가 과거에 지지자들을 괴롭혀서 많은 이를 떠나게 했을지도 모르지만, 위기개입전문가가 부지런하고 꾸준하다면 사회적으로 가장 고립된 클라이언트라 하더라도 그들에게 짧은 기간 도움을 줄 수 있는 지지자를 구하는 것은 가능할 것이다.

4) 4단계 : 대안 탐색하기

위기에 처한 클라이언트는 종종 자신에게 선택의 여지가 없다고 믿는데, 즉 위기는 클라이언트를 비유동적인 상태가 되게 해서 자기 삶을 다시 통제할 수 없을 것이라고 믿게 된다는 것이다. 대안탐색은 여러 방법으로 생각해 볼 수 있으며, 상황에 맞는 지지자 찾기, 대처 기제 만들기, 긍정적인 생각하기를 포함한다. 위기상담이 지금 여기와 실시간 지향에 강하게 초점을 두고 있지만 클라이언트가 과거에 도움을 받았던 환경자원과 행동 및 비효과적이어서 잊어버렸거나 접어둔 환경자원과 행동을 찾는 것은 현재의 딜레마에서 대안을 찾아 통제를 회복하게 하기 때문에 중요하다. 위기에 처한 클라이언트의 삶에서 종종 빠트리게 되는 두 가지 중요한 구성요소는 '사회적 관여'와 '긍정적인 열중 행동'이다. 유명한 심리치료자이자 성격이론가인 아들러(A. Adler, 1958)와 글라서(W. Glasser, 1976)는 많은 시간을 들여 이런 개념을 저술하였다. 위기에 처한 클라이언트가 심리적 곤경에서 빠져나오기 위해서는 사회적으로 다른 사람과 다시 연결되거나 만족스럽고 성장을 증진시키는 활동을 재건하는 것이 필요하다.

① 상황에 맞는 지지기제를 활용하라

상황에 맞는 지지기제는 클라이언트에게 심리적인 안식과 항상성을 유지하도록 도움을 주는, 현재나 과거부터 클라이언트에게 알려진 사람, 장소, 물건이다. 클라이언트는 지리적 이동, 친한 친구와의 이별과 죽음, 경제적 하락, 그밖에 많은 삶의 변화 때문에 접근할 수 있으면서 상황에 적합한 지지자가 있는지를 알 수 없거나 새로운 지지자를 찾는 것을 두려워하거나 당황스러워하기도 한다.

② 이전에 성공적이었던 대처기제를 활용하라

위기에 처한 클라이언트는 이전에 성공적이던 대처기제를 잊어버리거나 접어둔 채 고려하지 않는다. 클라이언트가 위기를 경험할 때 사용한 행동, 환경자원은 클라이언트가 이를 잊어버리거나 이런 자원을 활용할 수 있다는 것을 깨닫지 못하기 때문에 접근하지 못하게 된다. 클라이언트가 현재 상황에서 이런 기제들을 이용하거나 도움으로써 유용한 자원이 되게 할 수 있다. 대처행동으로는 뜨개질, 집안청소, 피아노 연주, 조깅, 낚시와 같은 개인적인 스트레스 감소부터 자전거로 음식 배달하기, 인류를 위한 집짓기 지원이나 춤추기, 카드놀이 같은 대인적 사회활동까지 활용될 수 있다.

③ 환경자원을 활용하라

환경자원은 클라이언트와 위기개입전문가라는 두 가지 관점에서 고려되어야 한다. 환경자원을 만들어낸다는 것은 클라이언트가 지지집단, 서비스 조직, 교회, 혹은 우애조직에 속해 있는지를 조사하는 것과 원조 조직에 전화하는 것을 포함할 수 있다. 많은 경우 클라이언트는 자신이 과거의 중요한 사람들을 좋아한다는 것과 또한 다른 지역에 살기 때문에 멀어졌거나 더 이상 접근할 수 없다는 것을 느낄 것이다.

④ 긍정적이고 건설적인 사고 패턴을 생성하라

긍정적이고 건설적인 사고 패턴은 위기에 처한 클라이언트의 사고과정의 대부분을 차지하는 부정적인 비합리적 사고로부터 벗어나게 하기 위해 중요하다. 클라이언트의 사고방식이 위기의 맹공격으로 급회전하여 통제를 상실할 수 있기 때문에 클라이언트의 사고를 질서 있고 긍정적으로 유지하는 것은 아주 어려울 수 있다. 부정적인 자기진술과 비난하는 말을 긍정적인 권고로 바꾸는 것은 클라이언트에게 위기 이외의 방법이 있다는 것을 믿게 하는 데 중요하다.

⑤ 행동 취하기를 강화하라

위기에 처한 클라이언트는 많은 경우 자신에게 생긴 일에 너무 몰두해서 다른 사람의 말이나 요구를 잘 듣지 못한다. 위기개입전문가는 주로 아주 직접적인 진술을 사용하고 위기개입전문가와 클라이언트가 일정한 관계를 유지하기 위해 캔터^{Canter}가 제시한 기록을 깨는 일상적인 방법(Canter & Canter, 1982)을 사용해야 한다. 그러므로 위기개입전문가가 클라이언트에게 무언가를 하도록 반복적으로 요구하는 것과 클라이언트가 위기개입전문가에게 들은 것을 실제로 알고 있는지에 대해서 질문하는 것은 이상한 일이 아니다.

5) 5단계: 계획 수립하기

① 단기적인 목표를 강조하라

위기를 경험하는 일부 클라이언트는 장기적인 결과와 연결되는 의사결정을 하기를 원한다. 약물에 중독된 사람은 같은 문제를 가진 사람들을 위한 중간집 개소를 계획하고 있을 수 있고 또 어떤 사람은 비도덕적인 행동에 연루된 것에 속죄하는 마음으로 선교사로서 새로운 삶을 시작하려고 결정할 수 있으며 자동차 사고 후 다시는 운전을 하지 않겠다고 맹세하는 사람도 있을 수 있다. 이런 결정이 잘못된 것은 아니고 한두 사례에서는 효과적이라 하더라도 위기개입전문가는 클라이언트가 즉각적인 위기를 해결하는 데 초점을 두도록 해야 하고 삶을 변화시키는 의사결정은 연기할 수 있도록 독려해야 한다.

② 구체적인 계획을 세우라

계획이 구체적이고 클라이언트의 안전을 고려하며 후방수비를 제공하고 허점을 남기지 않을수록 더 효과적이며, 부정확하고 모호한 계획은 종종 완수되지 않는다. 위기개입전문가는 클라이언트가 계획을 발전시킬 때 '무엇을', '언제', '어떻게' 라는 이슈를 고려하도록 도와야 한다. '무엇' 은 위기를 해결하기 위해 클라이언트가 취해야 하는 행동과 관련되고, '언제' 는 이러한 행동을 취할 시간을 포함하며, '어떻게' 는 계획을 달성하는 방법을 포함한다. 위기개입전문가는 클라이언트가 이러한 세 가지 이슈에 역점을 두는 계획을 발전시키도록 도울 책임이 있다.

6) 6단계: 참여 유도하기

① 계획을 재검토하라

세션이 끝날 때 클라이언트와 계획을 전체적으로 재검토해야 한다. 핵심요소는 계획을 클라이언트가 자신의 말로 재진술해야 한다는 것이다. 이런 과정은 위기개입전문가가 클라이언트의 계획에 대한 해석을 수정하고 누락된 계획의 일부를 추가할 수 있게 한다.

② 책임감을 확고히 하라

클라이언트의 참여약속은 언어적 동의, 악수, 계약기록으로 받아낼 수 있지만 그 방법을 어떻게 하든 동의한 내용 중에 클라이언트에게 해당되는 부분을 명확하게 해야 하고 그렇게 하면 클라이언트는 그것을 따라 할 수 있을 것이다.

8. 북한이탈주민의 심리적 충격, 외상은 어떻게 치유될 수 있는가?

북한이탈주민의 외상경험 역시 적절한 시기의 위기 개입을 통해 치유와 회복에 이를 수 있다. 난민이주자의 외상 치유 및 회복 과정과 그에 기여하는 요인들을 살펴보자.

북한이탈주민들이 경험하게 되는 외상들은 일반적인 외상스트레스 유발자 범주에 속할 뿐만 아니라, 과거의 외상은 현실의 고통스런 경험과 뒤섞여 심리적 고통을 가중시킨다는 점에서 외상경험이 정신건강에 부정적인 영향을 준다는 것은 많은 연구들을 통해 이미 입증되었다. 국내 북한이탈주민의 외상경험의 경우 홍창형(2004)은 북한 이주민들이 북한과 제3국에서 경험한 외상경험을 육체적 외상, 정치적·사상적 외상, 가족과 연관된 외상, 발각 및 체포와 관련된 외상, 배신과 연관된 외상으로 구성된 내용을 보고하였다. 이러한 외상경험들이 남한 입국 후 3년경과 후에는 90%에 이르는 외상회복을 보였다고 한다.

오늘날 난민이주자들의 외상으로 인한 정신적 고통은 비정상적인 상황에서 정상적인 반응으로 이해되고 있을 뿐만 아니라(Jong al., 1999: 1616~1617), 외상으로 인한 악몽조차도 차후 회복과 장기적 적응을 예측하는 것(Cartwright & Lloyd, 1994; Ahearn, 2000: 114에서 재인용)이라 해석함으로써, 외상경험이 정신건강에 반드시 부정적인 영향을 주는 것은 아니라는 관점(Harvey et al., 2003: 231~245; Stroebe & Schut, 2003: 3355; Tennen, H. & Affleck, G., 1998: 65~91; Tedeschi, R., & Calhoun, L., 1998: 357~371; Tedeschi, R., Park, C. & Calhoun, L., 1998: 1~17)이 대두되고 있다.

따라서 외상으로 인한 부정적인 영향이 완전히 사라지지는 않을 지라도, 회복적인 요인의 영향으로 회복이 가능하다고 보는 것이다 (Alcock, 2003: 291~300; Herman, 1997: 120~122; Papadopoulos, 2001: 405~422). 난민의 외상을 경험한 대상자라 할지라도 외상경험에 의한 큰 상실 후에 따라오게 되는 문제의식과 정체성을 어떻게 해서든지 재형성하려고 한다. 초기에는 많은 사람들이 외상으로 인해 분쇄되어 버린 모든 기억들을 차단시킴으로써 대처하려고 한다. 즉, 자기 방어적 태도를 취하는 것이다.

그러나 회복[recovery]이란 오히려 외상사건을 기억하고[remembering] 처리하는 것[processing]을 의미한다. 그렇기 때문에 외상으로 인해 '지속적인 존재로서의 자신'[going on being]이 깨어져버렸다면 다시 과거로 돌아가지 못할 것이다. 하지만, 인간은 조각난 파편에서도 새로운 패턴을 만들 수 있는 능력이 있다는 점에서 분명한 방법은 없다 할지라도 회복의 가능성을 부정할 수는 없다. 즉, 과거에 직면해서, 현실에 연계되고, 미래에 접근하고자 하는 개인은 회복에 이르게 된다는 점을 시사하는 것이다(Alcock, 2003: 291~300).

"전에는 과거를 생각하는 건 내게 도움이 안 된다. 잊어야 한다. 살면서 좋았던 기억이 하나도 없으니까 과거는 내 성장에 도움이 안 된다고 생각했거든요. 그런데 이제는 북한 생활을 떠올리면 '그래, 그때 거기서 살 때 힘들었었지!' 하면서 미소가 돼. 그때 내가 잡혀서 맞고 울고 그러면서 죽고 싶었던 적이 있었는데. 나를 무자비하게 때려줬던 그 사람이 지금쯤 몇 살 정도 됐겠다. 생각하면서 살아있을까? 궁금해지고. 이젠 잊어야지. 그런 생각보다는 그래서 내가 더 열심히 살아야 겠구나. 그런 생각으로 바뀐 거지. 긍정적으로 말야."

일반적으로 이주 이전의 외상경험의 부정적 영향은 이주 이후 새로운 문화에 유입되면서 경험하게 되는 이주 후 스트레스원[Post-migration Stressors]과 더불어 증폭되기 쉽다(Brough et al., 2003: 193~208; Keyes & Kane, 2004: 809~831; Khamphakdy-Brown et al., 2006; Mekki-Berrada et al., 2001: 41~57). 따라서 난민이주자들의 외상경험은 과거, 현재, 그리고 미래로 이어지는 시간에 따른 경험이므로, 단일 사건이 아닌 누적되는 것으로 파악된다. 또한 외상은 갑작스럽고 저항하기 어려운 위협적인 사건에서 비롯되기 때문에, 이러한 외상사건이 발생했을 때, 개인은 내적 혼란과 불안으로 인해 심리적 안정이 파괴되는 경험을 하게 된다. 따라서 외상상태는 관련된 외상사건을 재조직하고 분류하고 이해될 때까지 계속된다.

따라서 정신적 외상의 회복은 하나의 과정[process]으로 이해될 수 있다. 외상회복이 일련의 과정에 따라 이루어진다고 해도 그것이 선형적 과정이 아니라 비선형적으로 이루어진다는 점에서(Tedeschi & Calhoun, 1995: 25~30) 북한이탈주민의 외상회복 역시 어떠한 비선형적인 과정을 이루고 있음을 예측할 수 있다.

우선 국외 연구들을 통해 외상이 회복으로 전환되는 과정을 〈표 3-2〉와 같이 단계별로 정리할 수 있다(Herman, 1997: 155~159; Kinzie, 2001: 913~917).

외상에서 회복되는 단계는 다소 차이는 있겠으나, 고전적인 외상회복 연구라 할 수 있는 Janet(1889)의 hysteria부터 Kinzie(2001: 913-917)의 난민의 외상회복에 이르기까지 회복 단계는 3단계에서 8단계까지 세부적으로 구분될 수 있다. 하지만 세부내용은 크게 3단계에서 4단계 정도로 나눌 수 있다.

외상회복 첫 단계 개입의 공통적인 내용은 내담자로 하여금 개인의 외상경험을 털어놓게 함으로써 안정화[stablization] 내지는 안전[safety]을 느낄 수 있도록 해 주는 것이다. Herman(1997: 156~159)은 이 단계에

<표 3-2> 외상회복 단계의 발전과정과 구성내용

단계/학자	증상	1단계	2단계	3단계	4단계
Janet (1889)	히스테리아	안정화, 증상 지향적 치료	외상 기억의 탐색	성격통합, 회복	
Scurfield (1985)	전쟁외상	신뢰, 스트레스 관리, 교육	외상 재경험하기	외상통합	
Brown & Fromm (1986)	복합적 외상 후 스트레스 장애	안정화	기억의 통합	자기개발, 통합추구	
Putnam (1989)	다중 성격장애	진단, 안정화, 의사소통, 협력하기	외상의 변형	해결, 통합, 후기해결 대처 기술 발전시키기	
Herman (1992)	외상장애	안전	기억과 애도	다시 연계하기	
Kinzie (2001)	난민의 외상장애	외상에 대해 이야기하고자 하는 내담자의 욕구: 치료자의 경청 능력	시간경과에 따라 지속성을 유지하고자 하는 내담자의 욕구: 머물수 있는 치료자의 능력	기여하고자 하는 내담자의 욕구: 수용할 수 있는 치료자의 능력	악의 문제 그리고 내담자의 영성 탐색: 믿고자 하는 치료자의 능력

서 과거 문제를 회피하지 않고 분명히 명명[naming]함으로써 관련된 정서적 통제[control]를 회복하여 안전한 환경을 설정할 수 있게 된다고 강조한다. Kinzie(200: 913~917)는 외상회복의 첫 단계에 주된 치료 접근은 외상 희생자가 자신의 고통경험을 이야기하는 것 자체에 두고 있다. 난민의 외상회복의 경우 과거에는 그들이 경험한 고통을 다시 이야기하도록 하는 것을 몇 가지 이유에서 부정적으로 인식하였다. 이유는 첫째, 과거의 상처를 되묻는 것은 정신건강을 더 악화시킨다는 것이며 둘째, 이미 경험한 외상경험에 내해 어떠한 조치도 해 줄 수 없다는 것이며 셋째, 정신분석의 영향으로 외상 전 개인 성격이 외상 자체보다 더 중요한 조건으로 다루어졌기 때문이다.

그러나 오늘날 난민의 외상회복 및 회복 방향은 다른 관점을 취하고 있다. 첫 번째, 심리적으로 더 악화되지 않으면서도 자신의 외상 경험을 이야기할 수 있으며, 신체적인 호소를 하면서도 심리적 어려움을 이야기할 수 있기 때문에 그들의 심리적 어려움을 공감하면서 들어주는 것 자체도 치료적 효과를 지닌다고 하였다(Jeon, et al., 2001; 전우택, 2006: 8~9에서 재인용). 즉, 이야기를 통해 난민대상자의 실존적인 독특한 경험을 공유함으로써 좀 더 친밀감을 형성할 수 있으며, 치료자의 공감적 경청은 난민 개인 자신이 이해받고 있다는 신뢰를 제공하게 된다. 이러한 치유적 관계healing relationship 형성은 심리사회적으로 불안정한 상태에 있는 난민 대상자에게 안전감을 제공하는 초석이 된다고 할 수 있다(Herman, 1997: 133~154; Mollica & Lavelle, 1988; Kinzie, 2001: 913~917에서 재인용).

외상회복의 두 번째 단계는, 고통스러웠던 외상경험을 의식적으로 다시 이야기하게 함으로써, 자신의 이야기 안에서 상황적 맥락, 사실, 정서 그리고 의미 구축을 시도하는 것이다(Herman, 1997). 즉, 이야기의 재구성을 통해 외상 기억을 전환시키는 것이라 할 수 있다. 심한 고문을 받았던 사람이나, 자신의 신체적 증상의 완화가 없는 사람일지라도 개인의 어려움을 지속적으로 반복하여 이야기하는 경우가 있는데, 이것은 자신의 이야기를 반복함으로써 어떤 의미를 찾고자 노력하는 것으로 해석될 수 있다(Jeon et al., 2001; 전우택, 2006: 8~9에서 재인용). 과거 외상의 반복적인 이야기를 통해 깊은 상실을 복원시키려는 힘과 의미를 재구축하려는 능력은 회복에 중요한 한 과정이다. 난민 개인은 시간이 경과하게 되면서 자신의 반복적인 이야기를 통해 과거 외상에 따른 강렬했던 감정들이 점차 약해지는 것을 경험하게 된다. 따라서 과거에 대한 기억과 애도로 보냈던 시간들은 점차적으로 축소된다(Herman, 1997: 175~195).

난민 대상자의 과거 외상경험으로 인한 고통 증상은 재발되기도 하고, 고요하고 안정된 시기를 보내기도 하면서 호전과 악화를 반복하게 된다. 이때 난민대상자는 일정한 치료자와 장기적인 상호관계를 유지하고자 하는 욕구를 갖게 되는데, 이러한 욕구충족은 그들의 심리적 안정의 지속성을 강화시킨다. 또한 이 시기에는 결혼문제, 금전 문제, 자녀양육, 사회문화적 지지 상실 등의 일상적인 이슈들도 같이 등장하게 된다(Kinzie, 2001).

따라서 정신건강전문가들은 북한이탈주민 클라이언트의 심리사회적 기능에 부정적인 영향을 주는 정치적·사회경제적인 요인들을 인식하면서 그 개인이 현실에서 실질적으로 얻을 수 있는 혜택들을 다루어주는 역할을 무시해서는 안 된다. 보스니아 난민연구를 예로 들자면, 병원을 근간으로 하는 건강 체계와 약물을 지향하는 건강 체계, 정신과적 돌봄은 만성적이고 심각한 경우로 국한시키고, 지역사회정신건강담당자는 난민들에게 심리사회적 프로그램이 포함된 원조조직의 중요성을 강조하였다. 즉, 존엄성과 자기 통제, 이주국에서의 삶에 대한 조망을 좀 더 넓게 확대 적용하면서, 동시에 직업에 대한 지속적인 사후관리가 따라올 때 외상으로 인한 정신건강 회복이 효과적임을(Jong et al., 1999: 1616~1617) 밝히고 있다.

세 번째 단계는, 외상에 대한 영향력에 대처하고, 외상의 의미를 통합하고, 대인관계에 적극적으로 연계함으로써 외상을 해결하고자 하는 것이다. 난민 개인은 회복에 기여하는 요인을 제공하는 대상자와의 관계 안에서 서로 주고받는 상호 공유되는 경험을 하게 된다. 이러한 경험은 개인의 심리적 성장과 공통된 인간애의 끈으로 발전되고, 나아가 자신과 같은 경험을 하고 있는 난민 대상자를 위해 자신의 경험을 개방함으로써 타인의 삶에 기여하고자 하는 이타심으로 발전된다. 정리하자면, 타인과의 적극적인 연계하기를 통해, 생존자로서의 임무를 실행하게 되는 것이 외상해결에 기여하는 요인이 된다는 것이다(Herman, 1997: 196~213; Kinzie, 2001: 913~917).

정신건강 전문가에 따라서 네 번째 단계로는 해결될 수 없는 악의 문제, 즉 본국에서 자신을 고문했던 고문관처럼 아직도 정신적으로 지속되고 있는 악한 존재에 대해서 어떠한 의미해석을 통해 회복에 이르도록 의미를 통합할 것인가를 좀 더 다루려는 단계라 할 수 있다. 이 단계에서는 의료적이며 과학적인 접근 방법으로는 해결될 수 없다. 오히려 영성^{spirituality}의 개념으로 다루어지는 것이 합당하다고 보는 단계이다. 즉, 난민 개인이 직면한 해결될 수 없는 어려움은 영성에 입각한 진리의 특성을 발전시켜 수용하면서 미래의 삶에 대한 발전을 기대하며 살도록 돕는 것에 있다고 볼 수 있다. 그러나 신앙적 측면에서의 진리 역시 분명한 해결을 제시하지 못할 수 있으며, 미래의 삶에 대한 발전 역시 불가능할 수도 있다. 그러나 난민대상자나 회복관계에 있는 전문가 모두 현실의 삶에 참여하여 지속적으로 기능할 수 있도록 하는 것에 초점을 두는 것이므로 영성의 공통된 길이 '신념'^{belief}이라는 속성임을 강조한다(Kinzie, 2001: 195). 따라서 영성을 기반으로 하는 신념체계를 외상회복과정에 활용함으로써 난민개인의 사회 심리적 기능을 유지시킨다.

김현경(2007)에 따르면 새터민 개인이 과거 북한에서 그리고 제3국에서 난민으로서 누적된 심리적 충격^{trauma}을 경험했고, 남한이라는 현실 공간에서 문화적응 스트레스와 외상 후 스트레스 및 차별과 이방인이라는 심리적 고통을 경험했을지라도 긍정적인 대처 자원들을 통하여 끊임없이 회복과 성장 지향적인 태도를 취하고자 한다는 점을 제시하였다. 결과적으로 이들이 심리적 충격 후 고통을 통한 성장에 이를 수 있다는 것을 밝히고 있다. 이는 향후 한국사회에 입국한 북한이탈주민들 역시 심리적 충격의 회복 가능성이 있음을 예측하게 해 준다.

따라서 이들의 특성에 맞는 심리적 충격의 회복 요인 및 이들의 심리적 충격 후 고통을 통한 성장이란 어떤 것인가를 정리해 나가는 것이 정신건강전문가들이 현장에서 활용할 중요한 핵심일 것이다. 김현경(2007)은 새터민의 고통 극복을 위한 회복요인들을 크게 '개인적 요인', '사회적 요인', '종교적 요인' 그리고 '정신건강 요인' 4개로 분류하였다. 북한이탈주민들의 과거 외상경험으로 인한 심리정신구조의 속성을 이해하는 것은 이들을 위한 개입전략을 마련하는 기반이 된다고 할 수 있다. 이는 〈그림 3-5〉를 통해 더욱 쉽게 이해될 수 있다.

초기 남한에 입국한 북한이탈주민들의 대다수는 '북한사람들과의 단절시도'를 통해 개인의 심리적 보호를 시도한다. 이러한 특성은 더 이상 같은 북한사람으로부터 상처받고 싶지 않은 개인 방어기제로서 입국초기부터 강하게 기능하게 된다.

"새터민은 같은 새터민 만나길 싫어해요. 왜냐 우리가 살기 힘들어서 여기 왔잖아요. 마음속에 고통이 많다구요. 그런데 같은 북한사람 만나게 되면 그 사람을 보면서 '너도 고통이 많겠구나' 하면서 나의 고통을 떠올리게 되요. 그래서 만나기 싫어지는 거예요."

"북한사람들이 너무 강하니까. 솔직히 말하면 많이 두려웠어요. 수용소에 있을 때가 생각이 나서…… 감옥에 있을 때 내가 방장을 했어요. 감옥에 오래 있다 보니까 나도 성격이 포악해져서 같은 방에 있는 애들 머리도 잡아채고 얼굴도 할퀴어 놓고. 공격성이 통제가 안 되는 거예요. 머리로는 이러지 말아야 하는데. 내가 왜 이러지. 하면서 사납게 되는 거예요. 그런데 북한사람들이 다 그래요. 하나원에서도 여자들끼리 싸우면서 주먹으로 이빨 부러

〈그림 3-5〉 북한이탈주민의 외상(trauma) 회복경험에 따른 맥락적 의미구조

1. 생존의 사투를 견디며 자의적 · 비자의적으로 신세계에 들어옴

▶식량난으로 대파란이 일어남 ▶가족생활이 붕괴됨
▶기회의 땅인 인접국을 접하게 됨
▶가족해체를 딛고 인접국인 중국으로 건너감
▶불법체류자가 되어 정체성을 상실함
▶보호받을 수 없는 무국적자의 삶의 불안과 위험 ▶고통스런 수용소 생활
▶선택의 여지가 없었던 한국행
▶제3국 통과의 시련을 거쳐 자의적
▶비자의적으로 입국함

⬇

2. 예상하지 않았던 충격과 혼란

▶입국직후부터 하나원시기: 보호된 세계에서 직면한 충격과 희망의 엇갈림
▶사회로 나오니 감당하기 버거운 현실을 인식함
▶하나원교육과 현실간의 괴리 ▶심리적 충격(trauma) 후 스트레스를 경험함
▶남한사람의 차별적 태도는 새터민의 정체성을 숨기게 함
▶언어차이로 이방인이 되어 새터민의 정체성을 부정하게 됨
▶정신적 속박을 주는 문화적응스트레스와 경쟁의식

⬇

3. 탈북의 의미 상실

▶단절된 애착대상에 대한 그리움과 죄책감을 느끼며 탈북을 후회함

〈개인적 요인〉

▶고통의 세계 사람들인 새터민과의 단절 시도
▶도움이 될 만한 남한사람을 찾아나섬
▶삶의 의미구축과 홀로 삭힘
▶자기성찰
▶강인성과 정신적 강화 ▶하향비교
▶과거의 고통을 역경에 대처할 수 있는 심리적 에너지로 전환시킴
▶북한가족에 대한 도리를 다하고자 함
▶가족기능을 고려함

〈종교적 요인〉

▶적응을 위한 종교적 신념 발휘

➡ **4. 회복 요인을 통한 고통의 극복** ⬅

〈사회적 요인〉

▶남한사람들로부터 실질적인 도구적 · 정서적 지지를 받음
▶고통의 본질이 유사한 새터민들로부터 '우리'라는 동질성 회복

〈정신건강 요인〉

▶술과 약물로 고통을 해결해 보고자 함
▶자살 생각으로 고통을 해결해 보고자 함
▶정신문화에 대한 새터민과 남한인

⬇

5. 새로운 삶에 대한 의미회복과 통합적 태도 형성

▶한국생활에 대한 긍정적 관점형성 ▶남북한 통합적 태도 형성

⬇

6. 심리적 충격(trauma) 후 고통을 통한 성장

▶관계를 통한 혜택인식 ▶생존자의 역할을 하고자 함
▶심리적 충격(trauma) 후 개인적 성장 ▶영성을 통한 새로운 관점 형성 ▶부모형제는 잊을 수 있으나 자녀는 자신의 삶을 확장시킴 ▶희망으로 내면의 고통을 넘어 현실을 지탱해 감

트리고 복도 끝에서 상대방 머리채를 잡아서 질질 끌고 가고 그렇게 공격적
이었어요. 대체로 나를 때렸던 사람이 있으면 그냥 좋게 해서 보내고 다시는
만나고 싶지 않고 그렇잖아요."

그러나 이러한 경향성은 현실적으로 북한이탈주민들이 같은 북한
이탈주민을 도우려는 인식이 구축되고, 실질적인 도구적, 정서적 지
지 제공 능력이 갖추어져 실천할 수 있게 된다면 오히려 북한이탈주
민으로서의 동질성 회복으로 전환될 것으로 생각된다. 나아가 북한
이탈주민들의 동질성 회복은 그들이 정체성을 통합하는 데 기여할
수 있는 것으로 파악된다.

"남한사람만 만나야겠다는 생각이 깨지게 되면서, 새터민들을 만나봐야겠
다 싶어서 만났어요. 그런데 한두 번 만났는데 확실히 뭔가가 통하는 거예
요. 서로 북한말로 하거든요. '야! 오라… 가라…' 다 북한 말하거든요. 그 애
들하고 이틀만 만나면 한국말 다 까먹어요. 그래서 너무 적적할 때 하루만
만나야겠다. 그랬는데… 남한사람 속에서 살면서 슬럼프 오고 답답해지고
그러면 아편처럼 생각나는 거예요. 또 새터민하고 얘기하고 싶어져요. 전에
는 새터민 모임에는 돈 준다고 해도 안가고 오라하면 '거기에 북한사람 오
나요?' 물어봐서 온다고 하면 '난 안 간다' 하고 그랬어요. 그런데 이제는
다양한 사람들을 만나야겠다 생각하게 되면서 '북한사람 모임이라도 나가
야겠다.' 생각해서 나가는데 만나면 반갑구요. 마음이 열려요. 이게 내가 한
국사회에 적응이 돼서 그런 건가… 그런 생각도 들구요."

"북한에서 내가 한국에 있는 걸 알게 됐대요. 북한가족들이 조사받으러 왔
다 갔다 한다고 북에서 연락이 왔어요. 어머니가 잡혀 들어갔다고 하는데,
조사 받는 과정에서 노인네라도 때리거든요. 내가 북한으로 연락을 넣었는

데 일체 두절인 거예요. 북한통신에서 위치 추적 다 한다는 걸 알고는 있었어요. 그래도 걸릴 거라고는 생각하지 않았는데. 내가 사람들을 통해서 며칠을 알아봤는데 결국 북한에 돈을 넣어줘야 그나마 일이 풀리겠더라구요. 적어도 200만 원은 보내야 하는데 내가 그런 돈이 없었어요. 하나원에서 알게 된 북한 동기한테 전화를 했어요. 그랬더니 자신의 일처럼 걱정해 주는 거예요. 내가 다음 달에 국가에서 보조금 나오면 꼭 갚겠다고 하니까, 괜찮다고 자기는 당장 돈이 필요 없으니까 몇 달 써도 된다고. 남한사람한테도 도움을 받았지만 그렇게 큰돈을 빌려달라고 부탁할 수가 없었거든요. 내가 선입견 갖고 대했던 새터민이 선뜻 도와주니까 오히려 새터민에 대해서 동질성을 느끼게 되구. 이제는 새터민들도 변해가는구나. 서로 받아주는 걸 보니……."

북한이탈주민의 통합적 태도에서 두드러지는 패턴은 개인에게 실질적으로 도움을 제공해 줄 수 있는 남북한 사람을 선취하여 만나게 된다는 점이다. 이러한 패턴을 전제로 할 때, 자신에게 도움이 되는 자원을 어느 정도 확보하고, 한국사회에서 자신의 자리를 어느 정도 찾았다는 심리적 안정을 통해서 심리적 충격 후 성장이 가능하다는 설명을 할 수 있을 것으로 보인다. 이는 극심한 고통 과정 중에는 성장이나 회복이 이루어질 수 없음을 넌지시 암시하고 있는 것이다. 성장이란 그 고통이 회복요인들을 통해 점차적으로 치유되는 과정 동안 이루어지게 된다. 여기서 회복이나 성장에 이르는 과정은 전형적인 양상을 보이지는 않는다.

또한 북한이탈주민은 북한이나 중국에 남은 가족을 찾아 한국에 데려오거나, 돈을 송금하거나, 소식을 주고받으면서 단절되었던 관계를 재형성하게 된다. 이러한 연구 결과 역시 난민의 외상을 가족의 중요성으로 회복할 수 있다는 연구결과(Weine, 2004: 147~160)와

일치한다고 할 수 있다

　흔히 북한이탈주민 개인 역시 심리적 고통을 술이나 약물 및 자살 시도를 통해 해결하려고 하기도 한다. 또한 자녀를 북에 두고 온 경우 장기간의 슬픔을 보이기도 한다. 그러한 행동적 특성을 보인다고 하여 그 개인들을 반드시 문제 있는 사람으로 생각할 필요는 없다. 정신건강전문가는 고통에 대한 다른 반응들을 수용하는 것 역시 대상자를 돕는 간접적인 방식이 될 수 있으며, 당장 대상자의 문제를 해결해 주지 않더라도 그들의 심정을 진심으로 경청해 주는 자체도 위기와 고통 중에 있는 대상자에게는 성장으로 향하는 디딤돌이 될 수 있음을 인식할 필요가 있다.

　외상의 고통 후 성장은 시기time가 있다고 할 수 있다. 대상자에게 심리적 충격 경험 직후 고통의 의미에 대한 긍정적인 해석을 적용하려 하거나, 피상적인 위로는 고통 중에 있는 대상자에게 전혀 도움이 되지 않을 것이다. 또한 고통 중에 있는 대상자가 자신의 회복을 위해 취하는 개인적인 대처 과정을 존중할 필요가 있다. 왜냐하면 고통 중에 있는 대상자들이 고통에 반응할 때 객관적으로 바람직하다고 생각되는 방식으로 대처하지 않을 수 있기 때문이다. 그럴 때 정신건강전문가들은 대상자를 낙인화하며 돕지 않으려는 경향이 있을 수 있다. 대부분의 대상자들은 잘못된 방식으로 반응할 수도 있다는 점을 전제로 해야 할 필요가 있다. 나아가 북한이탈주민이 심리적 충격 후 성장을 경험한다고 하여 그들이 과거에 경험했던 고통에 대한 기억이나 정서가 현실에서 완전히 사라졌다는 것을 의미하지 않는다. 또한 현실에서 상처받을 수 있는 개인의 취약성이 완전히 사라졌다는 것을 의미하지 않는다. 이들은 여전히 현실 속에서 과거의 아픔을 촉발시킬 수 있는 계기를 만나게 되면 변함없이 과거 심리적 충격이 남긴 고통을 인식하게 된다. 다만 이미 회복요인을 통해 고통경험 이전 상태보다는 좀 더 심리적으로 성장한 상태에 있는 클라이언트는 유사한 고통을 경험할 지라도 대처능력이 생겨 빠른 회복력을 보일 수 있다는 것이다. 결과적으로 심리적 충격과 관련된 정서를 충분히 다룰 수 있게 되면서 자신의 고통경험을 이야기할 수 있게 된다. 그러므로 이들의 정신적이며 심리적인 회복이란 반드시 고통경험 이전 상태로 돌아가야 할 필요는 없을 것이다.

북한이탈주민의 외상경험의 회복을 돕기 위해서 정신건강전문가는 무엇보다도 생존자로서의 대상자가 인식한 자신, 자신의 가치, 그리고 자신의 삶의 목표에 대해 강력한 영향력을 줄 수 있어야 하는데, 이유는 이들은 이미 빠른 회복을 통해 외상사건 자체를 뛰어넘어서 일상생활의 이슈를 인식하고 있기 때문이다. 따라서 정신건강전문가는 클라이언트가 고통 속에서도 혜택을 인식할 수 있는 개인적 경향성을 개발토록 도와주어야 할 것이다. 이렇게 부정적인 사건으로부터 발생된 성장에 대한 인식은 대상자의 자존감을 유지시키고, 통제감을 향상시키며, 절망이 현재를 위협하고 아직도 취약함 속에 있다고 해도 희망을 유지할 수 있도록 클라이언트를 도울 수 있을 것이라 본다(Tedeschi & Calhoun, 1995: 85~98).

결과적으로 '성장이 발생하는 영역' 과 '적응의 영역' 은 개념적으로 구분될 필요가 있다고 볼 수 있는데, 성장이란 다가올 어려움에 직면했을 때 상대적으로 개인을 안전하게 유지시킬 수 있도록 지탱시켜주는 대처자원 및 회복요인들이 증가하는 과정 중에 발생될 수 있는 것으로 보고 있다(Park, 1998). 즉, 성장이란 완료가 아닌 현재 진행형인 것이다. 이는 성장이나 자원의 개발은 다가올 '적응' 으로 이어질 수 있기 때문인 것으로 파악된다. 다시 말하면, 북한이탈주민의 남한사회 적응을 위해서는 그들의 '심리적 충격 후 성장' 경험이 선행되어야 한다는 것을 강조하고자 한다.

4 역량강화 모델

1. 역량강화의 역사적 기원과 전개과정

정순둘 외(2007: 15~28)에 따르면 역량강화^{empowerment} 개념은 사회복지실천이나 서비스 이용자가 아닌 사회이론가의 연구를 통해 도입된 것이다. 일반적으로 역량강화 개념은 브라질의 파울로 프레이리^{Paulo Freire}의 이론에 의해 영향 받은 것으로 '개인이나 집단이 상대적으로 무기력한 상태에서 힘을 가진 상태로 이동해 나가는 것'을 의미한다(Staples, 1990: 29~42). 사회복지에서 역량강화는 사람들에게 돌려줄 수 있는 것이 아니라 내면에서 발견되는 어떤 것이라고 할 수 있다(Homels & Saleebey, 1993: 62). 역량강화는 사회복지사와 억압받는 자 간의 협력을 필요로 하는데, 사회복지 문헌을 통해 역량강화를 다음의 몇 가지로 정의할 수 있다.

- 개인, 조직, 지역사회가 자신들의 생활을 조정하고 지배권을 갖는 것이며, 그들의 환경에 영향을 미치기 위해 활발히 참여하는 것이다(Rapport, 1987: 121~128).
- 개인이 삶의 지위를 향상시키기 위해 개인적, 대인관계적 혹은 정치적으로 힘을 키우는 과정(Gutierrez, 1990: 149)이다.
- 사람들이 무언가를 희망하는 상태로서 클라이언트와 전문가가 성취를 위해 협력하는 것(Rapp, 1988: 22)이다.
- 낙인받은 집단에 깔려 있는 부정적인 가치에 의해서 만들어진 무력함을 줄이기 위한 목적으로 사회복지사가 클라이언트와 함께 활동의 조화를 이루는 것(Solomom, 1976: 29)이다.

이를 토대로 정리하면, 역량강화는 인간이 환경 속에서 개인적, 대인관계적, 정치적 힘을 증가시킴으로써 삶에 대한 통제권을 획득하는 것이라 할 수 있다.

역량강화 이론과 실천은 지역조직방법론, 성인교육기술, 페미니스트 이론 그리고 정치심리에 뿌리를 두고 있다. 이러한 이유에서 사회복지 분야에서 역량강화 개념의 합의된 정의는 찾아보기 어려운 실정이다. 따라서 역량강화는 강점strength 및 탄력성 등과 같은 다양한 용어들로 사용되기도 한다.

한편, De Jong & Miller(1995: 729~736)는 역량강화의 뿌리를 초기 사회복지전문직의 역사에서 찾고자 했는데 인보관운동Settlement House Movement을 그 기원으로 보고 있다. 인보관운동은 생활이 어려운 지역에 부유층 출신의 대학생들이 찾아가 함께 생활하면서 이웃이 되어 주고 그들을 변화시켜 어려움에서 벗어날 수 있도록 도와주는 활동이다. 즉, 대학생들이 자신들의 성장배경과 다른 사람들을 제대로 이해하고 돕기 위해 이들의 생활환경에 직접 뛰어들어 이웃이 되어주고,

함께 호흡한다는 것을 특징으로 하는 활동이다. 이들은 어려운 이웃과 숙식을 함께 하면서 집단교육 및 토론을 통해 사회변화를 꾀하려 했으며, 특히 빈곤하거나 장애를 가진 소외계층에 대한 역량강화를 주장하였다.

2. 역량강화이론의 활용

Rose(1990: 41~51)는 맥락화, 역량강화, 집합성 등 세 가지 원칙을 역량강화 접근에서 강조하고 있다.

첫째, 맥락화^{contextualization} 원칙은 사회복지사의 전제나 방침보다는 자신의 '사회적 존재성'에 대한 클라이언트 나름의 이해에 초점을 맞추는 것을 의미하며, 클라이언트의 현실에 기초하여 대화를 열어 나갈 수 있어야 한다는 것을 말한다. 이러한 대화 속에서 클라이언트는 삶에 대한 자신의 느낌과 이해를 표현하고, 상세히 설명하되 성찰할 수 있게 되는 것이다.

둘째, 역량강화 원칙은 하나의 과정으로 이해될 수 있는데, 사회복지사는 클라이언트가 자신의 욕구를 충족시킬 수 있는 가능성을 파악할 수 있도록 지지적 도움을 제공한다. 이러한 노력에 있어서의 핵심은 클라이언트로 하여금 삶에 영향을 미치는 결정을 스스로 내릴 수 있도록 돕는 데 있다.

셋째, 집합성^{collectivity} 원칙은 소외감을 줄이고 클라이언트를 대인관계로 연결하는 데 초점을 둔다. 이러한 유형의 사회화 경험은 클라이언트로 하여금 자기 자신의 가치를 좀 더 강하게 느낄 수 있게 해 준다.

클라이언트의 현재 관심이 사회체계의 미시적 차원인지(개인적 수준으로서 자존감, 자기효능감과 관련됨. 역량강화의 반대개념인 무력감^{powerlessness}과 의존을 사회구조적인 문제의 개인적 결과 혹은 영향으로 이해함), 중위적 차원인지(상호협력, 집단 수준으로서 집단정체성, 사회행동의 발달과 관련됨), 거시적 차원인지(지역사회수준에서 잠재력의 성장, 정의를 실현하기 위한 사회정책과 제도의 변화에 관련됨. 소외계층을 대상으로 한 사회구조적 변화를 목적으로 하며 집단적인 정치적 힘을 증대시키는 과정을 의미함)에 따라 역량강화의 적용은 개인적, 정치적 연계를 필요로 한다. 역량강화는 우선적으로 그들의 상황을 사회문제와 사회이슈라는 것으로 정의하는 데 기여한다. 그에 더해 클라이언트의 자기효능감을 높임으로써 그들을 도우려는 시도는 '성장' 이라는 용어로 정의할 수 있다. 따라서 역량강화의 패러다임은 강점과 자원의 강조, 억압받은 자의 탄력성, 사회정의를 중요하게 여기는 사회복지의 가치와 일치한다.

북한이탈주민을 위한 정신건강교육 역시 그들의 사회문화적 경험이라는 거시적 차원과 접목시켜 역량강화 프로그램으로 발전시켜야 한다고 본다. 역량강화는 개인의 삶에 영향을 줄 수 있는 자원을 당사자가 통제하여 획득하도록 돕는 것을 의미한다. Khamphakdy-Brown, et al.(2006: 38~47)에서 제시된 바처럼 역량강화 프로그램 운영은 난민의 문화를 이해하는 상담전문가와, 임상의료인, NGO 단체라는 세 영역의 파트너가 하나의 팀으로 접근하는 것이 바람직하다고 본다. 일반적으로 북한이탈주민과 같은 난민대상자를 위한 프로그램 서비스는 정신교육 워크숍, 상담지원, 정신건강 상담을 위한 가정방문, 옹호활동 및 사례 관리, 상호 신뢰를 지지 기반으로 하는 1:1 돌봄을 제공하는 비공식적 만남 등을 포함한다. 특히 문화적으로 민감한 정신건강교육의 경우 신체건강, 가족과 성역할, 부모역할, 상실과 깊은 슬픔, 법률적 이슈, 실업과 이력의 장벽 및 스트레스

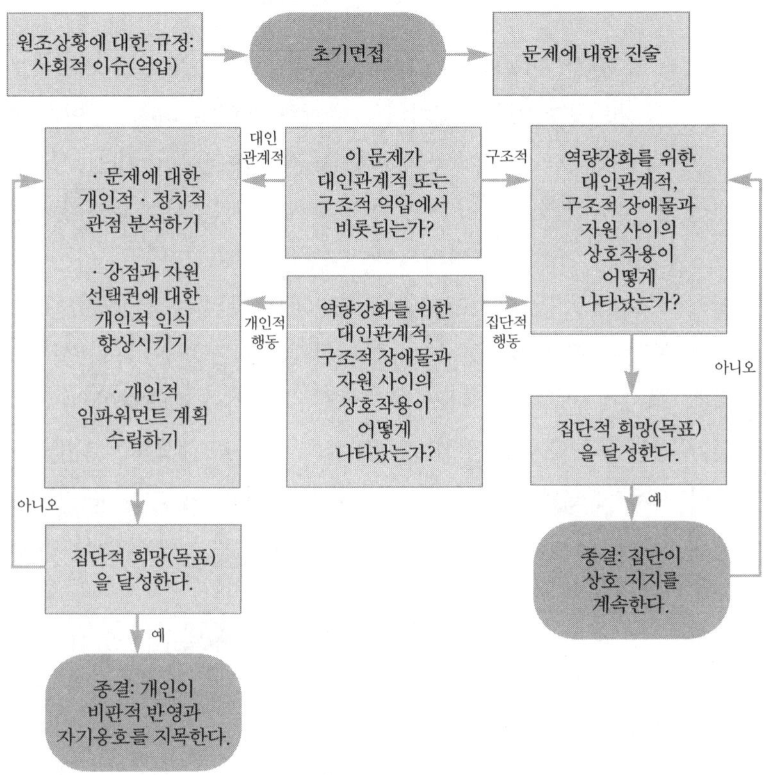

※출처: Couchonnal, Snodgres, & Becker(1998: 93), 정순둘 외(2007: 29)에서 재인용.

자기 관리 등과 같이 특정 주제에 초점을 두고 이루어지는 것이 바람직하다.

3. 역량강화의 이론적 관점: 5초점 시각

정순둘 외(2007: 83~85)에 따르면, 역량강화는 인종, 성, 계층 그리고 다른 집단정체성의 문제가 원조관계에 영향을 미칠 수 있다는 것을 보여 줌으로써 기존의 체계론적 접근을 초월한다. 여성, 노인, 장애인 등 사회적으로 억압된 집단과 함께 일하는 사회복지실천가는 5초점 시각^{Fi-Focial Vison}을 유지해야한다고 제안하고 있다.

첫째, 사회적 억압 그리고 억압된 집단과 관계된 사회정책에 대한 역사적 시각을 유지해야한다. 사회복지정책을 포함한 사회정책은 사회적, 역사적 산물이다. 이는 사회적 환경과 역사적 배경이 사회문제의 규정과 문제해결을 위한 정책적 접근방식을 결정해야 함을 의미한다. 따라서 특정 집단을 향한 사회적 억압과 이들 집단을 위한 사회정책의 변화를 주류사회의 시대적 환경과의 관계 속에서 이해하려는 역사적 시각이 요구된다.

둘째, 개인적 적응 가능성, 권력, 권력의 남용과 보류, 구조적 불평

〈그림 4-2〉 5초점 시각

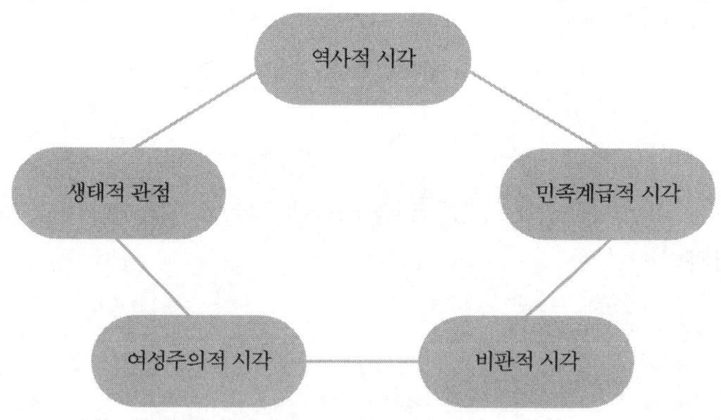

※출처: Germaine(1991), 정순둘 외(2007: 83)에서 재인용.

등 그리고 사회경제적 오염에 관한 지식을 아우르는 생태적 관점을 가져야 한다. 생태적 관점은 인간과 환경과의 관계를 강조하며, 사회 현상에 대한 총체적 시각을 제공한다. 개인의 억압과 무기력을 사회 구조 및 환경과의 관계에서 총체적으로 파악하는 사유의 틀을 제공한다는 점에서 생태적 관점이 정책적 역량강화 실행에 갖는 유용성은 크다.

셋째, 인종차별주의와 계급차별주의 그리고 이들의 상호작용효과에 대한 예리한 지식을 제공하는 민족계급[ethnoclass]적 시각을 소유해야 한다. 인종[race]과 민족[ethnicity]적 단일성이 상대적으로 높은 우리 사회의 특성상 인종과 민족성을 계급 구분의 기준으로 인식하기란 쉽지 않았다. 그러나 동남아시아를 중심으로 한 이민족 근로자의 유입과 결혼이주자의 증가로 단일 민족 구도가 변화되기 시작했다. 특히 이민족에 대한 억압적인 사회 구조로 인해 이들 근로자에 대한 처우와 인식, 결혼 이주자 등이 대표적인 사회적 소외계층으로 부각되고 있음을 상기할 때, 민족계급적 시각은 사회복지실천가가 정책적 차원의 역량강화를 위해 갖추어야 할 시각이라 볼 수 있다.

넷째, 여성주의적 관점을 지녀야 한다. 여성주의적 시각은, 특히 여성에 대한 억압을 강조하고, 독창적 어조로 여성억압에 대한 현상을 개념화한다. 무엇보다도 여성주의 시각에서 여성과 남성 사이의 힘의 관계에 주목하며, 성을 사회구조적 맥락에서 고찰한다. 여성주의 안에서도 다양한 범주의 지적 패러다임이 존재하지만 대부분의 여성주의 이론은 사회주의적 여성주의에 근거하고 있다. 사회주의적 여성주의 시각에서 사회경제적으로 열등한 여성의 지위는 자본주의와 가부장제의 결과라고 주장한다. 따라서 사회주의적 여성주의 시각은 자본주의와 가부장제의 와해와 대안적 주제의 모색을 통해 여성을 향한 사회구조적 억압을 해결할 수 있다고 강조한다.

다섯째, 모든 형태의 억압을 비판하고 개인과 사회적 변화를 연계하는 전략들을 발전시키기 위해서는 비판적 시각이 필요하다. 비판적 시각은 클라이언트 자신의 견해에 의해 사회문제와 억압을 정의하도록 한다. 비판적 시각에 의한 역량강화 실천은 사회정책의 실질적 변화에 대한 적극적 참여에 초점을 두어야 한다. 또한 비판적 시각은 역량강화 실천이 문제를 바라보는 데 있어서 합리적이고 방어적인 시각인 합리적 지식을 생산할 수 있어야 한다고 강조한다. 5초점 시각은 사회복지실천가가 다양한 단계와 다양한 개입의 수준에서 실천을 이행하는 데 유용한 시각을 제공하며, 경험의 다양한 차원들을 조직화하기에 적절한 관점이라고 평가되고 있다.

4. 사회복지실천에서의 역량강화 접근

역량강화에 있어서 중요한 요소 중 하나는 힘[power]이라 할 수 있다. 힘이란 권력을 말하며, 자원[resource]이나 인력 등을 사용하거나 통제할 수 있는 능력이라 할 수 있다. 적절한 자원의 활용은 무기력한 개인과 집단이 최종목표의 성취를 가능하게 한다. 역량강화는 개인과 집단의 성취에 장애가 되는 요인들을 변화시킨다. 따라서 역량강화에서는 '개인적 힘', '개인 간의 힘', '정치적 힘'이라는 3가지 차원에서 역량이 강화되어 자유롭게 됨을 의미한다. 개인적 힘 차원에서는 자기 효능감을, 개인 간의 힘에서는 다른 사람에게 영향력을 미침으로써, 정치적 힘에서는 정치적 역량과 권리를 주장하여 사회정의를 실현하는 것을 의미한다(Guitierrez, 1991: 3~23).

Lee(1996: 230)는 사회복지실천을 위한 임파워먼트 접근을 〈표 4-1〉과 같이 정리하고 있다(정순둘 외, 2007: 159~160).

〈표 4-1〉 사회복지실천을 위한 임파워먼트 접근

개념적 틀
전문적 목적은 개인과 환경을 동일하게 고려하면서 빈곤과 억압을 경험하는 사람들을 도와 역량강화하는 것이다. 이 과정 중에서 적용가능성(adaptative potentials)을 강화하고 억압을 유도하는 환경과 구조적 제도(structural arrangement)를 변화시키려는 노력을 기울인다

가치기반
빈곤하고 억압받고 낙인찍힌 사람들의 개인적 적용가능성을 강화하고, 이들의 개인적이거나 집단적인 행동을 통한 환경적 혹은 구조적인 변화를 추구함으로써 권한을 부여하는 것에 가치를 둔다. 자원의 평등한 기회와 자원에 대한 접근권을 보장하도록 사회정책과 프로그램을 변화시킨다.

지식기반과 이론적 기초
억압당한 개인과 환경의 변화에 관한 이론과 개념을 포괄한다. 아래 5가지는 역량강화 실천의 지식적 기초이다. 1. 억압의 역사 2. 생태학적, 민족계급적, 여성주의적, 비판적 이론의 관점 3. 개인의 적응가능성: 독특한 개인적 특질, 자아기능, 사회적 인지행동학습과 억압을 경험할 때의 문제해결 방법과 같은 사람들의 대처방법 등에 대한 지식 4. 개인, 가족, 집단, 지역사회를 포괄하는 권한을 부여하는 원조과정 5. 개인, 개인 간, 정치적 수준에서 사람들 스스로의 역량강화를 돕기 위한 보다 큰 체계와 구조적 변화의 과정

방법, 원칙, 과정, 기술
역량강화의 방법은 역량강화의 가치와 목적을 기반으로 하며, 사회복지의 원칙들을 기조로 한다. 이 방법은 일대일, 집단적 또는 지역사회의 상관적 체계에서 사용할 수 있다. 그 수준은 아래의 요소에 의해 다르게 나타난다. 1. 상호관계, 호혜주의, 공유된 힘 그리고 공유된 인간의 분투 등을 포함하는 협력적 관계의 형태 2. 직접적·간접적인 장애물, 즉 개인적, 개인 간, 정치적 힘을 봉쇄시키는 장애물을 발견하고 제거하기 위한 역량강화 집단의 활용 3. 억압에 대하여 고양된 의식을 반영하는 집단적 행동, 역량강화의 방법은 모든 수준의 경우 실천원칙을 조작화하도록 행동에 초점을 맞추고 이를 증진시키기 위하여 특정한 기술들을 사용한다.

5. 역량강화에 입각한 개입

개입^{intervention}단계에서 사회복지사와 클라이언트는 개인, 대인관계, 그리고 좀 더 거시적인 차원의 지역사회, 사회, 정치적 이슈에 관한 요인을 중심으로 일하게 된다. 이 단계에서 사회복지사와 클라이언

〈표 4-2〉 클라이언트 강점 사정의 주요사항

측면	항목
인지적 측면	1. 소속문화 내에서 여느 사람들과 같은 방식으로 세상을 본다.
	2. 소속문화 및 윤리적 시각을 바탕으로 옳고 그름에 대해 이해한다.
	3. 통찰력이 있다.
	4. 일에 대한 다양한 사고방식에 대해 개방적이다.
	5. 논리를 따르기 쉽다.
	6. 문제해결과정에서 대안들을 고려하고 그들의 경중을 따질 수 있다.
정서적 측면	1. 감정을 느끼고 격려를 받으면 이를 표현할 수 있다.
	2. 친밀한 사람들에 대한 사랑과 관심을 표현할 수 있다.
	3. 어느 정도의 자기통제를 나타낸다.
	4. 스트레스를 받는 상황을 합리적으로 잘 처리할 수 있다.
	5. 생에 대해 긍정적이고 희망을 가지고 있다.
	6. 일정 범위의 정서를 가지고 있다.
	7. 정서는 상황과 일관된다.
동기의 측면	1. 문제가 되는 상황에서 숨거나 회피하거나 거부하지 않는다.
	2. 기꺼이 도움을 청하고 신뢰할 수 있는 사람들과 문제 상황에 대해 이야기한다.
	3. 문제 상황에서 자신의 부분이나 역할에 대한 책임을 기꺼이 수용하려한다.
	4. 현재 그리고 미래의 상황이 향상되기를 원한다.
	5. 다른 사람들에게 의존적이지 않다.
	6. 더 나은 지식, 교육 그리고 기술을 통해 자신을 향상하려고 노력한다.
대처의 측면	1. 가족의 위기를 처리하는데 끈기가 있다.
	2. 잘 조직화되어 있다.
	3. 결정에 따라 해낸다.
	4. 자원이 풍부하고 제한된 자원을 다루는 데에도 창의적이다.
	5. 불의에 굴복하기보다 자신을 위해 맞선다.
	6. 재정적 어려움에도 불구하고 빚을 갚으려 한다.
	7. 새로운 상황에 준비하고 그 상황을 잘 다룬다.
	8. 과거에 관련된 문제들을 성공적으로 처리한 적이 있다.
대인관계적 측면	1. 친구가 있다.
	2. 친구, 가족구성원 그리고 다른 사람들을 이해하려고 한다.
	3. 친구, 가족구성원 그리고 다른 사람을 위해 희생한다.
	4. 사회적 역할을 적절히 수행한다(예: 부모, 배우자, 자녀, 지역사회).
	5. 외향적이고 친근하다.
	6. 믿을 만하다.

북한이탈주민 사회복지실천론

	7. 가족, 친구들과 관계하는 데 협력적이고 융통성이 있다.
	8. 다른 사람들과의 관계에서 자신감이 있다.
	9. 다른 사람을 따뜻하게 수용한다.
	10. 다른 사람들로부터 애정 어리고 염려하는 느낌을 수용할 수 있다.
	11. 예의바른 좋은 예법에 대한 감각을 가지고 있다.
	12. 좋은 경청자다.
	13. 자신을 즉각적으로 표현한다.
	14. 인내심이 있다.
대인관계적 측면	15. 다른 사람들과의 관계에서 현실적인 기대를 갖고 있다.
	16. 유머 감각이 있다.
	17. 다른 사람들과의 관계에서 자신의 개인적 경계를 유지할 능력이 있다.
	18. 성적 역할, 정체감에서 편안함을 나타낸다.
	19. 다른 사람들과의 역할 수행에서 만족감을 갖는다.
	20. 용서할 능력을 갖고 있다.
	21. 시간과 돈에 대해 인색하지 않고 관대하다.
	22. 언어적으로 유창하다.
	23. 의욕이 있고 부지런하다.
	24. 자원이 많다.

트는 지속적인 사정과정에서 발견된 클라이언트의 강점을 십분 활용해야 한다. 클라이언트의 강점을 〈표 4-2〉와 같은 체계적 지침을 활용하여 인지, 정서, 동기, 대처 그리고 대인관계적 측면 등 다차원적으로 발견할 수 있다(Cowger & Snively, 2002: 118~120).

6. 역량강화 실천의 평가

역량강화 실천의 평가는 개인내적, 대인관계적, 정치적·지역사회 등 3가지 차원에서 이루어질 수 있다. 개인적 변화 그 자체는 역량강화 실천의 주요관심은 아니다. 바로 권력관계에서의 변화가 실천의 결과로 평가되어야 하는 것이다. 그러나 권력관계에서의 변화를

개인내적	대인관계적	정치적 · 지역사회
자기효능감	지식, 기술	정치적 행동과 참여
자기인식	자기주장성	되돌려 받는 것
자기 자신이 되기	주는 것에 있어 한계 설정	기여하는 것
자존감	도움 요청	통제권을 갖는 것
내가 권리를 갖고 있다는 느낌	문제해결	
비판적 사고	새로운 기술을 실천	
	자원에 접근하기	

※출처: Gutierrez, Parsons & Cox(1998: 20).

측정하기란 극히 어렵다. 또한 집단 또는 지역사회의 변화를 측정하는 것 역시 쉽지 않다. 따라서 역량강화 실천의 효과성 평가는 질적인 접근으로 시작해야 함을 의미한다(Lee, 2001: 281~249).

역량강화의 성과 평가는 3가지 차원에서 가능하다. 즉, 개인적인 수준에서의 성과는 클라이언트 스스로 선택할 수 있는 능력에 대한 클라이언트 자기 인식이 포함될 수 있다. 대인관계적 측면에서는 사회적으로 용인될 수 있는 방식으로 클라이언트가 타인에게 영향을 미칠 수 있는가를 측정할 수 있다. 정치적 권력에서의 성과는 서로 도움을 주는 집단, 이웃, 정치적 활동에서 클라이언트의 참여가 증가했는가를 통해 평가할 수 있으며, 이상의 내용을 정리하면 〈표 4-3〉과 같다(Gutierrez, Parsons & Cox, 1998: 3~23).

7. 역량강화와 탄력성

1) 역량강화 및 탄력성의 개념

역량강화는 개인내적 자원을 풍성히 할 뿐 아니라 대인관계, 더 나아가 지역사회와 정치적 영역에서의 불평등한 힘의 균형을 찾고자 함을 알 수 있다. 이에 반해 탄력성은 개인의 내적 역량에 초점을 두고 있음을 알 수 있다. 탄력성이란 원래 라틴어의 'salire' 와 'resilire' 에서 유래된 말로서 어원상 '회복 혹은 극복할 수 있는 능력' 을 말한다. 사전적 의미를 살펴보면 '압력이 가해질 때 원래 상태로 되돌아올 수 있는 물질의 유연함, 탄성' 이라는 의미로 사용되었다. 이러한 개념이 인간에게 적용되면서 '변화나 역경에 쉽게 적응하거나 회복하는 능력, 질병이나 충격, 역경으로부터 빨리 회복되는 힘 혹은 상황에 따라서 알맞게 대처하는 능력' 으로 정의하고 있다.

따라서 탄력성은 극심한 스트레스 사건(예: 외상, 죽음, 경제적 손실, 재난, 정치적 격변과 문화적 변화 등)을 극복할 수 있고 심리적 활력과 정신건강을 유지하는 능력으로 지칭된다. 특히, Luthar와 Cicchetti (2000)는 탄력성을 '심각한 외상이나 역경에도 불구하고 긍정적인 적응을 보여주는 개인의 역동적인 과정' 으로 정의하였다. 각 학문분야별 탄력성의 개념을 살펴보면 〈표 4-4〉와 같다(김현아, 2005: 9~11).

덧붙여 탄력성은 개인내적 특성, 대처행동(개인-환경 간 상호작용), 보호요인(환경요소)의 특성 등의 통합적 요인들로 구성되어 있다(김현아, 2007: 24~25, 〈표 4-5〉 참조).

<표 4-4> 학문분야별 탄력성의 개념

분야	연구자(연도)	정 의
생리학	Sely(1974)	적응(adaptation)은 항상성의 유지를 말함
아동 정신 의학	Murphy & Moriarty (1976)	적응유연성(resilience)은 내외적 스트레스에 기초한 역경으로부터 회복, 기능의 평형을 복원시키려는 타고난 생물학적, 심리적 능력
	Luthar(1993)	적응유연성(resilience)은 정서적 고통에 처해 있고 주요 스트레스원이 있는 데도 불구하고 중요한 발달과업을 성취하고 있다는 행동적 지표를 포함한 구성개념
성격 이론	Westenberg & Block(1993)	자아탄력성(ego-resiliency)은 내외적 스트레스원에 대한 융통성 있고 적응에 필요한 자원을 잘 동원하는 일반적인 능력
	Block & Block(1980)	적응유연성(resilience)은 상황의 요구에 맞는 행동을 변화시켜 나갈 수 있을 뿐 아니라 불안을 잘 다루고, 좌절, 비난, 패배를 참아낼 수 있는 능력
인간 발달	Werner (1984)	적응유연성(resilience)은 지속되는 삶의 스트레스나 불행에도 쉽게 적응하거나 회복할 수 있는 능력
발달 정신 병리학	Garmezy (1993) Masten (1989)	적응유연성(resilience)은 환경에 굴하지 않고 적응하는 긍정성이며 회복력의 중요 요소
현상학	Rutter (1987)	적응유연성(resilience)은 인간이 스트레스와 역경에 반응하는 개인차로서의 긍정성
아동 심리	Demos (1989)	적응유연성(resiliency)은 좌절, 장애, 실패로부터 회복되거나 극복할 수 있는 능력을 포함
간호학	Jones (1991)	적응성(adaptability)은 생존하고 성장, 발전되기 위해서 내적 외적 환경을 변화시켜 자극에 대한 반응을 하게끔 에너지를 재생산시키는 능력. 생물학적, 심리학적, 사회학적, 문화적, 영성의 구성요소를 모두 포함
조직 훈련	Melnick (1994)	적응유연성(resilience)은 반복된 좌절에도 불구하고 일상생활을 유지하거나 더 큰 동기부여를 하고 지적인 힘을 더 많이 발휘할 수 있는 능력으로 즉, 패배에도 굴하지 않고 다시 되살아나는 능력을 밀함
정신 의학	Flach (1988)	적응유연성(resilience)은 변화에 성공적으로 적응하는 데 필요한 심리적, 생물학적 힘을 포함

북한이탈주민 사회복지실천론

<표 4-5> 탄력성과 통합적 요인들

상위 요소	하위요인	연구자(연도)
개 인 내 적 특 성	자존감	Rutter(1985), Werner(1986), Bandura(1989), Colgate(1995), Gore & Eckenrode(1996), Dumont & Provost(1999), Hutton(2003), Randall(2004)
	인내 (좌절에 대한 인내 포함)	Rutter & Quinton(1984), Bandura(1989), Wagnild & Young(1993), Hutton(2003)
	독립성	김정득(2002), 김동희(2003), 조규필(2004), Wagnild & Young(1993), Gordon & Song(1994), Jew(김정득 2002)
	강인성	Kobasa(1979), Kobasa, Maddi, & Kahn(1982), Hull, Van Treuren, & Vimelli(1987), King, et al.(1998), Waysman, Schwarzwald, & Solomon(2001), Hutton(2003)
	계획능력	박현선(1998), Rutter & Quinton(1984), Werner(1986), Anthony & Cohler(1987), ODR(1994), Colgate(1995)
	꿈과 목표 (삶의 목표)	박현선(1998), Rutter & Quinton(1984), Rutter(1985), Bandura(1989), Neiger(1992), Hutton(2003)
	의지(신념)· 도전의식	Harvey, Liang, Harney, Koenen, Tummala-Narra, & Lebowitz(2000), Peddle(2001), Connor & Davidson (2003)
	긍정적 시각	김동희(2003), ODR(1994), Connor & Davidson(2003)
	영성(종교적 추구)	Gordon & Song(1994), Goˊzdziak(2002), Wolin, Muller, Taylor, & Wolin(1999)
	내부통제	Murphy & Moriarty(1976), Werner(1991), Parker, et al. (1990), Luthar(1991), Werner & Smith(1992), Wilson(1995), Hutton(2003)
	긍정적 정서 (감사, 관심, 사랑, 낙관성, 행복)	윤현희와 홍창희 및 이진환(2001), Colgate(1995), Harvey et al.(2000), Colak, Bonanno, Keltner, Noll, Putnam, & Tridkett(2003), Connor & Davidson(2003), Fredrickson, Tugade, Waugh, & Larkin(2003)
	유머/웃음	Hendin & Haas(1984), Rutter(1985), Werner(1991), Wolin & Wolin(1993), Keltner & Bonanno(1997), Bonanno, Noll, Putnam, Oˊ Neill, & Trickett(2003)

상위 요소	하위요인	연구자(연도)
대 처 행 동	대처능력(위기대처/ 문제집중적 대처전 략, 억압적 대처, 침 착성)	김정득(2002), Weinberger, Schwartz, & Davidson(1979), Hendin & Haas(1984), Bonanno, Keltner, Holen, & Horowitz(1995), Dumont & Provost(1999), Bonanno & Field(2001), Bonanno et al.(2003)
	적극적 대처	김정득(2002), 조규필(2004) Rutter(1985), Florian, Mikulincer, & Taubman(1995), Jew(김정득, 2002), ODR(1994)
	수용성(두려움에 대 한 수용/문화적 수 용 포함)	Hendin & Haas(1984), Wagnild & Young(1993), Randall(2004)
	자원 동원성	김동희(2003), Wilson & Raphael(1993), Wilson(1995), Wilson & Agaibi(미발표 논문)
	사교성/친밀감	김동희(2003), Wilson & Raphael(1993), ODR(1994), Wilson(1995)
	사회적 기술	박현선(1998), Garmezy & Masten(1986), Werner(1986), Wolin & Wolin(1993)
환경 (보호 요인, 위험 요인)	긍정적 사회활동	박현선(1998)
	가족(배우자 포함, 아동기발달)	박현선(1998), 김동희(2003), Werner(1991), Friborg, Hjemdal, Rosenvinge, & Martinussen(2003)
	스트레스 원	Rutter(1987), King et al.(1998), Harvey et al.(2000), Peddle(2001)
	사회적 지지	Colgate(1995), Florian, Mikulincer, & Taubman(1995), King et al.(2003), Friborg et al.(2003)
기타 (신체 등)	신체건강	Werner & Smith(1982, 1992), Gore & Eckenrode(1996)

2) 탄력성의 구성요소

탄력성의 구성요소는 크게 개인내적 특성, 대처행동, 환경, 기타 등 4가지 요인으로 분류해 볼 수 있다.

첫째, 개인 내적 특성으로 인지적 요인은 자존감, 인내, 독립성, 강인성, 계획성, 꿈과 목표, 의지, 긍정적 시각의 8가지가 있다. 동기적 요인은 영성(종교적 추구 포함)과 내부통제 등 2가지이며, 정서적 요인은 긍정적 정서, 유머와 웃음 등 2가지이다.

둘째, 대처행동과 관련된 요인으로는 대처능력, 적극적 대처, 수용성 등이 있으며, 대인관계 기술로는 자원 동원성, 사교성/친밀감, 사회적 기술, 사회적 지지 등이 있다.

셋째, 환경적 요인으로는 긍정적 사회활동, 가족관련, 스트레스원, 사회적 지지 등 4가지가 있다.

넷째, 기타 요인에는 신체건강이 있다. 결과적으로 탄력성을 평가하기 위해서는 다차원적 접근이 요구됨을 알 수 있다.

3) 탄력성 측정 도구

김현아(2005: 178~180)는 탄력성에 대한 상호작용 모델을 바탕으로 하여 북한이탈주민과 함께 하는 실천 현장에서 활용할 수 있는 '새터민 적용 탄력성 측정 도구'를 개발하였다(〈표 4-6〉 참조). 총 42문항으로 남한에 이주한 북한출신 개인의 강인성, 종교성향, 친밀감, 사회적 지지, 꿈과 목표, 실존적 영성, 인내심의 영역으로 구성되어 있다. (+)는 긍정문항이고, (−)는 부정문항이다.

〈표 4-6〉 새터민 적용 탄력성 측정 도구

영역	문 항	전혀 그렇지 않다	그렇지 않다	잘 모르겠다	그렇다	매우 그렇다
강인성	1. 나는 스트레스(신경압박)를 잘 견딜 수 있는 강인한 사람이다.(+)					

영역	문 항	전혀 그렇지 않다	그렇지 않다	잘 모르 겠다	그렇 다	매우 그렇다
강인성	2. 나는 나 자신이 인생의 도전과 어려움을 잘 다루는 강인한 사람이라고 생각한다.(+)					
	3. 나는 어느 위치에 있든지 꿋꿋이 딛고 일어서는 성격이다.(+)					
	4. 병에 걸리거나 몸에 상처를 입거나 다른 어려운 일이 닥쳤을 때 나는 오히려 더 강해지는 경향이 있다.(+)					
	5. 나는 역경과 고난을 잘 이겨낸다.(+)					
	6. 나는 실패하면 더 열심히 노력한다.(+)					
	7. 내가 맡은 일은 아무리 힘들어도 끝까지 노력한다.(+)					
종교성향	8. 나는 힘든 상황에서 평소보다 더욱 기도를 한다.(+)					
	9. 나는 역경에 처했을 때 신앙에 의지하는 편이다.(+)					
	10. 나는 종교를 통하여 인생에서 살아가야 할 올바른 판단을 얻고자 노력한다.(+)					
	11. 나는 종교를 통하여 인생에서 의미를 얻으려고 한다.(+)					
	12. 나는 내가 믿고 있는 종교를 통하여 위안을 얻으려고 한다.(+)					
	13. 문제에 대한 명확한 해결이 나지 않을 때 나는 때때로 신이나 운명에 맡긴다.(+)					
친밀감	14. 나는 친구를 쉽게 사귀는 편이다.(+)					
	15. 나는 친한 사람들이 많다.(+)					
	16. 나는 다른 사람들과 쉽게 친해진다.(+)					
	17. 나는 다른 사람들과 함께 있는 것을 좋아한다.(+)					
	18. 나는 다른 사람들을 돕는 것을 좋아한다.(+)					
	19. 주위에 사람들이 많다.(+)					
	20. 쉽게 호감을 사는 편이다.(+)					
사회적지지	21. 남한에서 따라 배우고 싶은 사람이 주위에 있다.(+)					
	22. 혼자라는 생각이 들 때나 앞이 캄캄해지는 상황일 때 쉽게 떠올릴 수 있는 사람이 곁에 있다.(+)					
	23. 힘들 때마다 나를 걱정해주는 사람이 있다.(+)					
	24. 스트레스를 받을 때 진심으로 도와줄 수 있는 절친하고 믿음이 가는 사람이 내 곁에 있다.(+)					
	25. 어려운 고민이 있을 때 털어놓고 이야기 할 대상이 있다.(+)					

영역	문 항	전혀 그렇지 않다	그렇지 않다	잘 모르 겠다	그렇 다	매우 그렇다
	26. 어려운 일이 있을 때 의논할 절친한 남한 사람이 있다.(+)					
꿈과 목표	27. 어려움이 있다하더라도 나는 내가 성취하려고 하는 목표를 이룰 수 있을 것이라고 생각한다.(+)					
	28. 나는 내가 살아가는 목적이 무엇인가에 대해 강한 의미를 두면서 산다.(+)					
	29. 내 인생에 있어서 어떤 방해물을 만나더라도 나는 내 목표를 이루기 위해 노력한다.(+)					
	30. 어려운 환경 속에서도 남한에서 꼭 이루어내고 싶은 꿈이 있다.(+)					
	31. 나는 인생에서 꼭 이루고 싶은 꿈이 있다.(+)					
실존적 영성	32. 나는 내가 누군지 어디서 왔는지 혹은 어디로 가는지 모르겠다.(-)					
	33. 내 삶이 어디로 가고 있는지 걱정스럽다.(-)					
	34. 내 인생은 갈등으로 가득 차 있고 불행하다고 느낀다.(-)					
	35. 남한에서 어떻게 살아야 할지 방향을 정하기가 어렵다.(-)					
	36. 나의 미래는 밝고 희망적일 것이다.(+)					
	37. 나는 사는 것이 그다지 즐겁지 않다.(-)					
인내심	38. 나는 결과에 상관없이 최선의 노력을 기울이는 편이다.(+)					
	39. 맥이 없고 기운이 빠질 때조차도 나는 결코 포기하지 않는다.(+)					
	40. 힘들 때마다 북한이나 제3국에 두고 온 가족을 떠올리면서 어려운 일이 있어도 참아낸다.(+)					
	41. 나는 힘든 것을 잘 참을 수 있다.(+)					
	42. 나는 무슨 일이든 시작한 것을 끝까지 한다.(+)					

4) 탄력성의 사례

탄력성은 위험상황의 영향을 수정하도록 하는 기제나 과정 그리고 성공적으로 적응하는 발달적 과정을 이해하는 데 목적을 두고 있다(Olssen, et al, 2003; 이상준, 2006에서 재인용). 탄력성을 갖춘 한 북한이탈주민 대학생의 사례를 살펴보자.

> "나는 내가 겪어왔던 정신적 고통들, 육체적 고통들을 잊고 싶지 않았어요. 오히려 그걸 항상 잊지 말고 여기서 살아가는 힘으로 써야겠다고 여겨왔어요. 그때는 고통이었지만 오늘날에는 힘이 되요. 이젠 내 과거가 불쾌하고 그런 게 아니구요. 그런 힘이 여기서도 발휘됐으면 하는 거지요. 그걸 하느님의 기적이라고 한다면, 그 기적이 내가 사는 여기서도 일어나지 않겠는가 믿고 있어요. 여기서 내가 정신적으로 힘들 때 오히려 과거를 떠올려요. 그래서 갑자기 정신이 번쩍 들어서 놓고 있던 책도 다시 보게 되고."

또한 탄력성을 역동적 과정으로 이해하면서, 위험에 처한 개인의 발달적 산물에 기여하는 긍정적인 요인들로 파악하고 있으며, 다가올 어려움에 대한 면역체로서의 사건으로 설명된다. 따라서 강점으로 연계된 보호적 과정인 탄력성은 장기화된 귀인[attributes]이나 경험이라기보다는 결정적인 전환점이 된다고 강조되고 있다. 하지만 탄력성이란 개인 혼자 형성할 수 있는 것이 아니라, 그 개인을 도우려는 주변 타인에 의해서 형성되고 발전되는 것이다. 이는 역경에도 불구하고 삶이란 의미 있는 것이며, 결국 해결된다는 확신이라 할 수 있다. 따라서 탄력성은 오로지 개인 기질에 의한 결과가 아니라, 개인을 둘러싼 환경적 영향이 중요하게 반영된다고 볼 수 있다. 그러므로 난민 개인에 대한 심리사회적 지지는 그들의 탄력성을 강화시켜 외상의 영향력을 회복 및 성장으로 연계시킨다는 것을 알 수 있다.

국내문헌의 경우 새터민 아동들이 새로운 한국사회에서 적극적으로 삶에 대면하는 능력과 긍정적인 문제해결 능력을 보여준다고 제시하면서 그들이 자신의 세계를 구축해 나가는 빠른 회복력을 강조하고 있다(이부미, 2003; 전우택 외, 2006: 146~198에서 재인용). 이러한 측면은 성인 새터민의 경우에도 다르지 않은 것으로 나타났다. 북한이탈주민들은 과거 고통스러웠던 경험들을 현실의 어려움을 극복해 가는 심리적 자원으로 활용하고 있었다. 이러한 심리적 자원을 '탄력성'이라 할 수 있는데, 탄력성은 외상에 의해 발생된 다른 영역 안에서의 어려움들에 대처할 수 있는 심리적 에너지로 전환되어 활용될 수 있다(김현경, 2007: 37).

□ 2장 참고문헌 □

Fong, Rowena(2004), *Culturally Competent Practice With Immigrant and Refugee Children and Families*, GuilFord Press.
Rothman, Juliet C.(2008), *Cultural Competence In Process And Practice*, Pearson Education, Inc.
Germain, C. B. & Gitterman, A.(1980), *The life model of social work practice*, New York: Columbia University Press.

□ 3-4장 참고문헌 □

김현경(2007), 『난민으로서의 새터민의 외상회복 경험에 대한 현상학 연구』, 이화여자대학교 박사학위논문.
김현아(2005), 『새터민의 적응유연성 척도 개발』, 경북대학교 박사학위논문.
강성록(2000), 『탈북자의 외상(trauma)척도개발 연구』, 연세대학교 석사학위논문.
이기영(1999), 「탈북자의 정신건강을 위한 사회복지서비스의 모색」, 『정신보건과 사회사업』, 8: 161-176.
전우택(2006), 「새터민의 정신적 외상(trauma)과 그 회복」, 『국경없는 의사회 연세의대 의학행동과학연구소 공동 심포지엄 자료집』. pp.7∼13.
전우택(2007), 『사람의 통일, 땅의 통일』, 연세대학교 출판부.
정병호 · 전우택 · 정진경 엮음(2006), 『웰컴투 코리아 북조선 사람들의 남한살이』, 한양대학교출판사.
정순둘 · 김경미 · 박선영 · 박형원 · 최혜지 · 이현아 공저(2007), 『사회복지와 임파워먼트』, 학지사.
통일부(2005), 『통일백서』, www.unikorea.go.kr/index.jsp.
한인영 · 장수미 · 최정숙 · 박형원 · 이소래 역(2006), 『위기개입워크북』, 시그마프레스.
홍창형(2004), 『북한이탈주민의 외상(trauma) 후 스트레스 장애에 대한 3년 추적연구』, 연세대학교 의학대학원 석사학위논문.
Ahearn, Frederick L.(2000), *Psychosocial Wellness of Refugess: Issues in Qualitative and Quantitative Research*, Berghahan Books, New York: Oxford, p.114.
Alcock, M.(2003), "Refugee Trauma-the Assault on Meaning", *Psychodynamic Practice*, 9.3 August: 291-300.
Brough, M., Gorman, D., Ramirez, E. & Westoby, P.(2003), "Young refugees talk about well-being: A qualitative analysis of refegees youth mental health from three states", *Australian Journal of Social Issues*, 38(2): 193-208.
Callahan, J.(1998), "Crisis theory and crisis intervention in emergencies," In P. M. Kleespies(Ed.), *Emergencies in mental health practices: Evaluation and management*, New York: Guilford Press, pp.22-24.
__________(1994), "Defining crisis and emergency", *Crisis*, 15: 164-171.
Couchonnal, G., Snodgres, M., & Becker, B.(1998), "The theories of empowerment", In P. Robbins, Pranab, Chatterjee, & Edward R. Canda, *Contemporary human behavior theory: a critical perspective for social work*, Boston: Allyn & Bacon, p.93.
Cournoyer, B. R.(1996), "Converging themes in crisis intervention, task-centered and brief treatment approaches", in A. R. Roberts(Ed), *Crisis management and brief treatment*, Chicago: Nelson-Hall, pp.3-15.
Cowger, C. D. & Snively, C. A.(2002), "Assessing client strengths: Individaul family, and

community empowerment", In D. Saleebey(Ed.), *The Strenghts perspective in social work practice*(3rd ed.), New York: Longman. pp.118-120.

De Jong, P., & Miller, S.(1995), "How to interview for client strenghts", *Social Work*, 40(6): 729-736.

Germaine, C.(1991), *Human behavior in the social environment: An ecological view*, New York: Columbia University Press.

Gilliland, B. E. & James, R. K.(1989), *Crisis intervention strategies and techniques*, Pacific Grove, CA: Brooks/Cole.

Goldberg, E. R.(1980), "Relocation and the family: A crisis in adolescent development", In G.V. Coehlo and P. I. Ahmed (Eds.), *Uprooting and development: Dilemmas of coping with modernization*, pp.211-231.

Gutierrez, L. M.(1990), "People and ideas on the history of social work practice". *Social Casework*, 61(6): 149.

Guitierrez, L.(1991), "Empowering women of color: A feminist model", In M. Bricker-Jenkins, N. R. Hooyman & N. Gottlieb(Eds.), *Feminist social work practice in clinical settings* 3(23), Newbury Park: SAGE.

Gutierrez, L. M., Parsons, R. J. & Cox, E. O.(1998), *Empowerment in social work practice: A sourcebook.* Brooks/Cole Publishing Company: Pacific Grove, CA. pp.3-23.

Harvey, John H., Carlson, Heather R., Huff, Tamara M., Green, Melinda A.(2003), "Embracing Their Memory: The Construction of Accounts of Loss and Hope", In Neimeyer, Robert A.(Eds), *Meaning Reconstruction & the Experience of Loss*, pp.231-245.

Herman, J. Lewis(1997), *Trauma and Recovery*, Basic Books.

Homels, G. E. & Saleebey, D. S.(1993), "Empowerment, the medical model, and the politics of clienthood", *Journal of Progressive Human Services*, 4(1): 61-79.

James, R. K. & Gilliland, B. E.(2001), *Crisis intervention strategies* (5th ed), Monterey, CA: Brooks/Cole.

Jong, Kaz de., Ford, N. & Kleber, R.(1999), "Mental health care for refugees from Kosovo", *the experience of Medecines Sans Frontieres*, Aug. 353: 1616-1617.

Keyes, E. F. & Kane, C. F.(2004), "Belonging and adapting: Mental health of Bosnian refugees living in the United States", *Issues in Mental Health Nursing*, 25: 809-831.

Khamphakdy-Brown, S., Jones, L. N., Nilsson, J. E. Russell, E. B. & Klevens, C. L.(2006), "The empowerment program: An application of an outreach program for refugee and immingrant women", *Journal of Mental Health Counseling*, 28(1): 38-39.

Kinzie, J. D.(2001), "Psychotherapy for Massively Traumatized Refugees", *American Journal of Psychotherapy*, Fall, 55(4): 475-491.

Lee, J. (1996), "The empowerment approach to social work practice", in Francis J. Turner(ed.), *Social Work treatment:Interlocking theoretical approches*(4th ed.), New York: The Free Press, p.23.

Mekki-Berrada, A., Rousseau, C., & Bertot J.(2001), "Research on Refugees: Means of Transmitting Suffering and Forging Social Bonds", *International Journal of Mental Health*, Summer, 30(2): 41-57.

Mary, E. Gardiner & Ernestine, K. Enomoto(2006), "Urban school principal and their role as multicultural leaders", *Urban Education*, Nov.41(6): 560-584.

Mollica R. F, Cui X, & massagli MP(2002), "Science-based policy for psychosocial interventions in refugee camps", *The Journal of Nervous and Mental Disease*, 190: 158-166.

Myer, R., Williams, R. C., Ottens, A. J., & Schmidt, A. E.(1992), "A three-dimentsional model for triage", *Journal of Mental Health Counseling*, 14: 137-148.

Nicholl, C. & Thompson, A.(2004), "The psychological treatment of Post Traumatic Stress

Disorder in adults refugees", *A review of the Current state of psychological therapies*, 13(4): 351.

Papadopoulos, R. K.(2001), "Refugee families: issues of systemic supervision, The Association for Family Therapy", *Journal of Family Therapy*, pp.405-422.

Rapp, C. A.(1998), *The strengths model: case management with people suffering form severe and persistent mental illness*, New York: Oxford University Press, p.22.

Rapport, J.(1987), "Terms of empowerment / Exemplars of prevention, Toward a theory for community psychology", *American Journal of Community Psychology*, 15(2): 121-128.

Rose, S. M.(1990), "Advocacy/empowerment: An approach to clinical pracitice for social work", *Journal of Sociology and Social Welfare*, 17: 41-51.

Staples, H.(1990), "Powerful ideas about empowerment", *Administration in Social Work*, 14(2): 29-42.

Schweitzer R. Melville, F., Steel, Z., & Lacherez, P.(2006), "Trauma, post-migration living difficulties, and social support as predictors of psychological adjustment in resettled Sudanese refugess", *Australian and New Zealand Journal of Psychiatry*, 40: 179-180.

Stroebe, Margaret S. & Schut, Henk(2003), "Meaning making in the dual process model of coping with bereavement", in Neimeyer, Robert A.(Eds), *Meaning Reconstruction & the Experience of Loss*, pp.33-55.

Solomon, B.(1976), *Black empowerment: Social work in oppressed communities*, New York: Columbia Press Univ.

Tennen, H., & Affleck, G.(1998), "Personality and transformation", In Tedeshi, R., Park, C., & Calhoun, L.(Eds.), *Posttraumatic growth: positive changes in the aftermath of crisis*, Lawrence Erlbaum Associates, Publishers, pp.65-91.

Tedeschi, R., & Calhoun, L.(1995), *Trauma & transformation: Growing in the aftermath of suffering*, Thousand Oaks, CA: Sage.

Tedeschi, R., Park, C. & Calhoun, L.(1998), "Posttraumatic growth: Conceptual issues", In Tedeshi, R., Park, C., & Calhoun, L.(Eds.), *Posttraumatic growth: positive changes in the aftermath of crisis*, Mahwah, NJ: Lawrence Erlbaum Associates, Publishers, pp.1-17.

Tedeschi, R., & Calhoun, L.(1998), "Beyond recovery from trauma: Implications for clinical practice and research", *Journal of Social Issues*, 54(2): 357-371.

Watters, Chalres(2001), "Emerging paradigms in the mental health care of refugees", *Social Science & Medicine*, 52: 1709-1718.

Watters, D.(1997), *A study of the reliability and validity of the Triage Assessment Scale*, Dissertation Abstracts.

III

북한이탈주민 사회복지실천 과정

5장 사회복지실천의 과정__박영희
6장 문제 확인과 사정 기술__박영희
7장 목표설정과 계약__박영희
8장 개입실행__박영희
9장 평가와 종결__이기영

5 사회복지실천의 과정

　　이주난민들과의 사회복지 실천에 있어서는 무엇보다도 '이주·난민 경험에 대한 이해'와 '문화 능력'이 기본이 되어야 한다. 먼저 이주난민 경험에 대한 이해와 관련하여서는 이주난민들이 모국을 떠나게 된 이유와 떠나오는 과정의 경험, 그리고 새로운 나라에 온 이후의 경험들에 대하여 미시적인 시각에서뿐만 아니라 모국과 이주국 사이의 정치적 관계 등에 이르기까지 거시적 시각에서도 그들의 경험을 이해할 수 있어야 한다. 문화 능력과 관련하여서는 인종과 종교, 인종과 정치적 시스템이 문화적 가치에 영향을 미치는 요인이라는 점에 기초한다. 따라서 이주국과는 다른 사회문화적 배경 출신의 이주난민들과의 실천의 경우 사회복지사는 문화적 민감성을 갖추어야 한다. '문화적 민감성을 갖춘 실천'culturally sensitive practice 혹은 '문화적 역량을 갖춘 실천'culturally competent practice이란 클라이언트가 가져온 많은 문화들에 대하여 알고, 그것들이 각각 클라이언트의 사회적 기능과 행동에 어떻게 영향을 미쳐왔는가를 깨닫고 이 지식을 구체화하기 위하여 클라이언트의 사회적 환경의 맥락을 거시적 수준에까지 초점을 둔 복합적인 사정과 개입을 하는 것을 의미한다(Fong, 2004: 8).

북한이탈주민들과의 사회복지실천 과정에 있어서도 북한이탈주민들의 탈북 계기와, 탈북 이후 제3세계를 거쳐 한국사회로 들어오기까지 그들의 경험에 대한 이해가 있어야 하며, 동시에 문화적 역량을 갖춘 실천이 필요하다. 한국사회에서의 적응은 그들이 이주 전과 이주 동안의 경험에 의하여 영향을 많이 받으며, 북한이탈주민들이 북한에서 혹은 탈북 과정 중에 경험한 상실과 고문 등 심각한 외상 경험에 대한 이해가 그들을 올바르게 이해하는 데에 대단히 중요하다. 또한 같은 민족이기는 하지만 종교와 정치 체계가 완전히 다른 상태에서 50년 이상을 지내왔다는 점에서 한국에서 교육을 받은 사회복지사로서는 한국 사회와는 완연히 다른 북한사회와, 그 곳에서 살다온 북한 이탈주민들에 대한 사회문화적 이해가 없이는 효과적인 개입이 어렵기 때문이다. 따라서 북한이탈주민들과의 복지실천 과정은 기본적으로 사회문화적 차이에 대한 진지한 고려를 바탕으로 이루어져야 한다.

1. 관계형성[1]

일반적인 이주난민과의 초기 관계 형성에 있어서의 주요과제는

---

[1] Pofocky-Tripodi, 2002: 152~157.

사회복지사가 클라이언트와 라포를 형성하고 신뢰를 구축함으로써 서로 존중할 수 있는 관계를 형성하는 것이다. 이 과제를 수행하기 위하여 먼저 사회복지사와는 다른 문화권에서 온 클라이언트가 편하다고 생각하는 언어로 서비스를 제공하는 것이다. 공통된 언어적 기반을 구축한 후에야 사회복지사는 클라이언트와 신뢰, 상호존중, 수용의 관계를 구축하는 것이 가능하게 되기 때문이다. 북한이탈주민의 경우 남한과 같은 언어를 사용하기 때문에 상대적으로 언어의 문제는 크지 않다고 볼 수 있지만 역시 언어 차이로 인하여 어려움을 겪는다는 점에서는 다른 이주난민들과 비슷한 상황에 있다. 억양이 달라서 다른 사람들의 시선을 쉽게 끌기도 하며, 최근 한국어에 외래어 사용이 늘어나 한국말을 이해하기 어렵다는 점 등을 호소한다. 또 한국인들도 북한이탈주민들의 낯선 억양 습관이나 용어 사용 등에 의하여 그들이 말하는 내용을 전적으로 이해하기 어렵다는 점에서 초기 관계를 형성하는 단계에서 언어 이슈로 인한 관계 형성의 어려움을 경험하지 않도록 사전에 준비를 할 필요가 있다.

특히 북한이탈주민과 같은 비자발적 이주민 혹은 난민들의 경우에는 상호 신뢰, 수용의 관계를 형성하게 되기까지 클라이언트의 의심, 불신과 분노의 감정을 극복해야 하는 것이 중요하다. 이들은 강압과 차별의 역사를 많이 경험했던 이유로 특히 초기 접촉 동안에 취약하다. 사회복지사가 힘과 전문적 기술을 가지는 반면, 비자발적 이주민이나 난민 클라이언트는 무기력과 취약함을 느낀다. 이런 경우 "여기 온 것에 대하여 어떻게 느끼세요?" 같은 질문을 함으로써 사회복지사는 그러한 부정적 감정들을 드러내도록 할 수 있다. 클라이언트의 부정적 감정이 드러나면 사회복지사는 드러난 부정적 감정들을 수용할 필요가 있으며, 그러한 감정들의 이유를 논의하고, 그러한 감정이 지극히 타당하다는 것을 잘 알고 있음을 표현할 필요가 있다.

　사회복지사가 클라이언트의 부정적 감정을 극복하기 위해서는 긍정적이고 개방적인 의사소통 방법을 사용하여야 한다. 구체적으로는, 상체를 약간 앞으로 숙여 주의 깊고 이완된 태도를 통해 기대와 이해심으로 경청하고자하는 의지를 전달하며 얼굴 표정, 음성과 팔짱끼지 않은 자세로 진지함과 관심을 표시한다. 또 긍정적이고 개방적 의사소통은, 지지적이고, 탐색적이며, 이해력을 갖추고, 해석적이고 평가적인 반응 등을 뜻한다. 지지적인 반응은 클라이언트의 메시지를 사회복지사가 정확하게 이해했다는 것을 전달하기 위하여 사회복지사가 자신의 언어들로 재언급하는 것이다. 이해했다는 반응은 사회복지사가 클라이언트가 말한 것의 의미와 중요성을 이해했다는 것을 보여주는 것이다. 이것은 클라이언트가 말한 것을 다시 바꾸어 말하고, 재문장화한 것의 정확성에 대하여 클라이언트에게 확인하고, 부정확한 사회복지사의 지각을 조정하는 것이다. 탐색적 반응은 내담자가 이야기한 것을 개방 질문을 통하여 정보를 추가로 수집하는 것이다. 해석은 클라이언트와의 사이에서 일어날 것에 대한 중요한 의미를 제공하는 것이다. 이해와 탐색적 반응을 통하여 이슈를 포착한 후에는 "실무자는 사건, 장소와 사람들에 대한 합리적인 설명을 제공하는 가설을 설정한다".

　해석반응은 라포형성 과정의 후기 단계에서 사용되어야 하고 클라이언트의 피드백에 따라 잠정적으로 이야기되고 수정되어야 한다. 평가는 클라이언트가 직면한 부정적 이슈와, 변화를 위한 긍정적 가능성이라는 측면에서 클라이언트 상황에 대한 사정이다. 평가반응은 관계형성단계 끝 즈음에 이루어지고, 문제 확인과 사정 단계를 위한 토대를 설정한다. 평가반응에는 관심의 표현, 생활에 있어서의 장애물 인식, 긍정적 결과를 표현하는 것 등이 포함된다.

　사회복지사는 문화적 역량을 갖추기 위하여 커뮤니케이션 양식을 클라이언트의 문화에 맞도록 조정하여야 한다. 이것은 클라이언트의 교육과 사회경제적 배경에 적절한 용어와, 적절한 시각적 단서, 음성 톤, 얼굴표정 등을 활용하는 것이다. 특히 클라이언트의 문화적 규범을 따르는 것이 필요하다. 가정의 부모들의 가족 내 권위를 인정하고 역할의 중요성을 인정해줌으로써 진지한 존중을 전달한다. 또 신뢰와 라포형성 기술은 자기노출의 기술을 적절히 활용하는 것이다.

자기노출은 실천가를 클라이언트보다 우위에 있는, 거리가 있는 전문가로서보다는 내담자와 같은 경험과 감정을 가진 존재로 내보이는 것이다. 자기노출은 문화적으로 다른 내담자와 작업할 때 중요한데, 그것은 많은 문화에서 개인적 문제를 논의하는 것은 친밀한 개인적 관계 속에서만 가능하며, 따라서 자기노출을 한다는 것은 그러한 친밀한 유형의 관계를 쌓아가기 시작하는 것을 뜻하기 때문이다. 더구나 실천가와 내담자 사이에 존재하는 많은 문화적 장애물들을 생각할 때 자기노출은 공동의 기반과, 상호이해의 기초를 형성하는 것을 도와주는 것이다. 자기노출에 적절한 내용은 자신의 배경, 가족, 일, 원조 철학에 대한 정보를 공유하는 것, 내담자의 것과 어떤 면에서 유사한 경험과 감정, 자신의 문제를 해결하는 데에 성공했던 전략들 같은 것이다. 그러나 내담자와 비슷한 경험을 공유하는 것은 신중하게 해야 한다(Segal & Mayadas, 2005: 572). 사회복지사의 신용에 중심을 둔 자기노출과 비슷한 상황을 지닌 내담자와 일하는 것은 신뢰와 권위를 형성하는 데에 도움이 된다. 반대로 내담자상황에 대한 감정이입적 태도를 위하여 사회복지사가 개인적 경험에 초점을 두는 것은 사회복지사도 비슷한 문제로 고투하고 있다는 의심과 염려를 야기할 수 있고, 지침을 줄 최선의 입장이 아니라고 생각할 수도 있기 때문에 유의하여야 한다. 따라서 사회복지사가 클라이언트로부터 자신의 문제에 대한 도움을 얻으려함으로써 역할이 전도

되는 것은 바람직하지 않으며, 또 지나치게 내담자와 동일시하는 것은 피하는 것이 바람직하다.

특히 이들 클라이언트는 프라이버시와 비밀보장의 이슈와 관련하여 매우 민감하다. 북한이탈주민의 경우, 북한을 떠나 제3세계를 거치는 오랜 기간 동안의 탈북 과정이 정치적 의미를 가지고 있어 비밀보장에 있어 오히려 더 심각하다. 따라서 이에 대한 적절한 대책으로서 인터뷰를 하는 장소나 주변의 물리적 여건들이 보호받으며 클라이언트가 안전하다는 느낌을 가질 수 있도록 최대한 관심을 기울여야 한다.

관계 형성을 위하여 관심을 기울여야 할 또 다른 점은 구체적인 이슈에 먼저 초점을 둠으로써 클라이언트에 대한 존중과 배려를 즉각적으로 나타내는 것이 중요하다. Nakanishi & Rittner(1996)는 이주난민들을 위한 교통편, 재정지원, 주거지원, 다른 기관과의 연계, 직업훈련 지원 등 구체적 서비스를 얻는 데에 초점을 둠으로써 클라이언트들이 본인들의 심리내적 개인 이슈들을 이야기할 수 있도록 신뢰를 구축하는 기반을 형성하는 것이 필요하다고 하였다. 북한이탈주민 역시 이러한 사실들이 똑같이 적용된다. 특히 이들은 지속적으로 기관에 오는 경우가 드물기 때문에 구체적인 이슈에 초점을 둠으로써 첫 만남에서 목표를 설정하는 것도 필요하다(Ho, 1990). 또 이들은 상담이나 치료를 조기에 끝내는 경향이 있기 때문에 과제지향적인 단기 문제해결 접근법이 효과적이다(Ramakrishnan & Balgopal, 1992).

지금까지 언급된 과정들은 클라이언트가 사회복지사에게 개인적인 문제를 이야기할 수 있도록 하는 준비 단계가 된다.

6 문제 확인과 사정 기술

1. 문제 확인[1]

문제 확인이란 클라이언트와 사회복지사가 문제에 대하여 상호 동의하여 문제에 대한 규정을 내리는 과정이다. 사정이란 문제에 기여한 개인적, 환경적 스트레스 요인과, 문제 해결에 활용될 수 있는 개인적이고 환경적인 강점들을 분석하는 것이다. 동시에 문제를 규정할 때 결핍의 관점보다 강점관점을 활용하여 클라이언트의 '욕구'와 '바라는 것'의 측면에서 규정한다. 문제가, 부족한 것을 원하는 것이던, 충족되지 않은 욕구이던 문제 규정은 내담자의 병리나 비난에 초점을 두기보다 만족이나 충족을 위한 긍정적 기회를 뜻한다. 바

---

1 Potocky-Tripodi, 2002: 157~161.

람이나 욕구, 수준, 세밀한 부분의 측면에서 문제를 규정하는 데에 있어서 사회복지사와 클라이언트가 상호 협력하여 문제를 확인하는 것이 중요하다. 문화적으로 민감성을 갖춘 사회복지사는 문제에 대한 그들 견해를 내담자에게 부과하지 않는다.

문제 확인 단계에서의 첫 과정은 내담자가 문제를 드러내도록 촉진시키는 것이다. 많은 문화권에서 개인적인 문제를 직접 가족이 아닌 사람에게 노출한다는 것은 대단히 힘든 일이다. 그러한 문화권에서 온 내담자들은 문제를 실천가와 이야기를 나눈다는 것에 대하여 망설임과 수치심을 느끼게 된다. 이때 사회복지사는 클라이언트에 대하여 인내와 여유를 가질 필요가 있다. 왜냐하면 클라이언트는 간접적으로 친구문제를 이야기하거나 친구를 위하여 조언을 구하는 것처럼 간접적으로 문제를 내보이거나 혹은 문제에 대하여 희미한 암시만 줄 수도 있기 때문이다.

문제를 드러내게 하는 것은 민족지적 인터뷰기법을 능숙하게 활용함으로써 촉진될 수 있다. 민족지적 인터뷰는 반응자들 자신이 인지하는대로, 반응자들의 삶에 관한 세밀하고 심층적인 자료를 얻기 위해 문화인류학자에 의하여 사용되는 연구기법이다. 원조 맥락에서 사용될 때 이것은 클라이언트 자신이 문제에 대하여 어떻게 규정하고 이해하고 있는가를 끌어내는 데에 목적을 두고 있다. 민족지적 인터뷰 기법에는 개방식 그리고 탐색적 질문하기, 내담자를 그 문제에 관한 전문가로 대하고 실천가는 피학습자로 행동하기, 침묵이 지속될 수 있도록 하기 등이 포함된다. 또 다른 기법은 사회복지사가, 클라이언트가 그 문제를 비인격화시켜 더 쉽게 문제를 드러낼 수 있도록 클라이언트가 지신에 관하여 직접 이야기하기보다는 이 문제를 경험하는 사람들에 관하여 이야기하도록 격려하는 것이다.

또 문제를 규정하기 위해서는 미시, 중간, 거시적 수준의 측면에서 문제의 수준을 확인해야 한다. 실제로 북한이탈주민의 취업 문제의 경우, 두 수준의 경계, 즉 개인과 지역사회의 상호작용 같이 북한이탈주민이 지역사회 안에서 필요한 적절한 직업기술을 가지고 있지 않는 것이거나, 그들의 구직 기술이 부족하기 때문일 수 있다. 또 지역 고용주가 높은 훈련비용이나 다른 이유들 때문에 이들에 대한 고용을 꺼려하는 것이 문제일 수도 있다. 따라서 문제의 수준을 확인하는 것은 적절한 개입을 위한 방법과 바로 연결된다. 이 사례의 경우 적절한 개입방법은 북한이탈주민이 기술을 향상시키도록 돕고, 고용주와는 이들의 고용을 확대 증진시킬 수 있도록 지원하는 것이다.

북한이탈주민에게 있어서 이 문제는 중간 혹은 거시적 수준에서 건강보호체계나 고용기회의 접근성 부족 등의 요인들 속에서 사회적 차별의 형태로 느낄 수 있다. 이와 같은 경우 클라이언트의 욕구 불만족과 충족되지 못한 바람에 대한 해결은 환경적, 사회적 여건에 상당부분 존재한다. 그러한 경우 중간, 거시적 수준의 개입이 요구되며 북한이탈주민하고만 일하는 것은 문제해결 가능성이 낮다.

문제 규정에 있어서의 또 다른 기본적인 과제는 문제를 상세하게 규정하는 것이다. 이것은 구체적인 감정, 사고, 행동과 사건들의 측면에서, 즉 언제 어디서 문제가 일어났는지, 그 빈도와 지속기간, 규모는 어떠한지를 규정하는 것이다. 문제를 더 세밀하게 규정할수록 적절한 개입방법을 찾기가 쉬워지고 성공적인 문제해결의 가능성도 커진다.

2. 문제 사정

적절하게 문제를 규정한 후 다음 과제는 문제사정이다. 이것은 문제에 기여한 요인들과, 그것을 해결하는 데에 도움이 될 수 있는 요인들을 파악하는 것이다. 개인은 자신에게 중요한 개인, 가족원, 지역사회, 공식조직과 사회로부터 영향을 받는다(Zastrow & Kist-Ashman, 2004). 따라서 내담자의 전체 생리심리사회적 맥락 등 생태학적 관점에서 문제를 파악하여야 한다. 이것은 문화, 사회정치적 생활, 역사, 생애주기, 지역사회, 종교, 정신적 도전과 능력, 법적 맥락, 국적, 외모, 생활환경, 건강상태, 경제적 통합, 가족특징, 교육정도 등 복합적인 요인들의 맥락에서 문제를 분석하는 것이다.

또 사회복지사는 문제가 개인적인 이슈에서 나오는 것인지, 조직이나 사회문제의 영향인지, 생리심리사회적 요인인지 혹은 사회경제적 요인인지를 파악해야 한다(Segal & Mayadas, 2005: 573). 또 문제가 우울, 건강문제, 빈곤 등 보편적인 것일 수도 있으며, 이주 난민경험에서 비롯되거나 교차문화적 딜레마에서 비롯되는 것일 수도 있다.

둘째, 사회복지사는 각 영역에서 문제와 관련된 스트레스와 강점들을 사정하여야만 한다. 스트레스는 문제 발생의 원인이 되거나 악화시키는 요인들이며 강점은 문제를 더 악화되지 않도록 하거나 문제를 해결하도록 돕는 요인들이다. 강점이나 스트레스 제공원의 확인은 강점관점과 일치하는 것이다. 스트레스 제공원과 강점은 미시, 중간, 거시적 수준에서 체계적으로 확인되어야 한다. 예로 구직 난민의 경우, 미시적 스트레스원은 구직기술의 부족, 중간 스트레스원은 높은 지역 실업률, 거시적 스트레스원은 고용현장에서의 사회적 차별이다. 미시적 강점은 난민들의 교육배경이 훌륭한 점이며, 중간 수준의 강점은 지역사회가 좋은 직업 네트워크를 가지고 있나는 점, 거시적 강점은 난민직업훈련을 위하여 재정지원프로그램이 있다는 점이다. 특히 북한이탈주민의 경우도 다른 이주 난민 내담자와의 작업에서와 마찬가지로 종교적 신념, 역사적 성취물, 인종적 자신감, 인내력, 가족 내 열심히 일하는 것 등 문화적 강점을 사정하는 것이 중요하다(Potocky-Tripodi, 2002: 161). 문화적 강점관점은 개인과 문화 안에서 강점을 발견, 내적 강인함과 인내에 기반을 둔 끈질김과 변화 동기, 가족, 집단과 지역사회 수준에서의 충분한 자원으로서의 환경을 강조한다.

셋째, 사정 과정에는 '이주·난민 경험에 대한 이해' 와 '문화 능력' 이 필수적이다(Segal and Mayadas, 2005). 난민 경험을 잘 이해하기 위해서는, ① 모국으로부터 새로운 나라로 이주하는 경험, ② 이주·난민 위기 단계에 대한 인식, ③ 사회문화적 유산, ④ 재정착하는 동안 이주난민들이 부딪치는 문제, ⑤ 심리사회적 이슈들에 대한 민감성, ⑥ 새로운 나라의 이주난민 서비스 정책, 법, 프로그램, ⑦ 이주난민들 사이의 차이점과 유사점, ⑧ 새로운 이주자들에 대한 외국인 거부반응 등의 개념을 파악하여야 한다. 이와 관련하여 생태도[eco-maps]와 문화도는 유용하다. 생태도는 문화적 환경을 이해하는 데 있어 도움이 될 수 있는 개인과 지역사회 기관의 관계를 정의할 뿐만 아니라 이문화적 사정도구로서 중요하다. 또 Lum의 '문화도'[culturagram]는 경험, 지역사회 자원에 대한 접근과 가족 또는 개인의 지지네트워크를 제공함으로써 유용한 정보를 제공한다는 점에서 특히 유용하다.

Lum의 문화도(rothman, 2008: 44~46)에는 〈그림 6-1〉에 나타나있듯이 다음의 요인들이 나타나게 되며, 문화도를 완성함으로써 문화적 적응과 가족 기능과 관련하여 가족 구성원들 사이의 중요한 차이점을 알 수 있게 되어 가족 스트레스와 갈등영역이 확인된다.

① 이주 이유: 왜 그들의 출생국가를 떠났는가
② 지역사회 거주 기간: 원래 문화의 유지 정도와 문화적 적응

^{acculturation}에 관한 정보를 제공

③ 법적 혹은 불법적 지위: 합법 이주, 학생 혹은 노동 허가, 밀입
항 등과, 비자 만료 이후에도 체류하는 상태

④ 이주 시점의 가족 구성원의 연령: 개인적 · 문화적 적응의 정도와
문화적 적응정도에 의해 발생하는 가족 갈등에 대한 정보 제공

⑤ 사용 언어: 모국어, 영어, 또는 2개 국어 능력

⑥ 문화 기관(민족 교회, 학교, 사회클럽)과의 관계: 문화적 정체성
에 관한 정보 제공

⑦ 건강신념: 건강, 질병, 치료에 대하여 이주국과는 다른 원래의
태도

⑧ 공휴일과 특별한 이벤트: 종교적 그리고 생활주기 이행 이벤트
(출산, 결혼, 사망)

⑨ 위기 사건 혹은 스트레스 요인: 다른 국가 혹은 지역으로 오는
과정 중의 실직, 조부모의 사망, 강간 등의 직 · 간접적 경험

〈그림 6-1〉 Lum의 문화도(culturagram)

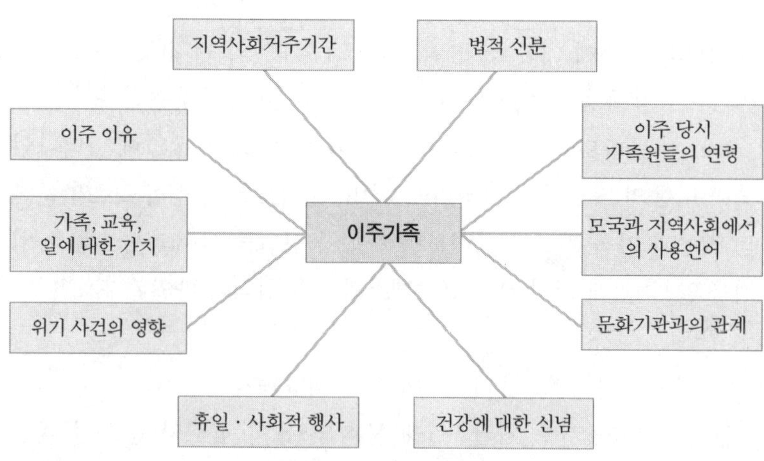

⑩ 가족, 교육, 일에 대한 가치: 지지, 교육과 직업선택의 가족패턴
  에 관한 정보 제공

이러한 문화도는 북한이탈주민을 사정할 때에도 유용하게 사용할
수 있다.

넷째, 앞에서 북한이탈주민 등 이주난민들에 대하여 개입을 할 때
이주난민 경험에 대한 이해와 문화적 이해가 중요하다고 이미 언급
한 바 있다. 따라서 이들에 대한 사정 시 다음의 사항(Segal &
Mayadas, 2005)들을 사정해야 한다. ① 사회적·경제적·문화적 통
합을 위한 가족 자원 평가, ② 그들의 기대가 현실적인가 비현실적인
가, ③ 가족문제해결능력 평가, ④ 그들의 유산 맥락 안에서 가족기
능탐색, ⑤ 노동기술의 이전 정도transferability 파악, ⑥ 가족의 학습능력과
적응 동기 등이 있다.
사회·경제·문화적 통합 자원은 언어능력(모국어에서조차), 자
기 나라에서의 사회경제적 지위, 서구사회와 문화패턴에의 노출정
도 등을 의미한다. 또 새로운 나라에서 온 이들이 가진 그들의 목표
와 기대가 그들의 자원, 적응의지와 가능한 기회에 근거하여 현실적
이어야 한다(Potocky-Tripodi, 2000)는 점에서 그들의 기대가 얼마나
현실적인가 여부를 사정하여야 한다. 특히 북한이탈주민의 경우 막
연한 기대와 환상을 가지고 있는 경우가 많이 오히려 그들의 한국 사
회적응을 어렵게 하는 요인이 될 수 있다. 가족문제해결 능력을 평가
할 때에는 자신의 나라에서의 적응도와 기능상태가 어느 정도였는
지가 중요한 예측치가 된다. 문제해결능력, 건강하고 강력한 가족관
계, 충분한 지지망과 그들이 새로운 사회로 가져온 기술에 대한 평
가, 학습의 용이성, 인내 등 적성과 분명한 직업 관련 기술들을 자세

하게 평가하여야 한다. 또 클라이언트가 자신이 사는 지역사회에 대하여 어느 정도의 연대감을 느끼고 있는가 하는 것도 사정되어야 할 중요한 요인이다(Rothman, 2008).

다섯째, 인터뷰 지침, 설문지와 테스팅 척도 등 사정 과정을 지원하기 위한 다양한 도구들이 있다. 이러한 것을 사용할 때 실천가는 클라이언트의 문화대비 규범적 집단의 문화에 기초하여 정확하게 그것들을 적용하고 해석할 수 있는 기술을 가지고 있어야만 한다. 이것은 클라이언트의 문화적 배경에 어울리지 않는 도구 활용은 하지 않으며, 클라이언트 문화 규범과 관련하여 테스트결과를 분석하는 것을 의미한다. 이러한 도구의 익숙한 활용은 사정의 오류를 피할 수 있다.

마지막으로 현실적으로 이주 난민 클라이언트들은 복합적 문제에 직면하게 되는 것이 일반적이다. 따라서 사회복지사들은 클라이언트가 직면한 문제를 전체적으로 파악하고 사정하여야 하고 또 문제가 서로 어떤 연관성을 가지고 있는가를 분석하여야만 한다. 생리심리사회영적 사정모델에 의하면 클라이언트에 대한 복합적 차원의 관점을 제공하기 위하여 4개 영역을 다룸으로써 개인, 가족, 집단이나 지역사회를 전체적으로 고려하는 데에 초점을 둔다. 또 그 외에도 자신의 나라로부터 새로운 나라로 오는 동안의 가족의 과도기 경험, 적응과 변화 그리고 가족 내에서의 원래 문화의 유지 등 문화 적응, 자녀가 학교환경에서 기능하는 학교 적응 문제, 가족의 일과 수입원 등 고용 관련 문제 등에도 관심을 기울여야 한다. 이러한 것들은 가족의 자존감과, 문화적 공동체와 보다 광범위한 사회 내에서의 그들의 지위에 필수적이다(Potocky-Tripodi, 2000).

7 목표설정과 계약[1]

목표설정은 클라이언트가 실천가들과 함께 일한 결과로 클라이언트와 실천가들이 기대하는 것을 결정하는 것을 뜻한다. 계약은 사회복지사와 클라이언트의 책임성을 포함하여 목표가 달성되기 위한 방법에 관한 클라이언트와 사회복지사 사이의 동의를 발전시키는 것을 뜻한다.

이 단계에서 문화적 역량을 갖춘 실천의 기본적인 요소는 목표 결정과 개입에서 클라이언트를 적극적으로 참여시키는 것이다.

이 과정에서 첫 번째 단계는 클라이언트가 그들의 문제의 우선순위를 정하도록 돕는 것이다. 이주난민 뿐 아니라 북한이탈주민 클라이언트들은 보통 다양한 문제에 직면하고 있다. 사회복지사와 클라

---

1 Potocky-Tripodi, 2002: 162~167

이언트는 모든 문제를 한 번에 다룰 시간과 자원을 가지고 있지 않기 때문에 어떤 문제를 가장 먼저 해결해야 할지 결정해야 한다.

어떤 문제를 처음으로 다룰 것인지를 함께 결정한 후, 다음 단계는 목표설정, 기대, 사회복지사의 지향점, 관련된 법적 이슈들과 같은 개입 과정에 관하여 사회복지사가 클라이언트를 교육하는 것이다. 이들 클라이언트들은 사회복지와 같은 공식적인 원조관계가 존재하지 않는 곳이나, 또는 그러한 관계가 실제로 그들을 돕기보다는 사람들을 억압하기 위해 사용되어 온 문화권에서 온 경우가 많기 때문에 이 단계는 반드시 필요하다. 클라이언트에게 개입을 하기 전에 그 과정을 설명하는 것은 혼란, 당혹감, 두려움, 저항감 또는 효과적인 개입을 방해할 수 있는 다른 반응들을 감소시켜준다. 그러므로 문화적으로 민감한 서비스 제공을 위하여 먼저 클라이언트가 참여하게 되는 서비스에 대하여 어느 정도 이해하고 있는가를 사정하고, 서비스의 과정, 한계, 기능과 관련한 정확한 정보를 제공하며, 다음으로는 클라이언트의 권리, 이슈들, 비밀보장의 정의, 클라이언트에 대한 기대를 클라이언트가 이해할 수 있도록 확실히 한다.

그 다음으로 사회복지사와 클라이언트는 개입의 목적과 목표를 함께 결정한다. 목표^{objective}는 단기적인 결과, 또는 목적을 달성하기 위한 단계들인 하위목적^{subgoals}인 반면에 목적^{goals}은 장기적이고 궁극적인 결과이다.

적절한 목적과 목표를 설정하기 위한 몇 가지 원칙이 있다. 첫째, 클라이언트가 적극적으로 참여하여야 한다. 둘째, 목적과 목표는 사회복지사가 아닌 클라이언트가 행하는 것으로 진술되어야 한다. 셋째, 목적과 목표는 기대되는 변화의 정도와 변화가 일어날 것으로 기대되는 시점을 구체화해야한다. 넷째, 목적과 목표는 측정 가능한 것이어야 한다. 다섯째, 목적과 목표가 실현가능하고 달성 가능한 것이

어야 한다. 여섯째, 목적과 목표는 문화적으로 수용 가능한 것이어야
한다. 이것은 목적과 목표가 클라이언트 문화의 가치, 신념, 규범에
적합해야 함을 의미한다.

적절한 목적과 목표 설정 후, 다음 단계는 목표를 달성하기 위해
사용될 수 있는 개입방법을 정하는 것이다. 문화적으로 적절한 실천
은 개입이 다차원적으로 이루어질 것을 요구한다. 즉, 미시, 중간, 거
시 체계를 대상으로 한다. 미시적 개입은 개인과 가족만을 대상으로
하는 것이다. 중간 개입은 클라이언트를 소수민족 커뮤니티와 연결
시켜주는 목적을 가진 교회와 지역사회 지지체계와 같은 지역사회
를 포함한다. 거시적 개입은 더 큰 사회를 대상으로 한다. 이민자와
난민 클라이언트의 문제들은 종종 미시적이고 거시적인 체계를 기
본으로 하기 때문에 문화적으로 유능한 개입은 변화를 위해 그러한
체계를 대상으로 하는 것이 좋다.

개입 방안을 개발하는 데 있어, 사회복지사와 클라이언트는 문제
를 다루기 위한 여러 가지 가능한 방법들을 생각해내기 위해 브레인
스토밍 토의를 해야 한다. 사회복지사는 클라이언트에게 문제를 해
결하는 방법에 대한 생각을 물어야 한다. 그렇게 함으로써, 클라이언
트는 과거에 클라이언트가 성공적으로 사용해왔던 대처전략과 문제
해결전략이 무엇인지 발견할 수 있다.

다음 단계는 개발된 개입방안 목록으로부터 하나 혹은 그 이상의
개입방안을 선택하는 것이다. 가장 적절한 개입방안을 선택하는 데
에는 몇 가지 기준이 있다. 첫째, 선택된 개입방안이 문화적으로 적
절한 것, 즉 클라이언트 문화의 가치, 신념, 규범에 적합한 것이어야
한다. 둘째, 사회복지사의 이전 경험과의 일관성, 실행가능성, 도덕
성, 효율성, 효과성과 클라이언트가 수용 가능한 것이어야 한다
(Tripodi, 1994).

개입 방안을 선택한 후, 마지막 단계는 계약을 공식화하는 것이다. 계약은 사용하게 되는 개입방법을 설명해주는 합의라 할 수 있다. 개입방법들에 대한 설명이란 사회복지사, 클라이언트, 지역사회자원, 그 외 다른 관련 모임들의 책임, 시간틀, 개입활동의 빈도, 과정을 점검하는 구조, 문제해결을 위한 실천 활동들에 대하여 설명해주는 것을 의미한다. 개입은 누가, 무엇을, 누구와, 어디에서 할 것인지에 대해 구체화해야 한다.

어떤 이주난민 클라이언트들은 계약을 권위적인 권력의 도구로 인식할 수 있기 때문에 계약에 대해 염려하거나 두려워할 수도 있다. 북한이탈주민들의 경우 서구 산업사회에 노출된 경험이 적다는 점에서 다른 이주난민들과 같은 상황에 처하게 된다. 그러므로 사회복지사는, 그들이 왜 그리고 어떻게 일이 되는지를 결정하는 데 역할을 할 수 있다는 것을 인식하고 믿도록 돕기 위해 클라이언트가 계약과정에 충분히 참여할 수 있도록 하는 것이 필요하다.

8 개입실행[1]

개입실행은 개입을 수행하는 과정으로 활동, 행동, 사회복지사와 클라이언트, 다른 관련된 사람들의 의견들을 포함한다. 점검은 두 부분, 즉 개입실행을 점검하는 것과 클라이언트의 향상을 점검하는 것으로 구성된다.

1. 개입

대부분의 이주난민들은 일단 자신들이 스스로 살 수 있다고 느끼면 공적지원에서 멀어지고(Balgopal, 2000), 일단 초기 어려움을 경

---

1 Potocky-Tripodi, 2002: 167~174.

험한 이후에는 나름대로의 생활형태를 갖게 된다. 그 이후에 뒤따르는 위기는 가족기대와 문화 간, 세대 간 차이가 이주 이전의 자신의 나라에서 오랫동안 형성되어온 전통이나 규범과 관련된 문제들이 제기될 때 일어난다(Tummala-Narra, 2004). 사회문화적 변화는 이주 경험 초기부터 시작되지만 가족들은 스스로 이것들을 해결하려고 하게 되고 또 전문가들은 이것을 개인적 강점과 높은 수준의 적응으로 생각하기도 하는데, 사실은 이것은 단지 가족이 사생활을 보호(Segal, 2002)하려는 것에 불과하다.

기본적으로 개입은(Rothman, 2008) 자신의 나라에서 이주국에 이르기까지의 과정에 관한 이주력과 관련된 영역, 원래의 문화를 유지하면서 이주국 문화에 적응하는 등 문화적 적응상태, 아동청소년의 학교에서의 기능과 관련된 학교적응, 가족의 경제력의 원천이 되는 고용 영역 등이 중심이 된다. 이주난민 가족들의 문제는 자녀들의 학교 문제나 건강 관련 문제들이 전문가들에게 의뢰될 때 사회적 관심을 받게 된다. 문제가 커질 때 까지는 부모는 도움을 구하려고 하지 않기 때문이다. 따라서 이와 관련된 다른 사회기관들과의 긴밀한 네트워크 구축을 통하여 이들의 문제에 접근하는 것이 필요하다.

개입은 이중의 목적을 가지고 이루어져야 한다. 첫째, 목적은 클라이언트의 심리적 기능을 향상시키거나 회복하는 것이며 다른 하나의 목적은 사회적 차원의 구조적 불평등을 변화시키는 것이다. 문화적 민감성을 갖춘 개입은 클라이언트의 문제정의, 도움요청패턴, 선택한 해결 방안에 맞추어 이루어진다. 또 사회복지사를 비롯한 다른 전문가들에 의해 제공되는 공식적 도움과 전통적 치료자, 종교적 영적 지도자, 상호원조집단과 자원봉사자 등과 같은 지역사회자원의 비공식적 도움을 모두 사용한다(Greene and Barnes, 1998). 이것은 지역사회와 문화적 강점을 기본으로 하고, 문화적으로 적절한 개입을 선택한다는 원칙에 의한 것이다.

클라이언트의 심리사회적 기능을 향상시키는 것과 관련하여, 문화적으로 유능한 개입에는 어떠한 특수한 개입전략에도 적용되는 몇 가지 일반적인 요소가 있다. 먼저 사회복지사는 치료적 관계에서 권위와 평등의 문제를 탐색해야 한다(Greene et al., 1998). 상황을 도움으로써, 사회복지사는 도움을 주는 자원들을 이용해왔던 전문가이고, 클라이언트는 그러한 자원을 필요로 하는 사람이다. 이것은 사회복지사와 클라이언트 사이에 권력의 차이를 만든다. 더욱이 그들을 교육함으로써 사회복지사는 사회경제적 지위, 그리고 주류사회 집단으로 이주난민들보다 사회에서 더 많은 힘을 가지고 있다. 이러한 힘의 차이는 클라이언트에게 항상 분명하다. 사회복지사는 힘의 차이를 인식하고 적극적으로 클라이언트를 개입실행단계에 참여시킴으로써 힘의 차이를 줄이기 위해 일해야 한다. 클라이언트는 구체적인 개입과업을 수행하고, 점검과정에 기여하고, 개입활동의 효과성과 관련성에 대해 피드백을 줌으로써 개입에 참여할 수 있어야 한다. 북한이탈주민들의 경우 대부분 사회복지사라는 직업에 대한 이해가 없고, 특히 자원봉사자의 활동에 대한 이해가 없어 본인들이 받고 있는 서비스의 의미에 대하여 알지 못하여 본인의 역할도 잘 알지 못하는 경우가 많다. 따라서 이에 대한 교육차원의 개입에서부터 시작함으로써 그들을 실천 과정에 적극적인 참여자로 관여하도록 하는 것이 필요하다.

힘의 차이는 클라이언트에 대한 역량강화^{empower}의 개입 방안을 사용함으로써 줄일 수 있다. 역량강화는 사회복지사와의 관계뿐 아니라 사회전체와의 관계에서 클라이언트의 힘을 증진시켜 주는데, 이것은 문화적으로 유능한 개입의 기본적인 목적이다. 그것은 클라이언트의 무력감, 즉 자신과 타인들을 통제하지 못하고, 문제 상황을 변경시키지 못하며, 환경적 긴장을 감소시키지 못하는 것에 목적을 둔다. 또 문화적으로 유능한 사회복지사는 임파워먼트 기술을 사용함으로써 클라이언트에 대한 역량강화가 될 수 있도록 돕는다. Fong(Nimmagodda & Balgopal, 2000: 57에서 재인용)은 역량강화를 위해서는 집단, 가족, 지역사회 안에서 대응하는 능력을 개발하고, 다른 사회체계와의 유대감, 연대감을 증대하며, 관계를 형성하는 능력을 강화하여야 한다고 하였다. Fong의 이러한 설명은 북한이탈주민들이 직장에서 오래 근무하지 못하는 현재의 문제 상황을 해결할 수 있는 유효한 개입 방법들을 제시해주고 있다.

또한 사회복지사는 문화적 민감성을 갖고 선입견과 편견, 차별적인 실천을 제거하기 위하여 기관과 사회적인 차원에서 행동을 취해야 하며 문화적 장벽을 인식하고, 그러한 장벽들을 감소시킬 수 있도록 일해야 한다. 뿐만 아니라 사회정책개발, 사회 계획, 사회 행정, 지역사회조직, 정치적 충격, 법적인 옹호 등과 같은 거시적 차원의 개입을 통하여 구조적인 불평등을 다루어야 한다(Devore & Schlesinger, 1999; Lum, 2000). 최근 북한이탈주민들이 밀집한 지역의 종합 사회복지관에서는 기존에 해오던 개별 지원 서비스 프로그램 외에도 주민조직화 사업 등이 사회통합의 차원에서 지역주민 인식 개선, 지역주민조직과 북한이탈주민의 연합활동, 지역사회 조직 간의 네트워크 구성(박영희, 2008) 등의 형태로 다양하게 진행되고 있다. 이러한 프로그램들은 서로의 편견을 없애고 공동의 이슈와 해결방안 모색 과정들을 통하여 남북 주민의 지역 사회 통합을 지향하고 있다는 점에서 선입견과 편견, 차별적인 실천을 제거하기 위한 노력들과 일맥상통한다.

2. 개입 점검

    사회복지사는 개입 실행과 동시에 개입을 점검^{monitoring}해야 한다. 점검의 목적은 개입이 계획대로 실행되었는지, 개입이 일관되게 실행되고 있는지 등을 보기 위한 것이다. 개입점검은 클라이언트의 문제가 개선되거나 악화되거나, 혹은 그대로일 때, 어떠한 개입활동이 그 결과와 연관되는지 정확히 아는 것은 중요하기 때문에 평가의 중요한 기능이라 할 수 있다.

9 평가와 종결

북한이탈주민을 위한 사회복지실천과정에서 가장 마지막 단계로서 평가와 종결의 단계에 대하여 서술하도록 하겠다. 이 장에서는, 먼저 일반사회복지 실천에서의 평가와 종결단계의 중요성과 세부적 요소를 살펴보고, 이주민을 비롯한 문화적으로 다양한 배경을 가진 클라이언트와의 사회복지개입 과정을 평가하고 종결하는 상황에서의 중요성을 살펴본 뒤 마지막으로 이러한 평가와 종결단계의 내용을 북한이탈주민과의 사회복지개입현실에 비추어서 논의하도록 하겠다.

1. 일반사회복지 실천에서의 평가와 종결

모든 사회복지의 원조과정에는 반드시 종결의 순간이 있다. 이러한 원조과정은 서비스의 종결과 사회복지실천개입 평가의 과정으로 끝나게 된다. 서비스의 종결[termination]은 기획된 사회복지실천과정의 최종적인 단계로서 원조관계를 마치는 상황에서의 민감한 이슈들에 대하여 실천가가 결론적인 활동으로서 클라이언트를 안내하는 것을 말한다(Sheafor, Horejsi & Horejsi, 2000: 570). 종결은 매우 중요한 단계이지만 사회복지실천에서 그리 많이 고려되지 않는 단계이기도 하다. 그러나 시작이 중요한 것만큼 실천개입의 종결 역시 하나의 사례를 마무리한다는 차원에서 매우 중요하다.

이러한 종결의 단계는 실천가와 클라이언트 사이에서 미리 예견되고 잘 준비된 상황에서는 두 주체사이의 동의 아래 이루어진 결론으로서 자연스럽게 이행될 수 있다. 이러한 상황에서는 클라이언트와 실천가가 더 이상 시간과 자원과 정서적인 에너지를 투자할 필요가 없다. 종결단계에서는 대개 사회복지사와 클라이언트 사이의 긍정적인 감정과 분위기가 부정적인 것들보다는 상대적으로 많다 (Fortune, 1987; Fortune, Pearlingi, and Rochelle, 1992; Lum, 2003: 153에서 재인용). 전자는 개입과정에서의 성취와 향상으로 인한 즐거움과 자부심, 치료로 인한 건설적 정서와 행동의 증가, 독립심의 증가로 인한 기쁨 등이 될 수 있다. 그러나 후자의 경우는 종결에 대한 슬픔, 상실감, 거부감, 두려움, 혼란스러운 감정 등이 해당될 수 있다.

원조과정의 종결부분에서는 평가[evaluation] 작업 또한 이루어진다. 이 단계에서는 클라이언트의 변화 정도를 측정하고 사회복지개입의 성공도를 평가한다. 이때의 평가는 원조과정 속에서 이루어졌던 지속적 모니터링^{ongoing monitoring}과는 차별되는 것으로, 핵심적으로 사회복지사는 클라이언트의 기능과 상황을 향상시키는 데 있어서 개입이 얼마나 효과적으로 이루어졌는가를 평가한다. 사회복지사, 클라이언트, 기관 및 다른 재원제공기관 등은 자원이 효율적으로 활용되었는지를 알아야 하므로 평가는 효과성과 효율성이라는 두 가지 측면에서 이루어진다.

일반적으로 사회복지사는 두 가지 형태의 평가에 관심을 갖는데 하나는 직접적 실천에 대한 평가^{direct practice evaluation}이고, 다른 하나는 프로그램의 평가이다. 직접적 실천평가는 실천가의 개입내용과 이 개입이 개인, 가족, 소집단 등의 클라이언트에게 미친 영향을 평가하는 것이다. 여기에는 형성적 평가^{formative evaluation}와 총괄적 평가^{summative evaluation}가 있다. 전자는 실천개입이 제대로 진행되기 위하여 시행초기단계부터 지속적으로 개입이 끝날 때까지의 과정에 대하여 수시로 빈번하게 이루어지는 평가를 말하고, 후자는 직접적 실천개입이 종결되는 시점에서 최종적인 개입의 효과성을 비롯하여 어떤 요소들이 개입을 성공/실패로 이끌었는가를 탐색하는 평가를 말한다. 프로그램 평가는 실천가의 직접적 실천의 평가보다는 좀 더 확대된 차원에서 이루어지는 것으로 개입내용에 관한 평가 이외에 프로그램의 재원, 클라이언트 모집과정, 클라이언트의 적합성, 기관차원의 환경적 영향 등을 포함하여 평가한다. 이 과정에서도 앞서 언급한 형성평가와 총괄평가로 구분하여 볼 수 있다.

2. 이주민을 위한 사회복지실천에서의 평가와 종결

이주민 혹은 문화적으로 다양한 배경을 가진 클라이언트와의 사회복지 개입의 평가와 종결과정에서는 일반 클라이언트와는 다르게 고려해야 할 논점들이 지적될 수 있다. 먼저 종결의 측면에서 서술되는 주요 논점은 다음과 같다.

Lum(2003: 153~155)에 의하면, 문화적으로 다양한 배경의 클라이언트와의 종결과정에서 필요한 기술은 3가지로 분류된다. 첫째는 종결과정관련 기술termination process skills이고, 둘째는 종결의 개념화 기술termination conceptualization skills이며, 셋째는 종결의 개인화 기술termination personalization skills이다. 이중, 특히 이주민 혹은 문화적으로 다양한 배경의 클라이언트에게 중요한 부분은 종결과정관련 기술로 크게 네 가지로 구분된다.

첫째, 클라이언트가 지속적인 도움을 받을 수 있는 네트워크에 연결될 수 있도록 돕는 기술로 네트워크에는 가족, 친구, 민족공동체, 추후원조follow-up care를 위한 다른 사회복지기관에의 의뢰 등이 포함될 수 있다.

둘째, 클라이언트의 문제 상황과 원조과정에서 이루어진 클라이언트의 성장 혹은 발전을 회고적으로 분석해 보는 것이다.

셋째, 개입계획에 있어서 합의한 목표와 성과들이 성취되었는가를 가늠하는 기술이다.

넷째, 주기적인 전화 혹은 방문 등을 포함하는 추후과정을 위한 계획을 설정하는 것 등이 포함된다.

1) 이주민 공동체의 지지자원의 재발견과 연결

문화적 다양성을 배경으로 하는 클라이언트의 웰빙은 이들의 사회적 지원체계로서 역할을 할 수 있는 민족 및 문화공동체에 소속되는 것에 따라 좌우될 수 있다. 이러한 공동체는 이주자들에게 정체성의 유지, 사회적 지지, 문화적 자원을 제공할 수 있는 것이다. 이러한 공동체는 작게는 가족, 이웃 및 친척 등이 되고, 넓게는 교회, 근린네트워크, 이주민 거주밀집지역 등이 될 수 있다. 또한 무형적으로는 이주민들이 유지하고 있는 관습, 의식, 생활문화, 민족정체성 등이 될 수 있는데 이러한 유무형의 요소로부터 이주민 클라이언트가 자원으로 활용할 수 있는 것들을 재발견하는 것이 매우 중요하다(Lum, 2004: 320). 이주민과의 프로그램 종결 시 이러한 자신의 민족적인 뿌리와의 재결합은 매우 중요한 차원이다. 종결 시 사회복지사와 클라이언트의 관계는 단절, 상실, 거부, 방임으로 여겨질 수 있으나 이주민 공동체로의 참여 혹은 이주집단자체 자원과의 연결은 클라이언트의 이러한 부정적 해석을 완화시킬 수 있는 효과적인 기제가 된다.

이러한 공동체 혹은 이주자집단의 자원을 활용하기 위해서는 이러한 공동체와 집단에 대한 지원 또한 마련되어야 할 것이다. 예를 들어, 가족 내의 부모 혹은 다른 구성원 그리고 공동체내의 지도자, 교사, 성직자 등이 종결하는 클라이언트의 상황을 유지하거나 긍정적으로 강화하는 방법을 가르칠 수 있는 자원으로 활용될 수 있도록 지원하는 것이 필요하다. 그리고 지역 내 이주자 집단 혹은 민족센터가 있다면 이러한 센터가 클라이언트의 긍정적 환경으로 기능할 수 있도록 프로그램의 기능강화 등을 지원하는 것이 필요하다.

2) 개입과정에 대한 회고적 고찰로서의 종결

개입의 초기부터 종결시점 전까지 걸어왔던 길을 회고적으로 고찰해봄으로써 무엇이 성취되었고, 무엇이 변화되었는지 등 과거의 클라이언트와 현재의 클라이언트를 기능과 상황에서 비교할 수 있게 한다. 또한 미래에 클라이언트가 어떤 것을 예상할 수 있는지를 알아보고 누구를 지지집단으로 삼을 수 있는지도 파악한다.

예를 들어, Szapocznik et al.(1982)의 연구에서는 쿠바이주민 노인들에 대한 상담개입에서 이와 관련된 논의를 하고 있다. 여기서 이루어진 인생증진상담 Life enhancement counseling 은 노인들의 강점을 키우고 갈등과 스트레스의 환경적 원천의 감소 및 과거인생경험 수용의 촉진을 목적으로 하고 있다. 인생의 회고적 접근은 완성되지 못한 일들의 완성에 초점을 두고 클라이언트에게 남아있는 능력을 발견하는 것이었다. 일단 강점이 확인되면 현재 상황에서 노인들을 활성화시킬 수 있는 가능성을 사정한다. 노인들의 과거의 강점은 직접적인 상담과 생태학적 개입의 전략에 따라 활성화될 수 있다. 그러한 전략은 클라이언트의 인생에서 현재 능력을 심리사회적으로 개발하는 것을 강조한다. 과거 경험을 돌아보는 것은 의미의 원천, 인생수용에 대한 원천, 자아통합의 원천이 되는 것이다.

인생증진모형의 인생 회고적 측면은 종결단계에서의 회고적 고찰을 가능하게 한다. 회고를 하는 클라이언트에게 실천가는 추억에 잠기게 하고 잊어버린 부분들에 대하여 음미하게 함으로써 더 많은 기억들을 끌어내게 한다. 이러한 접근은 카타르시스의 가치가 있다. 왜냐하면 감정을 표출하게 하고 생각을 정돈하게 하기 때문이다. 인생 회고의 주된 목적은 클라이언트에게 의미가 되었던 사건, 사고, 관계성 등을 확인하게 하고 현재시점에서 그것들을 해석해보는 것이다. 직접적인 재해석은 클라이언트로 하여금 과거 경험에 대한 대안적 관점을 가지게 하여 현재의 치료적 목적으로 인도하게 한다.

Miley et al.(Miley, O'Melia & Dubois, 2001)은 다음과 같이 언급한다. 효과적인 종결과정은 클라이언트의 발전을 종결하는 것은 아니다. 대신, 클라이언트로 하여금 형성된 진전을 안정화시키고 학습된 기술을 내재화시키고, 독립적으로 기능할 수 있게 하는 것의 출발이라고 볼 수 있다. 이러한 전환적 성공은 얼마나 종결을 잘하는가에 따라 결정되고 클라이언트의 자기방향성을 북돋우는 과정을 필요로 한다. 클라이언트의 강점을 인식하고 생산적인 협력관계를 키우며 가능성을 증가시킬 수 있는 실천가와 클라이언트의 파트너십은 클라이언트로 하여금 이러한 원조관계가 종료된 후에도 그 기능을 유능하게 지속할 수 있도록 임파워먼트시킨다는 것이다. 과거의 회고는 현재에 대한 계획으로 이동할 수 있으며, 변화유형을 지속시키기 위하여 미래로 향해 갈 수 있는 것이다. 이러한 기법들이 과거의 인생을 거의 잊고 살거나 잊기 쉬운 이주민들에게 더욱 강조될 수 있음을 일깨운다.

3) 완성 혹은 평가과정으로서의 종결

주지하다시피, 종결은 평가를 동반함으로써 개입의 과정과 내용이 완성된 것인지를 확인하고 평가하는 단계로서의 의미가 매우 중요하다. 이러한 과정에서 다문화적 차원을 언급한 Munoz(1982)는 효과적인 종결을 위한 5가지 요소를 열거하고 있다. 첫째, 미완성 종결의 비율[drop out rate]인데, 이것은 계속된 개입의 확률을 높이는 요소를 확인함으로써 평가될 수 있다. 둘째, 향상 비율로서 어떤 치료법이 가장 효과적으로 기능하는지를 검사하게 한다. 셋째는 시간적 효과성인데, 이는 어떤 모형이 가장 적은 세션의 회수로서 다른 사례와 비슷한 결과를 가지는가를 보여준다. 넷째는 유지비율로서, 이것은 종결 후 지속적인 증진을 보이는 것과 '회전문효과'[revolving door effect](효과가 원점으로 돌아가는 것)를 보이는 것을 비교할 수 있게 한다. 다섯째, 문화적으로 다양한 배경의 클라이언트들이 치료되는 방법에 대한 소비자만족도 조사이다.

4) 추후적 개입을 위한 전략 follow-up strategies

사례가 성공적이든, 그렇지 않든 간에 종결 후 클라이언트가 획득한 증진, 향상, 대응기술의 활용 등은 적절한 추후적 개입 전략이 없으면 제한될 수 있다.

지금까지 언급한 이주민 혹은 문화적으로 다양한 배경을 가진 클라이언트를 대상으로 종결과정을 수행할 때 점검해야 할 질문들과 사항들에 대하여 Lum(2004: 324~325)은 다음과 같은 과업 tasks 들을 권고하였다.

첫째, 클라이언트로 하여금 정체성, 지지, 문화적 자원을 획득하기 위하여 지역사회의 긍정적인 요소들과 연결하려는 노력이 있었는가? 만약 그렇다면, 이주민 클라이언트의 친척관계, 근린 네트워크, 교회, 공동체 활동 등에 대하여 세부적으로 기술해 보아야 한다.

둘째, 사회복지실천 개입과정에서 클라이언트의 인생에서 일어났던 주요한 변화를 돌아보고 다시 검토해 볼 수 있는 기회가 있었는가? 클라이언트의 인생에 대하여 더 깊이 탐색하고 재해석하고 통합되어야 했던 사건들이 있었는가?

셋째, 성과의 척도들이 개입초기에 형성되었고, 종결시점에서 측정도구로 사용되었는가? 목표에 대하여 클라이언트는 어느 정도로 달성하였는가? 목표를 이루기 위한 전략적 변화와 시간적 계획은 무엇이었나? 그리고 변화과정에서 참여하였던 의미 있는 타자는 누구인가?

넷째, 이주민 혹은 특정한 민족배경의 클라이언트에 대응하기 위하여 사회복지기관은 문화적으로 민감한 서비스전달체계를 갖추고 있었는가? 예를 들어, 이주민집단 가까이에서 제공되는 손에 잡히면서도 실질적인 서비스, 외국어 실력을 갖춘 사회복지사 혹은 외국문화에 익숙한 사회복지사, 집중적인 아웃리치 프로그램 혹은 예방적 프로그램, 인종적으로 다른 클라이언트에게 적합한 기관의 서비스 환경, 문화적으로 적합한 실천모형 등을 갖추고 있었는가를 점검해야 한다는 것이다. 이러한 요소들 중에 어떤 것들이 미비하다면, 여러분의 기관은 어떠한 기관으로 소개될 수 있는가? 그러한 요소들 중 어떤 것이 이주민 클라이언트 혹은 민족적으로 다양한 클라이언트가 서비스 기관을 떠나지 않게 할 수 있는 중요한 요인은 무엇인가?

다섯째, 그러한 클라이언트와의 초기 세션동안에 클라이언트의 지역사회 이해를 위한 감각을 갖추기 위한 노력, 클라이언트와의 관계에 관한 지침을 실천할 노력, 전문가로서의 자아개방의 노력, 공감적이고 개방적인 반응으로 대화하려는 노력을 보였는가?

여섯째, 사회복지사가 클라이언트의 문화적 배경에 익숙해질 수 있는 충분한 시간이 할애되었는가? 그리고 클라이언트 또한 인간으로서나 전문가로서의 실천가를 알 수 있는 기회가 허락되었는가?

이러한 질문들은 이주민 혹은 다양한 문화적 배경의 클라이언트와의 효과적인 종결단계를 이루어가는 데 유용하게 활용될 수 있을 것이다.

5) 이주민 사회복지실천에서의 평가: 문화적 편견의 점검

사회복지 개입의 전반적인 과정에서 주의해야 할 요소로서 문화적 편견^{cultural bias or prejudice}이 앞서 지적되고 있지만, 실천과정이 종결되는 시점에서의 평가를 위한 지침으로서, 문화적 편견의 점검은 무엇보다도 중요한 요소가 된다. 이주민과 소수민족 그리고 문화적으로 다양한 배경을 가진 대상자를 위한 사회복지조사에서 몇 가지 윤리적 지침(성숙진 · 유태균 · 이선우 · 이기영 역, 2005: 101~102)들은 이러한 클라이언트와의 개입의 종결단계에서 실천가에게 매우 유용하게 활용될 수 있다. 이중 몇 가지를 발췌하여 정리하면 다음과 같다.

- 이전의 주류 민족 혹은 인종 집단에서 사용된 성공적인 측정도구가 이주민이나 소수민족들에게 적용되었을 때 타당한 정보를 도출할 수 있다고 가정하지 말아야 한다.
- 평가를 위한 측정도구를 이주민의 언어로 번역할 때, 문제가 될 만한 언어나 결함들을 교정하기 위하여 심도 깊게 예비측정을 해보아야 한다.
- 평가도구에서 문화적으로 민감한 언어를 사용하거나 개념 및 체계를 점검하여야 한다.
- 필요한 경우는 이주민의 언어와 모국어를 동시에 할 수 있는 평가자 혹은 실천가를 동원하라.
- 소수민족들의 불리한 조건에 초점두기를 피하고 그들의 강점을 평가하는 방향도 설정되어야 한다.
- 실천의 평가결과가 이주민집단과 주류집단 구성원들에게 다르게 나타날 수 있음을 유념하여야 한다.
- 평가의 과정과 결과 해석에 이주민 당사자들의 의견을 수렴할 필요가 있다.

사회복지실천의 평가과정에 적용될 수 있는 이러한 윤리적 지침들의 유념과 준수는 결국 실천효과성의 진위를 가리는 종결시점에서 실천가로 하여금 오류의 가능성을 줄여줄 수 있을 것이다. 그러므로 문화적 편견에서 비롯될 수 있는 실수 혹은 문제들은 윤리적 차원을 넘어서 질적으로 우수한 평가와 또 그것으로 인한 전체실천개입의 우수성을 제고할 수 있는 것이다. 평가적 요소와 관련하여 문화적으로 민감하지 못한 측정들은 민족, 인종, 문화적 배경이 달라지는 상황에서 매우 이상하거나 타당하지 못한 평가 결과를 낳을 수 있는 것이다. 측정도구의 번역의 문제를 적절하게 지적한 Yu & Zhang, et al.(1987; Rubin & Babbie, 2001: 232에서 재인용)은 자아존중감$^{self-esteem}$의 영문 도구를 번역하여 중국인들에게 측정을 시도한 결과에서 매우 재미있는 오류가 나타났음을 보여준다. 영문원본 문항에서의 "당신은 자랑할 만한 어떤 것을 가졌다고 느낀 적이 있습니까?"에서 중국인들은 대체로 겸양이 중요한 미덕으로 되어 있기 때문에 이 문항에 대체적으로 부정적인 답변을 하였다는 것을 발견하였다. 또한 "당신은 스스로를 삶의 실패자로 생각해 보신 적이 있습니까?"라는 문항에서 중국 사람들은 많은 경우, 삶의 실패가 무엇인가라고 되묻거나 잘 이해하지 못하였다. 왜냐하면, 사회주의 사회체제 하에서 공산당 정권은 직업과 소득을 할당하였고, 해고당한 사람도 거의 없었으며, 소득의 편차도 극히 적은 상황이었기 때문에, 이들은 자신들의 삶을 경쟁적 차원에서 성공 혹은 실패의 의미로 생각해 본 적이 없었기 때문이었다. 한편, 중국인들의 응답에는 사회적 바람직성$^{social\ desirability}$과 같은 문화적 가치와 특성에서 비롯되는 오류의 문제가 내포되어 있을 가능성도 배제하지 못했다. 그러므로 이러한 문제요소들을 사회문화적 배경의 관점에서 민감하게 점검하지 못하면 측정과정에서 심각한 오류를 범할 수 있고, 결과적으로 이러한 도구를 무모하게 사용하는 실천가 역시 개입의 효과성이나 개입프로그램 전체의 평가에서 타당하지 못한 결론을 유도하게 되는 것임을 명심해야 할 것이다.

3. 북한이탈주민을 위한 실천에서의 종결과 평가

1) 북한이탈주민 프로그램에서의 종결

앞서 서술한 이주민 혹은 문화적으로 다양한 클라이언트를 위한 종결과정의 주요사항들은 북한이탈주민에게 적용하여 생각해 볼 수 있다. 특히 Lum(2003, 2004)이 제시한 종결관련 질문들은 매우 유용한 체크리스트로 활용될 수 있을 것이다. 물론 전체적인 적합성을 담보하지는 못하겠지만, 어떤 내용은 북한이탈주민에게 의미 있게 적용될 수 있기도 하고 또 어떤 내용들은 적합하지 않을 수도 있다.

먼저, 종결 시 북한이탈주민의 공동체적 자원을 모색하고 연결해야 한다는 개념은 중요하지만, 현실적으로 적용하기는 쉽지 않을 것으로 보이다. 북한이탈주민들만의 공동체는 밀접하게 형성되어 있다고 보기는 어렵다. 이주민이기는 하지만 같은 민족, 같은 언어를 사용하는 집단이라는 특수성 때문에 외국의 이주민 혹은 이민자 집단처럼 공통된 경제권 혹은 지역사회를 형성하고 그 속에서 집단적 정체성이 강화되고 지속적인 지지를 기대하는 상황과는 다르다. 그러나 종결시점에서 북한이탈주민 자신이 거주하는 지역사회 내의 자원과 개별적으로 연결되어 있는 기능적 공동체(직장, 종교기관, 자조 및 친목모임 등)를 좀 더 적극적으로 모색하고 연결하고 활용할 수 있는 기반을 구축해주는 것은 매우 중요한 과업이 될 수 있다. 북한이탈주민 집단 내적으로는 가족 및 친척들의 지지체계와 문제대처 능력을 강화시키는 것이 필요하며, 기존의 북한이탈주민 친목단체 및 친구 및 같은 임대주택 주거지에 살고 있는 다양한 비공식적 네트워크의 존재를 파악하여 종결하는 클라이언트의 대리적 지원체계로 강화할 필요가 있다. 그러나 이러한 내적 자원보다 북한이탈주민 집단의 외적 자원의 연계가 현실적으로는 더 영향력이 있을 것으로 보인다. 우선 북한이탈주민 밀집지역 복지관의 프로그램 소개와 활용성을 높이는 일, 복지관 외 시민사회단체의 북한이탈주민 지원 프로그램 소개와 의뢰 등이 주요하게 꼽힐 수 있고, 북한이탈주민 고유의 지원체계와 프로그램이 아니더라도 기존의 소외계층인, 여성 및 아동, 노인, 장애인, 가족복지, 고용 및 자영업지원, 정신건강관련 병원과 지역사회센터, 종교기관 등에 관한 정보를 제공하거나 직접적인 의뢰를 통한 연계를 시도 할 수 있을 것으로 보인다. 또한 기존 정부의 정착지원 프로그램의 내용을 정확하게 확인하여 다시 소개하는 것도 클라이언트의 선택의 가능성을 높인다는 차원에서 필요하다. 중요한 것은 종결의 원칙처럼, 단절과 방임이 아니라 원조관계의 새로운 전환임을 북한이탈주민 클라이언트가 인식하게 하는 것이 중요하고 그러한 전환된 지원체계가 유지될 수 있도록 하는 것이다.

둘째, 종결 시 클라이언트의 인생을 회고하게 하면서 잠재적인 능력과 강점을 재고하고 다시 활용하게 할 수 있게 추동한다는 점은 북한이탈주민의 실천과정에서 매우 중요하게 적용될 수 있을 것이다. 북한이탈주민은 대개 한국사회 편입 후 정착생활을 하면서 자신의 과거배경과 능력, 이력들이 한국사회에서 유용하지 않다는 점을 발견하고 현실생활의 측면에서 과거의 자신을 잊어버리기 쉽다. 이 때문에 현재 상황을 중심으로 생각하거나 문제해결방법을 찾으려하는 경향이 높다. 이러한 경향은 원조자의 입장에 있는 사회복지사나 프로그램 실행자들에게서도 나타날 수 있다. 즉, 선입견과 편향성 때문에 실천가의 사고가 경도될 수 있다. 북한이탈주민의 특성이 대표적으로 인식되어, 학력배경과 직업적 능력이 매우 낮고, 경제적으로 낙후된 지역에서 사회주의 경제권에 살았던 관계로 자본주의 사회에 부적합하다는 점 그리고 정서적으로 거칠고 고지식하며, 남한사회의 인간관계의 유연성에 적응하기 어렵다는 점, 탈북과정과 제3국 체류시절의 경험으로 대인적 불신감이 높다는 점 등이 북한이탈주민의 일반적인 특성으로 인식될 수 있고 이러한 특성이 약점으로 인식되어 실천과정에 적용될 수 있다. 물론, 이러한 인식이 전적으로 틀린 것은 아니지만, 기본적으로 개별화의 원칙에 기반하고 있는 사회복지의 기본적 가치에도 위배되는 것이며, 실제로 북한이탈주민의 특성은 매우 다양하여 이러한 특성이 일반화되기 어렵다는 것을 확인하는 것이 중요하다.

그리고 핵심적으로 중요한 것은 북한이탈주민의 정착과 적응을 성공적으로 유도하기 위한 실천과정에서는 이들의 강점을 찾아내고 이를 강화해야 한다는 것인데, 이러한 강조는 사회복지영역 이외에서도 정책자들과 연구자 그리고 실천가들에 의해 이미 빈번하게 지적되어 왔다. 그러므로 여기서 다루어지는 종결을 위한 중요한 요소로서의 과거 삶의 회고와 그 가운데서 자신의 능력과 강점을 스스로 파악하고 그것들을 현재의 잔존한 문제와 향후의 삶의 과정에서 적극적으로 활용하는 것은 북한이탈주민에게 매우 현실적으로 적용될 수 있을 것이다. 북한이탈주민의 강점들은 험난한 인생역정을 겪으면서 생존했다는 점, 그 과정에서 실행력과 결단력, 인내력을 키웠다는 점, 목표지향성이 높고 수완이 좋다는 점, 승부욕이 높아서 어떻게 해서든지 이기려는 경향이 있다는 점, 생활상에서 가무를 즐기는 경향을 가진다는 점 등이다(김임태, 2003; 이기영·김임태·윤여상, 2003: 90). 이러한 북한이탈주민의 강점과 그러한 강점들이 과거 자신의 삶에서 주요하게 기능했던 순간들을 회고하고 자신감을 얻음으로써 정착 이후의 삶의 문제들에 자신의 강점을 적용할 새로운 기획을 갖도록 하는 것이 필요하다.

셋째로, 사후관리의 중요성은 북한이탈주민을 클라이언트로 하는 개입의 종결과정에서 유의미하게 고려된다. 북한이탈주민을 대상으로 하는 사회복지실천개입은 클라이언트 선정, 라포 형성, 정기적 상담 지속, 공식적 원조 관계 형성 등이 대체적으로 매우 어렵고 장기간의 시간을 요하는 편이다(공릉새터민정착지원센터, 2006(II): 123). 따라서 한번 이룬 클라이언트와의 관계를 지속적으로 유지하기 위하여 종결 시 이들과의 사후관리follow-up와 지속적인 접촉을 위한 방안이 대단히 중요할 것으로 보인다. 종결 후 효과적인 관계유지는 정착과 적응이라는 목적을 가진 북한이탈주민들의 다양한 욕구와 다른 문제들에 개입할 가능성을 열어두는 것이므로 중요하다.

2) 북한이탈주민 사회복지실천의 평가

지금까지 사회복지현장에서 북한이탈주민 지원 프로그램에 관계된 다양한 실천적 개입은 평가의 중요성을 인식해 왔다. 과거에 수행된 북한이탈주민 지원 프로그램과 현재도 수행되고 있는 사회복지실천은 대개 자체적인 예산보다는 정부기관, 민간기금, 기업재단 등의 재원으로 이루어져 실천의 결과에 대한 평가와 보고는 필수적인 사항이었고, 지속적인 지원을 확보하기 위해서 매우 중요한 요소였기 때문이다. 특히, 정부의 민간기관에 대한 관심과 지원가능성은 사회복지영역을 위시한 민간기관의 북한이탈주민 실천 프로그램의 효과성에 주목하지 않을 수 없게 하였다. 그럼에도 불구하고 현재 사회복지현장에서 북한이탈주민 실천의 효과성 검증은 전문적으로 발전되었다고 보기는 어렵다. 이것은 비단 북한이탈주민 사업의 문제이기 이전에 사회복지실천 프로그램의 전반적인 현실적 한계성이 반영된 것이다.

사실, 과거 10여 년간의 북한이탈주민 사업을 담당한 사회복지사
들은 이론적으로나 실천방법상으로 거의 불모의 상황에서 프로그램
을 맡아온 것이 사실이나 그러한 여건에서 많은 진전을 가져왔고 향
후의 발전가능성을 보여주고 있다. 북한이탈주민을 대상으로 하는
사회복지개입의 평가는 북한이탈주민 집단차원에서부터 한국사회
의 전체 이주민 집단차원으로 확대적용하여 좀 더 체계적이고 이론
적인 틀을 마련하는 것이 시급하게 요청된다. 현재 북한이탈주민을
대상으로 하는 프로그램이 매우 다양하게 이루어지고 있음은 이미
살펴보았다. 이는 사회복지실천의 클라이언트의 다양성과 문제의
다양성이 연결된 것이지만, 그만큼 평가의 내용도 다양할 수밖에 없
고, 많은 어려움이 있을 수밖에 없다.

최근 종합사회복지관의 북한이탈주민 프로그램 내용평가 중 한
부분을 소개하면 〈표 9-1〉과 같다. 〈표 9-1〉에서 제시된 내용은 북한
이탈주민 전체를 대상으로 기본적으로 적용되었던 사례관리[case
management]에 대한 종결내용 및 평가내용인데, 제시된 바와 같이 대체적

〈표 9-1〉 북한이탈주민 사업의 평가보고사례: 사례관리

사례	단계구분	단계별 과업	주요사항
사례관리	평가	· 임파워먼트 수준 · 목적 관련 클라이언트 변화 · 클라이언트 만족도 · 서비스 효과성	· 목표달성정도 확인 · 미달성 목표에 대한 원인규명필요 · 클라이언트에게 목표달성에 대한 지지와 격려
	종결	· 계약종결 · 서비스거부 · 타 지역 이주	· 단기적 목표달성에 따른 종결 · 기본적 관계성 유지
	사후관리	—	· 프로그램에 대한 정기적 안내 · 북한이탈주민 관련 행사 참여안내 및 권유 · 소식지 발송

※출처: 공릉 새터민정착지원센터(2006), 『2006년 새터민 사업보고서 II: 새터민 정신건강 지원사업』, 공릉
종합사회복지관, p.114.

으로 간략한 수준으로 기록된다. 이러한 간략한 기록 내용조차 발표된 자료가 많지 않다는 것은 지금까지 현장 실무자들의 노력에 비하여 실천의 경험들이 축적되고 전파되는 과정에 한계가 있음을 보여주는 것이다.

〈표 9-1〉에서는 평가와 종결의 단계별 과업과 주요사항을 간략히 정리해 놓은 것인데, 평가의 내용으로는 임파워먼트 수준의 변화, 목적 관련 클라이언트의 변화정도, 클라이언트의 만족도 정도 그리고 서비스 전체의 효과성 측정을 언급하고 있다. 이러한 평가의 과정에서 목표달성정도를 확인하고, 미달성 부분에 대한 원인 규명을 시도하며, 클라이언트에게 목표달성에 대한 지지와 격려를 하는 것 등이 포함된다. 종결에서는 종결의 이유로서 계약상의 종결, 서비스 거부, 타 지역 이주 등을 제시하고 관련된 주요사항을 기재하고 있다. 사후 관리로서는 북한이탈주민의 관련 행사 안내와 지속적인 참여권유, 그것을 위한 소식지 발송 등을 서술하고 있다. 기본적 정보차원의 보고이므로 그 내용이 간략화되었으나 지금까지 우리가 논의한 이주민 혹은 문화적으로 다양한 배경의 클라이언트와의 평가단계와 종결단계에서 중요하게 지적된 문화적 민감성에 대한 보고가 이러한 평가서술표에서 제시되는 것이 중요할 것으로 보인다.

북한이탈주민을 대상으로 하는 실천의 평가에서 구체적으로 우리는 두 가지 측면을 검토하고 보고할 필요가 있다. 하나는 평가도구의 적절성 혹은 문화적 민감성에 관한 측면이고 다른 하나는 전자의 논의가 연장되는 것일 수 있지만, 좀 더 확대된 차원의 문화적 민감성의 체계에 관한 것이다. 전자의 경우, 앞서 제시된 바와 같이 문화적으로 민감하지 못한 평가도구들은 측정의 오류를 범함으로써 실천 개입을 전체적으로 타당하지 못하게 결론지을 수 있다. 현재 북한이탈주민 프로그램은 매우 다양하므로 평가의 도구 또한 다양하게 적용되나, 몇 가지 도구의 예를 살펴보면, 〈표 9-1〉에서 제시된 임파워먼트 척도, 클라이언트 만족도, '새터민 청소년 진로탐색 프로그램'에서 제시된 자아존중감 및 대인관계기술척도, '새터민 아동심리 치료프로그램'에서 사용된 다양한 척도들(자기통제검사[self-control rating scale], Conners 평정척도, K-WISC-III, ADHD 척도)이 사용되고 있다(공릉 새터민 정착지원센터 III, 2006). 이러한 다양한 평가도구의 사용에서 실천가들은 도구의 적절성과 적용성을 사용 전에 검토하고 수정하려는 노력이 필요하다. 문항의 용어가 어려워 이해하지 못하는 경우가 많으며, 문맥이나 상황설정이 미국을 위시한 서구사회의 것에 맞추어진 경우가 많으며, 또한 한국번역척도의 경우에도 정상적인 성장과정을 경험하지 못한 북한이탈주민 청소년과 성인들에게 적합지 않은 대목들이 많다. 이러한 문제로 인한 편향성[bias]을 간과하거나 무감각하게 처리해서는 안 될 것이다. 물론 이러한 작업들이 실천가들만의 과제가 아님은 분명하고 학계의 지원이 있어야 할 것은 당연하며, 이에 관한 문제점의 제기와 변화의 기반이 실천가에 의해 제시될 수 있는 것이다.

또한 앞서 언급한 이주민들의 사회적 바람직성[social desirability]도 평가 상에서 문제가 될 수 있는데, 북한이탈주민의 경우에도 적용가능하다. 필자의 조사경험(이기영·성향숙, 2001)으로도 이들의 가족관계와 사회적응정도를 파악하는 양적조사도구를 사용했을 때, 실제 사례연구나 귀납적 연구로 파악된 지식과는 다른 (대개 양호한) 적응상태를 보이는 결과를 도출하는 경우가 많은데, 이로 인하여 이들 응답에서의 편향성, 즉 자신들의 현실상황을 바람직하게 보고하려는 경향을 추측하게 하였다. 이러한 세밀한 부분의 지식은 현상에서의 사회복지실천가들의 평가능력을 제고시키고 궁극적으로 이주민대상 실천에서의 전문성을 향상시킬 수 있을 것이다.

　　북한이탈주민을 대상으로 하는 실천의 평가에서 점검해야 하는 후자의 요소로서 사회복지기관, 사회복지 실무자의 문화적 민감성에 대한 준비가 될 수 있다. 즉, 프로그램 제공자 입장과 실천가 자신의 평가라고 할 수 있는 것이다. 앞서 Lum(2004)에서 열거하였듯이, 이주민 혹은 특정한 민족배경의 클라이언트에 대응하기 위하여 문화적으로 민감한 서비스전달체계를 갖추었는지, 북한식 언어와 의사소통 유형에 지식을 갖춘 사회복지사를 확보했는지, 북한이탈주민의 남한사회 정착에 적합한 실천모형을 모색했는지를 고려해야 하고, 실천가 자신의 입장에서 그러한 북한이탈주민의 지역사회를 이해하기 위한 노력을 얼마나 했는지, 원조의 전문가로서 얼마나 공감적이고 개방적인 의사소통을 하려고 했는지, 북한이탈주민의 북한사회문화적 배경, 북한가족문화적 배경에 익숙해질 수 있는 충분한 시간을 할애했는지 등에 관하여 고려해야 할 것이다.

　　그러므로 평가는 북한이탈주민을 대상으로만 하는 것이 아니라, 과정전체 그리고 지원기관과 사회복지사의 자기평가도 포함하는 것이 중요하다. 충분히 예상하다시피, 북한이탈주민은 다른 기존의 클라이언트와는 달리 사회복지사가 쉽게 이해하지 못하거나 파악하지 못한 배경 및 특성이 존재할 수 있으므로 사회복지사나 원조기관의 접근방식에 있어서의 오류, 지식의 부족 등이 종종 발견될 수 있기 때문이다. 예를 들어, 남한사람도 익숙하지 않은 상담에 대하여 북한이탈주민은 잘 모르거나 이상한 선입견을 가지는 경우가 있을 수 있다. 실제로 사례평가에 의하면 북한이탈주민에게 순수하게 심리적 문제만을 위한 상담관계에 형성하여 개입한다는 것이 어렵다고 한다. 왜냐하면 프로그램 담당자들이 북한이탈주민들의 상담에 대한 인식이 '보이지 않는' '허황된 꿈을 꾸는 것'으로 되어있는 것을 미처 이해하지 못할 수 있기 때문이다. 많은 경우, 북한이탈주민은 남한사회의 현실에 생존하고 적응하기 위하여 현실적이고 물질적인 것을 목표로 상담에 임하는 경향이 많은 것이다. 심지어 정신건강을 위한 상담프로그램의 경우, 북한의 '49호 수용소'를 떠올릴 만큼 부정적 편견을 가지기도 한다(공릉새터민정착지원센터 II, 2006: 126). 이러한 구체적인 지식을 현장의 실천가들이 가능한 많이 확보하고 지식적 토대를 구축하는 자체적인 노력과 또한 이를 지식체계로 발전시키려는 학계의 노력이 보태져 문화적 민감성을 제고하는 실천이 되도록 하여야 한다.

□ 5-8장 참고문헌 □

Balgopal, Pallassana R.(2000), 'Social work practice with immigrants and refugees: An Overview', In Pallassana R.Balgopal(eds.), *Social work practice with immigrants and refugees*, Columbia University Press.

Ho, M. K.(1990), *Intermarried Couples in Therapy*, Springfield, IL: Thomas.

Nakanishi, M. & Rittner, B.(1996). 'Social work practice with Asian Americans', In D.F., Harrison, B. A. Thyer & J. S. Wodarski(eds.), *Cultural Diversity and Social Work Practice, Springfield*, IL: Thomas.

Ramakrishnan, K. R. & Balgopal, P. R.(1992), 'Linking task-centered interventions with EAPs', *Families in Society*, October, 73(8): 488-494.

Rothman, Juliet C.(2008), *Cultural Competence In process And Practice*, Pearson Education, Inc.

Segal, Uma A. & Mayada Nazneed S.(2005), 'Assessment of Issues Facing Immigrant and Refugee Families', *Child Welfare*. Vol.LXXXIV,

Segal, Uma A.(2002), *A Framework Immigration-Asians in the United States-*, Columbia University Press.

Zastrow, C.(1995), *The practice of social work*, Pacific Grove, AC: Brooks/Cole.

□ 9장 참고문헌 □

공릉새터민정착지원센터(2006), 『2006년 새터민 사업보고서I(신규 새터민 정착지원 사업), II(새터민 정신건강 지원사업), III(새터민 아동 청소년 지원사업)』, 공릉사회복지관.

김임태(2003), 『북한이탈주민의 특성과 사회적응지도 방안』, 통일부 하나원.

성숙진·유태균·이선우·이기영(2005), 『사회복지조사방법론』, 시그마프레스, Rubin, Allen & Babbie, Earl(2001), *Research Methods for Social Work*(4th ed), Belmont, CA: Wadsworth Publishing.

이기영(2007), 「클라이언트와 원조자의 갭(gap): 새터민 지원사례를 중심으로」, 『한국가족사회복지학회 춘계워크숍 발표 자료집』.

이기영·성향숙(2001), 「탈북자 가족구성원의 가족관계 인식에 관한 조사연구: 탈북자 가구주 및 그 배우자의 인식을 중심으로」, 『한국사회복지학』 47(가을): 243-271.

이기영·김임태·윤여상(2003), 『북한이탈주민 직업지도 프로그램개발 최종보고서』, 한국직업능력개발원.

Balgopal, P.(2000), *Social work practice with immigrants and refugees*. New York: Columbia University Press.

Collett, J.(2004), "Immigration is a social work issue", in Hayes, D. & Humphries, B. (Eds.), *Social Work, Immigration and Asylum: Debates, Dilemmas and Ethical Issues for Social Work and Social Care Practice*, Philadelphia, PA: Jessica Kingsley.

Fortune, A. E.(1987), "Grief Only? Client and social worker reactions to termination", *Clinical Social Work Journal*, 15: 159-171.

Fortune, A. E., Pearlingi, B. & Rochelle, C. D.(1992), "Reactions to termination of individual treatment", *Social Work*, 37: 171-178.

Lum, D.(2004), *Social work practice and people of color: A process-stage approach* (5th editon). Belmont, CA: Brooks/Cole.

Lum, D.(2003), *Culturally competent Practice: A Framework for Understanding Diverse Groups and Justice Issues*(2nd ed), Pacific Grove, CA: Brooks/Cole.

Miley, K. K., O'Melia, M. & Dubois, B.(2001), *Generalist social work practice: An empowering approach*. Boston: Allyn and Bacon.

Munoz, R. F.(1982), "The Spanish-speaking consumer and the community mental health center", In Jones, E. E. & Korchin, S.J.(eds.), *Minority mental health*. New York: Praeger. pp.362-398.

Sheafor, B. W., Horejsi, C. R. & Horejsi, G. A.(2000), *Techniques and Guidelines for Social Work Practice*(5th ed), Needham Heights, MA: Allyn and Bacon.

Szapocznik, J., Santisteban, D., Kurtines, W. M., Hervis, O. E., & Spencer, F.(1982), "Life enhancement counseling: A psychosocial model of services for Cuban elders", In Jones, E. E. and Korchin, S. J.(eds.), *Minority mental health*. New York: Praeger. pp.296-330.

Yu, Elina S. H., Zhang, Ming-Yuan, et al.(1987), "Translation of instruments: procedure, issues, and dillemmas", In Lui, W.T. (ed.), *Decade Review of Mental Health Research, Training and Services*, Pacific/Asian Mental Research Center. pp. 101-107.

IV

북한이탈주민 사례관리

10장 북한이탈주민 사례관리의 필요성__김선화
11장 북한이탈주민 사례관리의 과정__김선화
12장 북한이탈주민 사례관리의 실제__김선화

10 북한이탈주민 사례관리의 필요성

사례관리$^{case\ management}$는 사회복지실천에서 가장 포괄적인 측면에서 사용되는 서비스 전달을 위한 실천 방법이라고 할 수 있다. 클라이언트의 욕구 충족과 그들이 가진 문제들의 효과적인 해결을 위해서는 다양한 형태의 자원의 연계가 필요하다. 클라이언트는 내적·외적 에너지가 부족하거나, 충분히 개발되지 못한 상태에 있을 수 있기 때문에 그들의 욕구 충족과 문제해결을 위한 적절한 방법을 찾지 못할 수 있다. 따라서 사회복지사는 클라이언트의 문제해결과 욕구충족을 위해서 클라이언트와 긴밀한 관계를 유지하면서 필요한 자원들을 연계하고, 그 자원들을 클라이언트가 사용하는 과정 속에 개입하여 궁극적으로 클라이언트의 자발성과 능력을 고취하고 개발하여 욕구충족과 문제를 해결하도록 돕는 역할을 수행해야 한다. 이러한 과정을 사회복지실천의 가장 기본적인 과정인 사례관리라 할 수 있다.

사례관리는 지난 10년간 비전문직에 의해 수행되는 단순한 관료적 업무라는 인식으로부터 광범위한 지식, 기술, 자원을 필요로 하는 복잡하고 너무나 많은 것이 요구되는 개입방법이라는 인식으로 발전해 왔다. 다양한 모델이 존재하지만, 대부분의 사례관리자들은 자원조정자, 서비스 제공자, 계획가, 모니터, 지지자, 평가자의 역할을 하는 데 동의한다. 사례관리자의 초점은 치료나 서비스 제공이 아니다. 사례관리의 초점은 여러 단계를 통해서 클라이언트를 관리하고, 조정하고, 지도하는 것이다. 이러한 업무는 문제와 강점을 함께 정의한 초기 사정, 계획, 연계와 조정, 점차적인 변화에 대한 모니터링과 지지, 요약과 종결을 포함한다. 필요한 자원의 제공과 조정은 모든 사례관리에서 본질적이다. 그러한 자원들은 클라이언트에 의해 제시되는 특정 이슈에 따라서 다양하다. 그러나 사례관리자들은 전형적으로 사회지지 체계를 개발하고 환경 내의 스트레스 요인을 감소시키기 위해서 사회적 자원에 대한 접근을 필요로 한다(배태순 외, 2007: 148).

1. 사례관리의 개념

미국의 사회복지사협회(NASW, 1984)에서는 "사례관리는 서비스 전달체계 속의 요소들을 조정하고 연결하는 것으로서 개인의 욕구를 충족시키는 포괄적 프로그램이 확실히 이루어지게 하는 하나의 기제^{mechanism}"라고 하였다.

또한 사례관리는 "한 사람의 사례관리자가 복합적 욕구를 가진 클라이언트에게 다양한 서비스 자원(공급체계)을 연결시켜 클라이언트가 사회생활상의 어려움을 극복할 수 있도록 돕는 사회복지실천의 한 방법"이라고 정의하고 있으며, 이를 위해 "사례관리자는 일련의 과정을 통해 직접적 서비스 제공 기능과 서비스 제공자들 간의 연계활동 기능을 수행하게 된다"라고 하였다(정순둘, 2004: 13~14). 한편, 양옥경(1996)은, "사례관리는 서비스의 지속성, 연계성, 그리고 통합성이 절실히 요구되는 정신질환자들의 재활 및 사회복귀를 위한 매우 효과적인 방법론이며, 공식적이고 비공식적인 자원의 관계망을 조직, 조정, 그리고 유지함으로써 정신질환자들의 문제대처 능력 및 잠재력을 향상시키고, 그들의 다양한 욕구를 최대한 충족시키는데 있어 매우 유용한 접근으로 인식되고 있다"라고 하였다.

사례관리는 복합적(다차원적) 욕구를 가진 개인들의 기능과 복지의 향상을 위해 개발된 것으로 공식적 및 비공식적 자원과 활동의 네트워크를 조직하고 조정하며 유지하는 사회사업적 방법이라고 하였다(Moxley, 1989).

또한 사례관리는 비공식적 지원체계(가족, 친족, 친구 등)와 공식적 지원체계(국가 및 공공기관)가 보유하는 각종 자원을 통합하는 기능을 하며(Moore, 1987; Nelson, 1982), 구체적으로 Moore(1990)는 사회사업적 사례관리의 기능을 첫째, 외부환경에 적응할 수 있는 클라이언트의 잠재력을 최대화하고 둘째, 클라이언트와 가족이 여러 서비스와 지원체계에 접근하여 이를 활용할 수 있는 방법을 습득하게 하여 가족, 이웃, 친구 등 비공식적 지원체계가 클라이언트를 보조할 수 있는 능력을 최대화시키고 셋째, 클라이언트와 가족의 욕구를 충족시키는 데 공식적 도움체계의 능력을 최대화하는 역할들을 수행하는 것이라고 한다(이윤로, 2006: 278).

사례관리란 생태체계적 관점을 기반으로 만성적이고, 복합적인 문제를 가진 개인가족과 함께 일하면서, 그들과 자원제공자들의 기능을 향상시켜, 개인가족이 그들의 환경 속에서 자신들에게 필요한 서비스와 자원을 스스로 획득하여 사회적 기능을 원활히 수행할 수 있도록 돕는 체계적이고 통합적인 접근방법이다. 이를 위해 사례관리자는 크게 두 가지 측면-임상적 측면과 행정, 특히 조정 및 옹호 측면-에 관심을 갖는다. 따라서 사례관리자는 클라이언트나 가족을 대신하여 필요한 임상적 서비스를 제공함은 물론, 그들의 기능을 향상시키기 위해 필요한 자원을 획득하기 위한 팀 접근을 한다(2003, 권진숙).

2. 사례관리의 목적과 개입의 원칙

복합적인 욕구를 가진 클라이언트의 욕구 충족과 문제해결을 위한 공식적·비공식적 자원을 발굴 연계하는 과정 속에 개입하는 사회복지실천 방법론인 사례관리의 목적은 다음과 같다.

첫째, 서비스와 자원들을 활용하여 가능한 한 클라이언트 자신의 생활기술을 증진시킨다. 둘째, 클라이언트의 복지와 기능을 향상시키기 위해 사회적 망과 관련된 대인복지 서비스 제공자들의 능력을 향상시킨다. 셋째, 가능한 한 가장 효율적인 방법으로 서비스 및 지원을 전달하며 서비스의 효과성을 향상시킨다(Moxley, 1989: 21). 게하트[Gerhart]는 이러한 사례관리의 목적을 달성하고자 하는 사례관리의 개입 원칙을 다음과 같이 소개하고 있다(양옥경 외, 2003: 262~263에서 재인용).

① 서비스의 개별화
이 원칙은 클라이언트의 독특한 신체적·정서적·사회적 상황에 따라 각 클라이언트의 욕구에 맞게 서비스를 제공하는 것이다.

② 서비스 제공의 포괄성

이 원칙은 지역사회에서 클라이언트의 다양한 욕구를 충족시키기 위해 필요한 광범위한 지지를 연결하고 조정·점검하는 것이다. 이 때, 필요한 도움의 유형과 범위는 매우 다양하기 때문에 사례관리자 들은 지역사회에 존재하는 잠재적 지역사회 자원에 대한 철저한 지 식을 가지고 이를 활용할 수 있어야 한다.

③ 클라이언트의 자율성 극대화

이 원칙은 클라이언트의 선택에 대한 자유를 최대화하고 지나친 보호를 하지 않는 것을 의미한다. 이는 클라이언트의 자기 결정권을 가능한 보장하고자 하는 것이다.

④ 서비스의 지속성

서비스의 지속성은 사례관리자가 클라이언트의 욕구를 점검하여 서비스를 지속적으로 제공한다는 것이다. 즉, 1회의 단편적인 서비 스 제공이 아니라 클라이언트가 자신의 생활환경에서 잘 적응할 수 있도록 지속적으로 원해야 한다는 것이다.

⑤ 서비스의 연계성

이 원칙은 복잡하고 분리되어 있는 서비스 전달체계를 연결하는 것을 의미한다. 예를 들어 클라이언트에게 필요한 서비스가 여러 기 관에 분산되어 있을 때, 적절한 서비스를 받을 수 있도록 다른 기관 에 클라이언트를 의뢰함으로써 서비스가 연계되도록 하는 것이다. 이때 사례관리자는 다른 서비스 전달체계 간의 중개자 혹은 권익옹 호자의 역할을 한다.

또한, 사례관리는 비공식적 지원체계(가족 · 친족 · 친구 등)와 공식적 지원체계(국가 및 공공기관)가 보유하는 각종 자원을 통합하는 기능을 한다(Moore, 1987; Nelson, 1982). 구체적으로 사회사업적 사례관리의 기능은 다음과 같다. 첫째, 외부환경에 적응할 수 있는 클라이언트의 잠재력을 최대화한다. 둘째, 클라이언트와 가족이 여러 서비스와 지원체계에 접근하여 이를 활용할 수 있는 방법을 습득하게 하여 가족 · 이웃 · 친구 등 비공식적 지원체계가 클라이언트를 보조할 수 있는 능력을 최대화시킨다. 셋째, 클라이언트와 가족의 욕구를 충족시키는데 공식적 도움체계의 능력을 최대화하는 역할을 수행한다(Moor, 1990).

또한 사례관리의 첫 번째 목표는 일시적으로 취약한 상태에 놓여있는 클라이언트에게 제공되는 서비스의 질을 보증하는 데 있다. 두 번째 목표는 적절한 서비스나 기관이나 자원과의 연결을 촉진하는 것이다. 세 번째 목표는 가능한 한 가장 비용—효과적인 방식으로 서비스를 제공하는 것이다(kane, 1990; 이윤로, 2007: 278에서 재인용).

3. 사례관리 모델

황성철(2000)은 〈표 10-1〉에서와 같이 사례관리의 한국적 모형으로 단순형, 기본형, 종합형, 전문 관리형의 4가지 모델을 제시한다. 먼저, 단순형 모델의 경우 사례관리의 근본목적은 단순한 지역사회 자원의 연계에 있으며, 사례관리자 역시 중개자의 역할을 수행한다. 따라서 사례관리자가 담당하는 사례 수도 비교적 많은 편에 속하며, 지역사회와의 연계를 강조하므로 전문가 간 협의가 사례관리의 업무에서 중요한 부분이 된다. 전문가로서 사례관리자는 전문대 수준

<표 10-1> 사례관리의 한국적 모형

구분	단순형	기본형	종합형	전문 관리형
1. 사례관리의 근본 목적	지역사회의 자원과 서비스 연계	지역사회의 자원과 서비스 연계와 기초 상담, 조언	지역사회 자원과 서비스 연계, 심층상담 또는 치료	직접적·간접적 서비스 제공과 관리자로서 서비스 관리
2. 사례관리의 기능	욕구 인식 및 사정, 사례 계획과 서비스 연계, 서비스 점검	적극적 사례 발굴, 사정, 사례계획 및 개입, 서비스 연계, 상담, 서비스 점검	Rothman의 15개 기능을 수행	기본적인 사례관리 기능과 자원배분, 통솔, 의사결정 기능 포함
3. 사례관리자의 역할	자원과 서비스 중개자(broker)	중개자, 상담자, 교육자, 지지자, 서비스 점검자	자원 및 서비스 중개자, 상담 또는 치료자, 교육자, 클라이언트 옹호자	연계자, 상담자, 치료자, 교육자, 관리자
4. 사례관리자의 교육 및 전문성 정도	준전문가, 비전문가 (전문대 졸업자, 또는 훈련된 자원봉사자)	준전문가, 전문가 (전문대 졸업자, 또는 초년생 사회복지사)	전문가 (경력이 풍부한 선임 사회복지사)	특수분야별 전문가
5. 조직 내 사례관리자의 위치와 슈퍼비전	기존의 조직과 업무 수행 부서에서 수행, 전문가에 의한 엄격한 슈퍼비전	기존의 조직 내에서 수행, 경험이 많은 사회복지사의 슈퍼비전이 필요	독립된 사례관리 부서, 최소한의 슈퍼비전	독립된 팀 형성, 슈퍼비전이 필요 없음
6. 사례관리자의 담당 사례 수	비교적 많음	적절한 사례 (30사례 내외)	비교적 적은 사례 (10~20사례)	최소한의 사례 (10사례 미만)
7. 개별/팀 접근	팀 접근이 가능하나 주로 개별적 접근	개별적 접근	개별적 접근	팀 형성에 의한 접근
8. 사례관리자의 업무에 관한 자율성 및 권위의 정도	자율적인 결정권이 없음, 전문가와 협의 요망	어느 정도 자율성이 보장됨	자율적인 의사결정이 보장됨	전문분야별 자율성 보장 그러나 공동결정 요망

※출처: 황성철(2000: 8).

의 훈련을 받았다면 무방할 것으로 제안하고 있다.

다음으로 기본형 모델은 지역사회와의 단순 연계 모델을 넘어 직접적 서비스가 함께 제공되는 모델인데, 이때 제공되는 직접적 서비스는 단순한 기초 상담과 조언 수준에서 이루어진다. 사례관리자의 역할은 중개자에서 상담자·지지자로 확장되며, 담당하는 사례는 30사례 내외가 된다. 여기서는 전문가로서 사례관리자의 수준은 단순형과 비슷하다.

종합형 모델은 기본형의 골격을 유지하면서 직접 서비스 부분이 강화된 형태이다. 즉, 제공되는 직접 서비스로 심층상담과 치료가 있으며, 사례관리자의 역할은 중개자·상담자·지지자에서 치료자로 확장된다. 사례관리자는 전문가가 되어야 하는데, 자격요건은 경력이 풍부한 선임사회복지사가 된다. 사례관리자의 담당 사례 수는 집중적인 관리를 위해 10에서 20사례로 제한된다. 특히, 여기서는 로스만[Rothman]이 제안하는 사례관리의 기능을 수행하는 것이 중요한 사례관리의 기능이 된다.

끝으로 전문 관리형 모델은 종합형의 내용에 관리[management]의 개념이 추가된 모델이다. 즉, 직접적 서비스와 간접적 서비스가 모두 강조되면서 사례관리자의 역할이 관리자로 확장되는 것을 강조하는 모델이다. 이 모델은 팀 형성에 의한 접근을 강조하고 있으면서 담당 사례는 10사례 미만으로 제한하여 집중적인 사례관리가 되도록 하고 있으며, 사례관리자는 특수 분야별 전문가일 것을 강조한다(정순둘, 2005:79-81).

북한이탈주민들의 사례관리에 가장 적합한 사례관리 모형이 무엇인지에 대해서 아직 연구된 바는 없지만, 〈표 10-1〉에서 언급된 한국형 사례관리 모형에서는 '종합형'과 '전문 관리형'이 가장 적합한 모델이라고 할 수 있겠다.

북한이탈주민의 특성과 어려움[1], 문제의 복합성[2]을 고려할 때 정보의 제공과 서비스 연계 등의 중개자·교육자·지지자의 역할을 넘어선 자원공급과 서비스 모니터, 직접 서비스 제공과 치료를 위한 프로그램 진행 등의 직접적인 개입이 필요한 '종합형'이 필요하다.

또한 정신건강 상의 문제(PTSD와 우울과 불안 등)를 호소하는 북한이탈주민은 사례관리의 내용에 전문가집단의 팀 접근이 이루어질 수 있는 서비스 제공이 필요하다. 많은 수의 북한이탈주민들이 탈북과정과 남한 입국과정 속에서 정신적인 충격적 사건에 대한 경험(인권침해 상황-아사, 공개처형, 영아살해, 고문과 구타 등)이 있어 위기개입과 장기간 치료적 개입이 이루어질 수 있는 사례관리 개입이 필요하다.

일부 사례들에 대해서는 '기본형'을 적용하여 사례관리 서비스를 제공할 수도 있다. 일반적으로 앞서 언급한 바와 같이 '종합형'과 '전문 관리형'의 사례관리가 필요하지만, 이미 가족이 남한에서 정착하고 있거나, 다른 원조자들이 충분히 있거나, 개인적인 역량이 충분히 갖춰져 있거나, 해결해야 할 문제가 복잡하지 않을 경우에는 '기본형'의 사례관리가 이루어질 수 있다.

북한이탈주민의 사례관리를 실시하는 지역사회복지관에서는 정부의 초기사회적응 기관인 하나원 퇴소와 지역사회에 전입하는 과정에 개입하는 '정착도우미 사업'을 실시하고 있다. 정착도우미 사업 수행 과정에서 사례관리의 사회복지실천 방법론을 적용하게 되

---

1 60여 년의 남북 간의 분단에서 비롯된 북한이탈주민이 갖는 정치·경제·사회·문화적 차이에서 오는 어려움과 재북·탈북과정, 남한정착과정에서의 심리적·정신적·신체적인 어려움을 들 수 있다.
2 경제적 자립(직업훈련과 취업)의 문제, 건강의 문제(의료적인 문제), 교육의 문제(청소년들의 학교적응과 학업증진의 문제), 아동청소년들의 정체성의 문제, 가족 간의 문제(부부관계, 부모자녀 관계 등), 지역사회 안에서 남한주민과의 소통과 통합의 문제(주민 간 갈등 해소)등을 들 수 있다.

는데, 이 과정에서 모든 대상자에 대해서 초기 상담을 통하여 '기본형' 과 '종합형', '전문관리형' 으로 구분할 것에 대해서 잠정적인 확인을 실시할 수 있다.

4. 북한이탈주민 사례관리의 필요성

1) 북한이탈주민의 적응에서의 어려움(문제)

(1) 경제적인 어려움

북한이탈주민이 남한에 정착하는 과정에서 정부에서는 정착지원제도를 통하여 정착금이라는 현금지원(기본금과 정착장려금)과 주거(주거지원금)를 지원하고 있다. 정착금은 초기 정착과정에서 필요한 물품의 구입과 긴급한 생활상의 문제를 해결하기 위한 최소한의 지원금으로 남한에서의 삶을 살아가기 위해서는 스스로의 경제활동이 필요하다. 그러나 현실적으로 많은 수의 북한이탈주민들이 안정적인 경제활동을 하는데 어려움이 있다. 북한이탈주민들이 가진 기술의 한계와 신체적인 건강상의 어려움에 의한 근로능력의 부족과 오랜 분단기간 동안 갖게 된 남북한의 문화적인 차이와 생활습관의 차이 등은 지속적인 직장생활을 유지하는데 어려움을 갖게 하고 있다. 또한, 정부에서 초기정착과정에서 지원하고 있는 직업훈련프로그램들은 직업을 갖는 데 직접적인 도움이 되지 못하고 있다. 이러한 요소들로 인하여 많은 북한이탈주민들이 자활 · 자립을 위한 근로활동이나 취업에 어려움이 나타나고 있으며 많은 수의 북한이탈주민들이 국민기초생활수급자로서 생활하고 있다.

북한이탈주민들의 경제적인 어려움은 근로활동을 통한 수입의 안정화 부재도 원인이 될 수 있으며, 기본적으로 초기정착과정에서 높은 소비가 이루어지기 때문이기도 하다. 남한입국을 위해서 사용된 입국비용(브로커비용)과 건강회복과 치료를 위한 의료비용, 중국과 북한에 있는 가족들을 데려오기 위해서 사용되는 비용들은 많은 북한이탈주민들이 초기 정착과정에서 경제적인 어려움을 갖게 하는 요소로 작용하고 있다.

(2) 정서적인, 심리적인 어려움[3]

새터민들의 적응 애로사항을 묻는 질문에 대해서 경제적인 문제 22.7%, 외로움과 고독감 21.7%, 건강상의 문제 20.3%로 응답하였으며, 정신건강 관련 질문 중 육체적 · 정신적 · 충격적 사건 경험에 대한 질문에 대해 66.4%가 경험자라고 답하였다. 또한 이로 인한 스트레스도 87.2%가 받고 있는 것으로 나타났다.

조영아(2005)는 새터민의 우울수준과 남한사회 스트레스 경험에 대한 종단연구를 통해 3년 추적 연구 결과 전체적으로 새터민의 우울수준은 유의미하게 증가하였음을 확인하였고, 연령이 높은 집단, 북한에서 결혼 경험이 있는 집단, 건강이 나쁜 집단, 만성질환을 갖고 있는 집단이 그렇지 않은 집단에 비해 높은 우울수준을 보였음을 확인하였다. 또한, 노대균(2004: 57)의 새터민의 우울증에 대한 연구 결과에서도 거주기간이 3년 이상일수록, 직장이 없을수록 우울증상은 증가하고 있다고 나타났다.

이처럼 북한에서의 경험, 탈북과정에서의 경험, 제3국에서의 경험

---

3 김선화(2007), 「정착 초기 새터민 가족의 적응 과정」, 『한국가족사회복지학회 춘계학술대회』.

속에서도 정신건강에 영향을 미치는 어려움이 있지만, 남한사회 적
응 과정에서도 적응 스트레스 등으로 인하여 정신건강이 좋지 못하
여 우울 등의 심리적 불안정 증상이 나타는 것을 확인할 수 있다.
2006년에 통일부는 북한이탈주민후원회를 통하여 민간협력공동사
업으로 새터민 정신건강지원사업을 전국 새터민 밀집 지역의 지역
사회복지관과 지역기관 5개를 공모선정하여 사업을 실시하고 있으
나, 그 이전까지는 거의 이루지지 못했음을 알 수 있다. 또한 하나원
안에서의 심리안정과 정신건강 관련 교육시간이 증가하였음을 볼
수 있었다.

   정신건강 및 심리안정 지원은 이주민, 이민자 등 낯선 곳에서 새로
운 삶을 시작하는 사람들에게는 필수적인 영역이라 할 수 있으며, 특
히 새터민과 같은 특수상황 속에서 여러 경험자들에게는 지속적인
지원이 필요할 것이다.

(3) 건강상의 어려움

   2005년에 실시한 북한이탈주민 정착실태조사에 따르면(북한인권
정보센터, 2005) 응답자들의 건강상태에 대한 질문의 결과는 건강하
지 못함 49.0%, 건강함 25.0%로 응답되었고, 질병 수준도 연간 1인당
2개의 질환 발생이 되어 남한 평균의 2배로 나타났다. 질병 중 이환
율 높은 순위대로 살펴보면 위장질환, 관절염, 치과질환, 고혈압 · 저
혈압, 심장질환, 부인과 질환 순으로 나타났다. 북한이탈주민은 북한
의 취약한 의료실태에 따라 적절하게 질병에 대한 치료가 어려웠으
며, 부실한 영양상태로 인하여 기초체력이 취약하며, 탈북 이후 중국
및 제3국에서의 체류 과정 속에서 적절한 치료 및 건강관리가 이루
어지지 못해서 남한정착과정에서 어려운 문제로 가장 보편적으로

호소되는 문제가 건강의 문제이다.

(4) 남한 내에서의 지지기반의 부재

북한이탈주민은 사회적인 지지기반이 전무한 남한에서 새로운 삶을 시작한다. 자신이 태어나서 학교를 다니고, 또래 친구들과의 관계를 형성하고, 결혼하고, 직업을 가지면서 가족들과 동료들과 형성한 모든 관계들을 단절하고 떠나온 새로운 곳에서의 삶은 정착의 기본이 되는 지지기반을 새롭게 형성해야 하는 과제를 갖고 있다.

대부분의 북한이탈주민들이 남한에서 새롭게 형성해야 하는 관계들과 지지기반을 구축하는데 있어서 많은 어려움을 보이고 있다. 북한이탈주민들이 형성하고 있는 남한에서의 관계망은 종교기관, 사회복지기관, 시민사회단체와의 관계가 가장 기본적인 관계라고 할 수 있다. 또한 그들을 지원하는 공식적인 지원망이라고 할 수 있는 하나원, 보호담당관과 하나원에서 함께 생활했던 탈북동료 및 동향의 북한이탈주민들이라 할 수 있는 비공식적인 관계망을 들 수 있다. 이러한 취약한 지지기반은 남한의 정착과정에서 새로운 도전과 시작을 하는 데 부정적인 요소로 기능하고 있다고 할 수 있다.

(5) 청소년들의 적응 어려움

북한이탈주민 중 청소년들의 현황을 살펴보면, 일반학교(초·중·고) 재학 인원은 377개 학교에 966명으로, 2007년에 비해 40% 이상이 증가하였다(687명→966명). 이들 중 73%에 해당하는 701명은 수도권(서울, 경기, 인천) 소재 학교에 재학하는 것으로 나타났으며, 5명 이상이 재학하는 학교도 총 35개교에 달하며, 이중 22개교는 서울에 위치해 있었다(교육과학기술부, 2008년 4월).

북한이탈주민 청소년들이 남한 적응 과정에서 가장 크게 부딪히게 되는 어려움은 남북한 교육제도의 차이에서 오는 어려움이라고 할 수 있다. 지난 60여 년간의 분단의 시기 동안에 교육과 관련된 남북한 간 교류의 부재 속에서 많은 차이를 보이고 있는데, 개괄적으로는 학제의 차이(남한은 6-3-3, 북한은 2-4-6)와 교육과정의 차이(교육내용, 교과목 등), 교수용어, 교육문화의 차이를 언급할 수 있다.

새터민 청소년들이 남한 학생들에 비해 낮은 취학률과 높은 중도탈락률을 보이는 원인은 학교에 진학한 학생들의 학업적응 문제, 교우관계, 문화 및 연령의 차이 등을 들 수 있다. 새터민 청소년들은 오랜 기간 동안 북한 내 교육체제 붕괴로 인해 파행적 교육이 이루어졌으며, 탈북 이후 장기간 교육 기회 없이 시간을 보내게 되어 기초학습이 부족하며 남한과의 교육 차이에서 오는 어려움까지 더해져 더욱 어렵다고 할 수 있다. 또한 북한 및 제3국에서의 학력을 현 제도에서 인정하고 있으나 교육공백기간만큼의 차이로 인해 대개는 2~3년 정도의 낮은 연령대의 학생들과 함께 배정되어 학교적응이 더욱 어려운 상태에 있으며, 이러한 문제들로 인하여 대안학교 및 검정고시를 통하여 학력을 획득하고 상급학교로의 진학을 계획하고 있으나 이를 위한 충분한 지원도 부족하고 청소년기의 일반적인 어려움과 더불어 위에서 언급된 다양한 적응 과제들로 인하여 정신적인 스트레스가 극심한 상태라고 할 수 있다(김선화, 2007).

또한, 새터민 청소년들은 정체성의 혼란[4]도 경험하는데, 특히 또래집단 내에서 자신의 정체성을 어떻게 드러내는가가 학교 적응의 가장 중요한 문제라고 지적하고 있다. 새터민 청소년뿐만 아니라 새터

---

[4] 조정아(2007), 『함께 살기와 서로 돕기: 새터민 청소년의 학교생활 적응과 지원방안』, 한반도평화연구원, p.41.

민 모두가 경험하는 자신의 정체성의 혼란은 탈북 이후의 생활과 현재의 상황 등 각각에서 그들의 정체성을 명확히 하는 데 어려움을 갖고 있으며 그러한 상황 속에서 학교에서 접하게 되는 또래 친구들에게 자신에 대한 소개를 어떻게 할 것인가는 또 하나의 스트레스로 작용하고 있다. 또한 북한 출신임을 밝혔을 때 주변의 반응에 대해 그들이 감당할 수 있는 능력도 부족한 상황이라 어려움을 겪고 있다.

새터민 청소년들의 탈북 배경에서부터 국내 정착까지의 과정을 정리하면 짧게는 수개월에서 길게는 5~6년 사이에 새터민 청소년들의 처지는 수없이 변하게 된다. 즉, 탈북을 선택함과 동시에 제3국 체류와 국내 정착까지의 과정은 조국의 배신자(탈북시) → 밀입국자(제3국 체류시) → 불법취업, 불법체류(제3국 체류시) → 피의자(대성공사) → 교육생(하나원) → 수급권자(정착 지역) → 학교 및 사회 부적응자[5]라는 처지에 놓이는 것과 다름없다. 결국 새터민청소년들은 북한 출신임을 숨기거나 현재의 자신의 모습을 부정하는 등의 정체성 혼란을 겪게 되는 것이다(윤상석, 2007).

(6) 가족이 가진 어려움

① 부부관계상의 문제[6]

새터민 가족 중 부부관계의 특성을 살펴보면, 부부의 형성단계를

---

5 재북 당시 상황
6 김선화(2007), 「정착 초기 새터민 가족의 적응 과정」, 『한국가족사회복지학회 춘계학술대회』.

재북 당시 상황	제3국 체류시 상황	국내 정착시 상황
체제 낙오자, 배신자	밀입국자, 불법체류자	교육생, 수급권자
- 영양불균형, 신체왜소화 - 교육시스템붕괴 - 가족해체(사망, 행불) - 일시적 월경→탈북	- 조선족으로 위장 - 불안정한 환경에 장기 노출 - 북송시 처벌우려 기본권 포기 - 구세주와 같은 브로커	- 대성공사에서는 피의자 신분 - 하나원에서는 교육생 - 퇴소후 기초생활수급자 - 사회부적응, 문제집단화

살펴보는 과정에서 그 특성과 정착상의 문제적인 요소를 확인할 수 있다. 새터민 부부는 북한에서부터의 부부인 경우와 탈북해서 맺어진 부부로 크게 구분할 수 있고, 이들이 한국으로 입국하면서 그대로 이어지는 경우는 북한에서부터 현재까지 부부인 경우이고, 탈북 이후 중국 및 제3국 등지에서 맺어진 부부가 한국에서까지 부부로 이어지는 경우는 드물다.

그러나 최근 독신 여성들의 입국이 늘어나면서 일정 기간이 지난 이후 재중 자녀들을 데리고 오는 과정에서 아이들의 아빠인 조선족 및 한족을 초청하여 국제결혼 형태로 가족을 이루는 경우가 다수 발생하고 있다. 이렇게 형성된 부부의 한국에서의 적응 과정은 상당히 어려운 점이 많다.

대체로 남성보다는 여성이 취업에 용이한 조건을 가지고 있기 때문에 경제적인 지위가 높아진 여성이 한국에서는 무능력한 모습을 보이는 미취업 남성배우자에 대해서 갖는 인식의 변화가 발생하였다. 그러나 남성들은 여전히 가부장적인 태도를 보이며, 조선족남편들인 경우 과거 본인이 새터민 여성들의 생존을 보장해 주었다는 것에 기인하여 높은 위치로서의 자기 인식이 남아 있어 한국에서의 생활여건의 변화에 따른 성역할 변화의 필요성을 인식하지 못하고 있다. 이로 인해 부부간 갈등이 심화되고 있다. 현재 여성들의 근로내용은 노동 강도가 높고 하루 평균 10시간 이상의 노동을 해야 하기 때문에 집에 돌아와서 가사 일을 하거나, 자녀를 돌보기에는 현실적인 어려움이 있음에도 남편들의 지지와 협력은 부족한 편이다.

한편 남성배우자들도 한국에서의 부부관계와 여성의 사회적 지위에 대해서 대중매체를 통해서 확인하고는 있으나 오랜 습관들이 잘 바뀌지 않아서 스스로도 혼란을 겪는 것 같기도 하다. 그러나 대부분 남성들의 의식이 변화하지 않아 부부 간의 갈등이 심화되고 가정폭력으로 이어지기도 한다. 배우자와의 이혼을 생각하는 여성도 늘어가고 있고, 한국 입국 직후 재중 시절에 도와준 고마움 때문에 배우자 초청을 해서 국제 결혼한 것에 대해 실수라고 인정하면서 후회하는 경우도 발생하고 있다.

그러나 이러한 생각이 이혼 등으로까지 이어지는 경우는 많지 않아 갈등관계를 계속 가지고 생활하는 과정에 있다고 할 수 있다. 따라서 새터민 가족, 특히 부부관계에 대한 개입이 시급히 필요하다.

② 부모-자녀 간의 문제

새터민 가족에 있어서 부모자녀 간의 문제를 살펴보면 다음과 같다. 첫째, 남한사회의 적응과정에서 새터민이 받게 되는 편견과 다양한 사회제도의 부적응 현상 등이 가족 내 스트레스로 전이되어 구성원 간의 갈등이 발생하고 있다. 둘째, 북한사회에서 아버지가 갖고 있던 절대적 가부장적 권위와 새로운 사회문화적 질서에 빠른 적응을 보이고 있는 자녀들의 사고방식, 행태 등이 충돌하여 세대 갈등이 증폭되고 있다. 특히, 탈북 여성, 딸들은 북한에서의 여성의 지위와 달리 남한사회의 높아진 여권 의식을 가족 내에서 표출함에 따라 아버지와의 갈등을 종종 경험하고 있다. 셋째, 일반적으로 새터민의 부모들은 그 자녀들이 성장하여 비교적 높은 경제적 지위를 획득하기를 바라는 마음에서 진학 및 직업 진로 지도 시 자녀들의 의견보다는 본인들의 의견을 강권하는 경우가 많아 이로 인해 부모-자녀 간에 긴장관계가 발생한다. 넷째, 기본적으로 많은 새터민 청소년은 탈북 시기부터 불안정한 가족 구조를 갖고 있거나, 남한사회 적응과정에서 가족 해체를 경험하는 비율이 높아 정상적인 부모-자녀 관계를 기대하기가 어렵다. 다섯째, 부모-자녀 간의 관계에서 부모의 역할이 축소되고 있다(길은배, 2005).

③ 고부간의 갈등 및 원가족과의 갈등

젊은 여성의 경우 국제결혼을 통해서 조선족 배우자를 한국에 초청한 이후, 부부 간의 지위와 역할이 재중기간과는 다른 입장이 되면서 그들의 원가족과의 관계에서도 갈등을 야기하기도 한다. 한국에 입국한 조선족 배우자는 시간이 지남에 따라 그들의 가족도 한국으로 초청하여 하나의 집안을 이루면서 생활하는데, 이들이 한국에서 경제적인 독립을 하기는 상당히 어려우므로 결국에는 새터민 여성이 온 가족을 부양해야 하는 상황에 처하게 되면서 부부간의 갈등 외에 고부간 및 원가족과의 갈등도 야기된다(김선화, 2007).

④ 자녀 양육의 문제

새터민 가족에서 발생되는 문제 중 자녀 양육의 문제는 자녀들의 학업 및 학교 관련된 부분과 부족한 학업 보충의 부분, 부모역할혼란에 따른 적절한 양육이 이루어지지 못하는 점, 경제활동 등으로 방치된 아이들의 문제와 방치 장기화에 따른 ADHD 아동 문제로 정리해 볼 수 있다. 성인보다는 비교적 안정적인 사회적응이 이루어지는 대상층이 아동기라고 할 수 있다. 아동기는 청소년기보다는 환경에 대한 적응 속도가 빠르고 일정한 수준의 적절한 공급이 이루어지면 그것에 의한 성장이 잘 이루어지는 시기라 할 수 있는데, 새터민 아동들의 경우에는 적절한 환경 제공에 있어서 어려움이 있다. 비교적 자녀들의 교육에 대한 관심이 높고, 자녀들을 위해서 남한 입국을 결정했다고 하는 학부모가 많은 것을 볼 때 자녀들의 교육에 대해서 충실하고자 하는 마음은 있지만 그들의 여건상의 어려움으로 궁극적으로 자녀 양육과 자녀들의 안정적인 성장에는 어려움이 따른다. 아이들의 교육과 생활을 위해서 장시간 근로활동을 하기 때문에 어린 자녀들이 방과 후에 복지관 등의 서비스 외 시간에 방치되는 경우가 많고, 위생청결의 문제나 기본적인 학교 필요 물품들을 잘 준비해주지 못하고 있다. 또한 학업 보충을 위해서 부모가 학습을 보완해 줄 수 있는 능력이 없으며 남한의 교육제도 및 학교문화 및 생활에 대한 이해도도 낮기 때문에 스스로 부모로서의 자격이 없는 것 같다고 인식하여 자녀들에 대한 죄책감과 더불어 자신에 대한 자책감도 여성(모)인 경우 많이 느낀다고 한다. 아동기 자녀를 둔 경우 젊은 부모임에도 불구하여 강도 높은 노동과 낯선 곳에서의 자녀 양육은 초기 정착과정에서 심각한 스트레스 요인이 되어 이를 위한 지역사회 내의 지지기반 및 부모역할을 대신해줄 프로그램 제공이 반드시 필요하다(김선화, 2007).

북한이탈주민은 위에서 언급된 바와 같이 남한에서 정착하는 데 다양한 어려움을 겪고 있다. 북한에서의 심각한 식량난과 심각한 경제적인 상황에서 생활해 왔으며, 탈북과정에서 극심한 공포와 인권침해 상황을 경험하였으며, 제3국 등에서의 체류 기간 동안 은둔생활과 불안정한 신분에 따른 정신적·신체적으로 어려운 상황에 있었기 때문에 단순히 새로운 곳에서의 생활을 시작하는 이주민과는 다른 차원의 문제들과 정착의 욕구들을 가지고 있다.

북한이탈주민들을 위한 다양한 프로그램도 중요하지만 50여 년의 분단의 역사를 바탕으로 전혀 다른 이념과 사회·문화적 상황 속에서 생활해 온 북한이탈주민이 남한사회 안에서 적응하기 위해서는 이들과 지속적인 관계성을 유지하면서 이들이 지니고 있는 복합적인 문제에 대한 이해 속에서 다양한 자원동원과 지역사회 연계를 통해 문제해결을 돕는 등의 단계적 차원의 사례관리를 통한 개입이 필요하다.

11

북한이탈주민 사례관리의 과정

1. 사례관리 과정 개요

사례관리 과정은 학자마다 조금씩 용어의 차이가 있지만 대체로 공통적인 단계를 설명하고 있다.

시간적으로 사례관리를 전개하는 과정은 접수–사정–사례 목표 설정 및 서비스 계획 작성–계획 실시–모니터링 및 사후 관리–평가–종결로 이어진다. Moxley(1989)에 따르면 일반적으로 사례관리실천에서 사례관리자가 따르는 절차는 사정[assessment], 서비스의 계획[service planning], 실행[implementation], 모니터링[monitoring], 검토 또는 평가[review and evaluation]의 5단계로 이루어진다고 하였다. 이때, 연결[linkage]과 중재[brokering]의 기능이 강조된다(정순둘, 2006: 39).

북한이탈주민의 사례관리 과정도 여러 학자들이 공통적으로 제시

<표 11-1> 사례관리의 단계와 단계별 주요 과제

단계	사정	계획	개입	점검	평가
주요 과제	· 욕구사정 및 문제 사정 · 강점사정 · 자원사정 · 장애물 사정	· 상호간의 목적 만들기 · 우선순위 정하기 · 전략수립하기 · 최선의 전략 선택하기 · 방법 실행하기	· 연계와 조정 · 직접개입 · 간접개입	· 서비스 계획의 적절성 · 목표달성 여부 · 결과목표의 달성여부 · 계획의 변화가 필요한지 여부	· 클라이언트의 서비스 및 개입계획 평가 · 목적 달성 평가 · 효과성 평가 · 클라이언트 만족도 평가

하고 있는 단계를 중심으로 살펴보고 북한이탈주민을 대상으로 한 사례관리 과정에서 각 단계별 주요 내용을 소개하고자 한다. 각 단계는 사전단계로서 사례의 발굴과 초기 면담의 과정, 1단계는 사정, 2단계는 계획수립, 3단계는 개입, 4단계는 점검, 5단계는 평가의 단계로 구분하고, 사례의 종결과 사후관리의 과정을 소개하고자 한다. 각 단계별로 다루어야 할 주요 이슈의 내용은 기존 연구에서 제시된 틀 (권진숙 · 전석균 역, 1999; 김만두 역, 1993; 배태순 외, 2007: 131~135; 양옥경 외, 2003: 265~270)을 사용하고, 북한이탈주민에 적용한 각 단계별 주요 이슈를 살펴보고자 한다.

2. 사례 발견 및 초기 면담

사례발견이란 일정한 기준에 따라서 표적 집단에 있는 적절한 클라이언트를 확인하는 초기접수[intake]와 서비스를 찾지 못하는 잠정적인 클라이언트에게 접촉하는 사례발견[outreach]의 개념이다. 즉, 사례발견 체계는 서비스 욕구를 가지고 있는 모든 사람을 확인하여 등록하고, 이들이 지역사회로부터 서비스를 받을 수 있는지 혹은 서비스를

<표 11-2> 북한이탈주민 사례발굴 과정

구분	사례발굴 방법
신규 정착 북한이탈주민	· 정착도우미사업을 통합 사례발굴(하나원 퇴소 이후 지역사회로 전입하는 과정에서 직접개입함을 통하여 사례접촉 및 1년간의 정착지원 서비스 제공) · 정착도우미 사업 시행 기관 - 밀집거주 지역의 지역사회복지관 8개소 - 전국 차원의 대한적십자사
기존 정착 북한이탈주민	· 북한이탈주민 지원 관련 기관의 의뢰(신변보호 · 거주지 보호 담당관) · 북한이탈주민 아동청소년의 재학 학교 · 북한이탈주민 본인 신청 · 본 기관 서비스 이용 경험 북한이탈주민의 이웃 소개

받기를 원하는지를 사정한 다음 사례관리 과정의 대상이 되는지를 사정하는 것이다(최송식, 2008: 338).

북한이탈주민의 사례발견과 초기면담의 과정은 2가지 형태로 구분할 수 있다. 첫째는 정부의 민간위탁사업인 '정착도우미사업'을 통한 지역사회 내 신규 전입 북한이탈주민에 대한 개입이다. 둘째는 지역사회 안에서 일정기간 서비스를 수행하는 과정을 통해서 북한이탈주민 지원 관계기관 및 북한이탈주민 당사자와 주변의 북한이탈주민의 의뢰와 신청에 의한 접수이다.

서울 지역의 북한이탈주민 밀집 지역인 강서구, 노원구, 양천구에 위치한 지역복지관 내 '새터민정착지원센터' 들에서는 매월 이루어지는 하나원 퇴소에 맞추어 월 1회 이상의 지역사회로 신규 전입하는 북한이탈주민에 대해서 통일부로부터 '정착도우미사업'을 위탁받아 정착도우미를 배치하여 사례관리를 실시하고 있다.

정착도우미를 통하여 신규전입 북한이탈주민은 생활필수품을 구매하고, 지역사회에 대한 기초정보를 제공받으며, 정착 초기과정에 필요한 다양한 서비스를 제공받게 된다. 또한, 지역복지관 내 정착지

원센터에서는 신규 전입 북한이탈주민을 각 기관으로 초청하여 지
역주민으로서 환영하고 지역사회를 안내하고, 각 센터의 북한이탈
주민 지원 프로그램을 소개하는 행사[1]를 실시하게 된다. 이 과정에서
신규 전입 북한이탈주민은 사회복지사를 비롯한 그들을 지원하는
전문 인력들과의 최초의 접촉이 이루어지고, 사회복지사들은 각 사
례별로 초기 상담의 과정을 통하여 기초적인 정보파악과 북한이탈
주민의 욕구와 현재 상황에 대한 이해를 증진시킨다. 이후 사례회의
를 통하여 본 case의 사례관리대상자로 적합성 여부를 판단하게 되
고, 기본적인 정착 지원 과정인 1년간의 사례관리에 대한 계획을 수
립하게 된다. 사례별 특징에 따라서 계획의 내용과 개입의 범위를 구
분하게 된다.

기존 정착 북한이탈주민의 경우는 정착기초 과정을 거쳐서 남한
사회적응의 과정 중에 있는 경우로 대체로 단순한 수준의 서비스 욕
구와 문제해결 욕구보다는 보다 복합적이고 심화된 문제와 욕구를
가지고 있는 경우라고 할 수 있다. 따라서 사례관리의 개입 대상 북
한이탈주민의 남한사회 정착 시기를 확인하는 것이 중요하며, 그에
따라서 개입의 기본적인 방향 설정이 이루어진다.

북한이탈주민 사례관리 대상자의 선정과정에서 초기 몇 차례의
면접과정에서는 일반 사례와 다른 몇 가지 추가적인 정보를 파악해
야 한다. 정치 · 경제 · 사회 · 문화적으로 다른 환경에서 살아온 북
한이탈주민들은 이주민과 난민들에게 나타나는 어려움과 문제들이
있기 때문에 생리 · 심리 · 사회적 차원의 초기 정보 파악에 더욱 포
괄성이 필요하다고 할 수 있다. 초기 면접과정에서 신뢰관계를 형성

---

[1] 공릉복지관 새터민정착지원센터의 신규 북한이탈주민 환영프로그램은 'welcome union' 이며,
방화6종합사회복지관은 'Hi 방화' 이다. 한빛종합사회복지관과 가양7종합사회복지관에서도 규
격화된 프로그램을 가지고 있다.

<표 11-3> 북한이탈주민 사례관리 초기 면접의 주요 내용

단계	주요 과제	북한이탈주민 사례관리시 주요사항
초기면접	· 관계형성 · 신상정보 파악 · 욕구파악(기초적) · 문제상황 파악(개괄적)	· 탈북 원인 및 과정 · 탈북 이후 남한입국 전의 생활상태 · 재북시 생활 및 재북 가족 현황 파악 · 재북, 재중(在中)가족에 대한 계획 · 현재의 심리적, 육체적 상태 파악 · 향후 진로 계획 · 현재의 사회적 관계망

※출처: 김선화, 2004.

하는 것이 여느 대상자들보다도 중요하며 정보를 파악해 가는 과정에서 해당 정보의 내용이 변경될 수 있음을 고려하면서 초기정보를 파악해야 한다. 라포 형성이 부족한 경우, 깊은 신뢰가 부족할 경우 초기에 파악한 정보의 신뢰성이 다소 떨어지는 경우가 있기 때문이다. 북한이탈주민 초기 면접 과정에서 확인해야 할 주요사항은 <표 11-3>과 같다.

3. 사정 assessment

1) 사례관리에서의 사정에 대한 이해

사정은 잠재적 클라이언트의 미충족된 욕구를 해결하기 위해 목표를 설정하고 개입방법을 모색하기 위한 방법으로 앞 단계인 사례발견 단계보다 훨씬 복잡하고 심층적이며 다차원적으로 접근한다. 이 단계에서 사례관리자는 클라이언트와 관계를 확립하고 연속적인 서비스 계획을 위해서 사용할 수 있는 기초 자료를 개발한다. 클라이언트의 기능적 수준, 사회적 지지, 서비스 욕구, 그리고 서비스에 대

한 태도 등 개인에 대한 종합적인 평가를 제공하는 사정 혹은 지난은
사회사업실천에서 중요한 역할을 담당해 왔다(최송식, 2008: 340).

사정의 목적은 클라이언트가 원하지만 가지지 못한 욕구가 무엇
인지 그리고 클라이언트의 능력 부족 때문에 충족되지 못한 욕구는
무엇인지를 사례관리자가 찾아내는 데 있다. 사정을 토대로 사례관
리자는 욕구 충족을 위한 클라이언트의 능력을 증가시키고, 어떻게
욕구를 충족시킬지에 대해 또는 욕구 수정의 여부에 대한 계획을 세
우게 된다. 여기서 기억해야 할 중요한 것은 사정은 사례관리의 첫
단계로 끝나는 것이 아니라 사례관리자가 사례를 다루는 동안 지속
적으로 이루어지는 과정이라는 점이다(정순둘, 2006: 40).

2) 사정의 내용[2]

① 클라이언트의 능력과 대인 서비스 욕구에 대한 사정
교육 정도와 취업경험, 사회활동 정도, 문제해결 능력과 의사결정
능력, 개인적 자질과 성격, 물리적 · 재정적 자원 소유, 문제해결에
대한 동기와 의지 등에 대한 영역이다. 아울러 클라이언트의 영양상
태, 신체적 활동능력 등의 건강 상태에 대해서도 파악하여야 한다.

② 클라이언트의 사회적 망과 이러한 망 구성원들이 클라이언트의 욕구
   에 부응하는 능력에 대한 사정
비공식적 원조자들을 찾아내야 함은 물론 클라이언트들이 관계하
고 있는 사회적 지지체계에 대한 사정이 이루어져야 한다. 또한, 사
회적 망 구성원들이 클라이언트에게 도움을 줄 수 있을 정도로 동기

---

2 정순둘, 2006: 40-41.

화되어 있는지를 파악해야 한다. 사회적 망에 대한 사정은 사례관리 실천에서 매우 중요한 영역으로 간주된다.

〈그림 11-1〉 사정의 다양한 측면

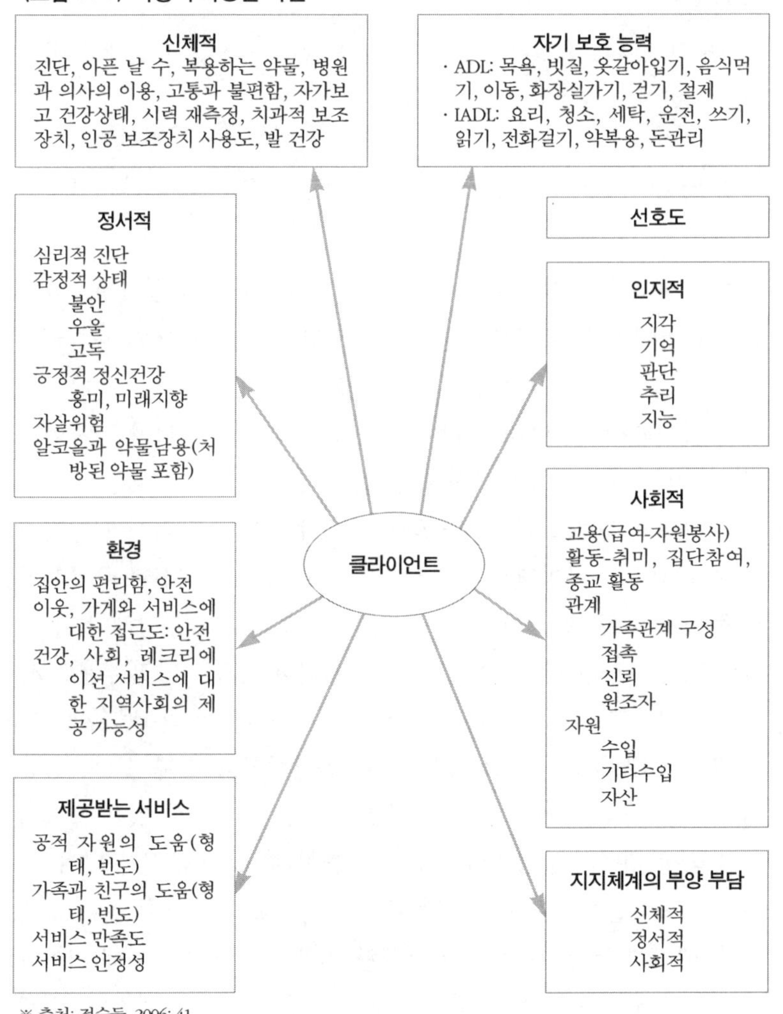

※ 출처: 정순둘, 2006: 41.

③ 대인 서비스 제공자에 대한 사정과 이들이 클라이언트의 욕구에 부응
   하는 가에 대한 사정

클라이언트의 욕구와 자원 제공자의 요구가 일치하는지를 파악하
는 것이 중요하다. 만일 일치하지 않는다면 일치시킬 수 있는 방법들
을 사정한다.

사례관리에서 사정은 〈그림 11-1〉과 같이 다양한 측면에서 이루
어져야 한다.

3) 강점 사정

최근 사회복지 실천에서 클라이언트의 문제 중심의 사정보다는
강점 관점에 의한 사정이 활발히 진행되고 있다. 일반적인 북한이탈
주민에 대한 우리 사회의 인식은 남한에 비해서 정치·경제·사
회·문화적으로 상당히 뒤떨어진 곳에서 경제적인 어려움과 여러
인권침해를 경험한 상태에서 생존을 위해서 입국했기 때문에 상당
히 결핍되고 약하고 다소 무능력한 수준에 있다는 생각이 지배적이
다. 사회적 소수자이면서 사회적 약자로서 보호의 대상과 극복해야
할 문제가 많은 대상자로서 남한사회에서 전적으로 부양해야 할 존
재로 보는 시각이 지배적이다. 그러나 이러한 시각도 일정 부분은 사
실에 근거한 판단이기도 하지만, 이는 북한이탈주민의 내적 에너지
와 강점에 대해서 전혀 고려되지 못한 판단이라고 할 수 있다. 북한
이탈주민이 여러 어려움을 극복하면서 남한에 입국한 것은 그들이
가진 내적 에너지의 강도와 수준을 가늠할 수 있는 근거가 되며, 다
수의 북한이탈주민은 자기 가치관이 분명하고 자존감이 높은 수준
이다. 따라서 북한이탈주민의 사례관리 과정에 강점 관점에 의거한
사정을 통하여 북한이탈주민이 가진 특성을 고려한 서비스 개입 계

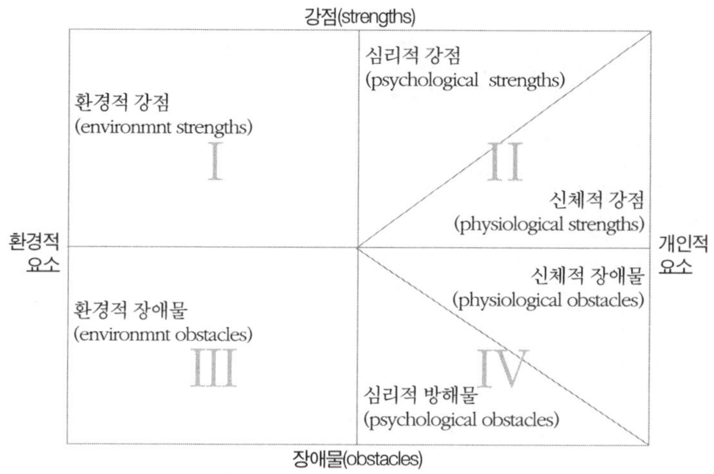

※출처: Saleebey, 1997: 69; 최송식, 2008: 347에서 재인용.

획이 수립되어야 한다.

Saleebey(1997)는 강점 사정의 틀을 강점과 장애물을 구분하고 환경적 요소와 개인적 요소를 통해서 나타나는 4가지의 차원인 환경적 강점과 심리적 강점, 환경적 장애물, 신체적 장애물로 구분할 수 있다. 〈그림 11-2〉에서 II의 영역은 개인의 강점으로 심리적·신체적 강점을 포함하고 있다. 심리적인 강점은 인지·정서·동기·대처 그리고 세부 영역으로 구분하고 있다. 신체적 강점은 노인 혹은 일부 개인에게만 특별히 존재하기 때문에 강점 목록에 포함시키지 않고 있다. 윗부분의 두 사분면은 잠재적 지지를 나타내는 반면, 아래의 두 사분면은 잠정적인 자원을 사용하는데 장애물이 되는 부정적인 힘을 나타낸다. 이중에서 II의 영역인 클라이언트의 강점 목록을 정리하면 〈표11-4〉와 같다(최송식, 2008: 347~348).

〈표 11-4〉 클라이언트의 강점 사정 목록(〈그림 11-2〉에서 II영역)

구분	내용
인지	· 문화 내에서 대부분의 사람들이 바라보는 시각으로 사람을 바라본다. · 문화적 · 인종적 관점에서 옳고 그름을 이해한다. · 자신의 행동이 다른 사람에게 어떠한 영향을 주는지, 다른 사람이 어떤 영향을 주는지 이해한다. · 통찰력이 있다. · 사물에 대한 생각의 차이에 개방적이다. · 이유가 타당하다. · 문제해결에 대안을 고려하고 숙고한다.
정서	· 격려하면 감정을 다루고 표현할 수 있다. · 친밀한 사람들에게 관심과 애정을 표현한다. · 자기-통제의 수준을 설명한다. · 충격적인 상황을 잘 조절할 수 있다. · 삶에 긍정적이다. · 희망적이다. · 정서의 범위가 있다. · 정서가 상황에 일치한다.
동기	· 문제가 생겼을 때, 숨기거나, 피하거나 부정하지 않는다. · 믿을 수 있는 다른 사람에게 문제 상황을 공유하고 도움을 구한다. · 문제 상황에 자신의 부분 혹은 역할에 대해 책임을 받아들인다. · 최근과 미래 상황이 향상되기를 원한다. · 다른 사람에게 의존하는 것을 원하지 않는다. · 더 나은 지식, 교육과 기술을 통해 자신이 향상되고자 한다.
대처	· 가족 위기를 조절하는 것을 지속한다. · 잘 조직화되어 있다. · 결정에 따른다. · 제한된 자원이라도 자원이 풍부하고 창조적일 수 있다고 생각한다. · 불공평에 복종하기보다는 스스로 맞선다. · 재정적 어려움에도 불구하고 빚을 갚으려고 시도한다. · 새로운 환경에 준비가 되어 있고 잘 조정한다. · 과거와 관련된 문제들을 성공적으로 잘 처리한다.
대인 관계	· 친구가 있다. · 친구, 가족구성원, 다른 사람들을 이해하려고 한다. · 사회적 역할을 적절하게 수행한다(예: 부모, 배우자, 아들 혹은 딸, 지역사회). · 사교적이고 우호적이다. · 신뢰할 만하다. · 가족과 친구와의 관계에서 협조적이고 융통성이 있다. · 다른 사람과의 관계에서 자기-확신이 있다. · 다른 사람들을 따뜻하게 수용한다. · 다른 사람의 감정을 돌보고 사랑을 받아들일 수 있다. · 예의바르고, 좋은 매너를 가지고 있다. · 좋은 청취자이다. · 자발적으로 자신을 표현한다.

북한이탈주민 사회복지실천론

구분	내용
대인 관계	· 인내심이 있다. · 다른 사람과의 관계에서 현실적 기대를 가지고 있다. · 유머가 있다. · 다른 사람과의 역할 수행에 있어 만족한다. · 다른 사람과의 관계에서 개인적 경계를 유지하는 능력이 있다. · 포기하는 능력을 설명한다. · 시간과 돈을 잘 쓴다. · 언어적으로 유창하다. · 야망이 있고 부지런하다. · 자원이 풍부하다.

※출처: Saleebey, 1997: 69~71; 최송식, 2008: 348~349에서 재인용.

4) 북한이탈주민 사례관리를 위한 사정

사정에서의 주요과제는 욕구와 문제에 대한 사정과 자원의 사정, 강점과 장애물에 대한 사정 등으로 구분할 수 있다. 북한이탈주민 사례관리를 위한 사정의 단계에서의 주요 과제는 북한이탈주민의 경험과 특성이 반영된 욕구와 문제 상황에 대한 정확한 사정이 중요하다. 남한이라는 새로운 곳에서의 사회적응과 정착이라는 중요한 과업이 있기 때문에 그와 관련된 욕구와 어려움(장애물)에 대한 사정과 더불어 북한이탈주민이 살아온 삶의 경험과 과정에서 축적된 강점도 사정하여 이후 단계인 북한이탈주민의 사례관리를 위한 구체적인 개입 계획을 수립하는 데 반영할 수 있어야 한다.

장애물 사정은 외부장애물, 선천적인 무능력, 내부 장애물로 구분할 수 있다. 외부장애물은 자원이 없거나 욕구를 충족시키기에 부적합한 경우와 자원이 일반적으로 유용하지만 클라이언트에게는 유용하지 않는 경우, 특정문제 등에 대한 적절한 자원이 없는 경우를 의미한다. 내부 장애물은 클라이언트가 가지고 있는 신념, 태도, 가치

등으로 필요한 도움을 찾거나 받아들이는 방식인 행동패턴을 결정
짓는다. 예를 들면, 잘못된 신념 혹은 행동패턴에는 비관주의, 비판
주의, 운명주의, 냉소주의가 있다(양옥경, 2003: 266).

　구체적으로 사정단계에서의 북한이탈주민의 사례관리의 과제를
살펴보면 〈표 11-5〉와 같다.

〈표 11-5〉 북한이탈주민 사례관리 사정의 주요 내용

단계	주요 과제	북한이탈주민 사례관리의 주요사항
사정	· 욕구사정 및 문제 사정	· 욕구와 문제 사정 - 건강(의료)의 문제, 교육적 문제(자녀교육 및 본인 교육에 대한 욕구), 취업(직업훈련 및 경제활동), 다양한 정보에 대한 욕구 · 주요문제사정 - 심리적 어려움과 정신건강상의 문제 - 가족관계적 측면의 어려움과 문제
	· 자원사정(공식적, 비공식 자원체계)	· 공식적 자원체계 - 보호담당관(신변,취업,거주지), 동사무소 - 하나원 전담관과의 관계 - 사회복지기관 및 NGO 기관의 실무자 · 비공식적 자원체계 - 가족 및 고향 이웃 - 탈북동기(하나원 및 재중 시 동거자), - 타지원 단체(교회 등)파악
	· 강점사정	· 다양한 문화적 환경에 대한 경험(북한 문화, 중국 문화 등) · 생존의 위협 속에서 극복한 경험 · 강한 생활력과 분명한 자기주장
	· 장애물 사정	· 대인관계에서의 장애물 - 언어의 차이(북한 말씨, 외래어 취약) · 취업 영역 - 남한 직업 영역에 적합한 직업기술 부족 · 내부 장애물 - 사회주의적 사고 체계(전체주의)와 행동양식 - 냉소주의와 비판적 사고 - 가부장적인 사고

4. 계획^{planning}

1) 사례관리에서의 계획에 대한 이해

사례관리에서 계획의 단계는 클라이언트의 욕구 충족과 문제해결을 위해서 사정단계에서 파악된 내용에 근거하여 해결과 성취를 위한 구체적인 계획을 수립하는 것을 의미한다. 개입계획을 수립하는 것은 사례관리자의 전문적인 판단과 실천적 경험을 바탕으로 해야 하지만(정순둘, 2006: 44), 클라이언트와의 협력적 관계^{partnership}가 중요하다. 클라이언트는 삶의 질과 환경을 개선하는 데 활용되는 다양한 강점과 자원을 가지고 있는 능력 있는 개인이다. 계획단계에서 사회복지사가 제안을 할 수 있고, 선택권을 비교할 수 있으며, 다른 방법들을 평가하고, 가장 효율적으로 보이는 방향을 지지할 수 있다. 그러나 사회복지사가 아니라 개별 클라이언트가 리더를 해야 한다. 클라이언트의 목표와 희망에 대한 분명하고, 정직하며, 개방된 토의를 필요로 하며, 또한 클라이언트의 목표달성에 방해가 되는 장애물에 대한 토의가 필요하다(배태순 외, 2007: 132).

계획의 단계에서 이루어지는 목표의 설정은 단기와 장기로 구분하여 설정할 수 있으며, 단기목표는 클라이언트의 현재적 욕구를 충족시킬 수 있는 영역에 대한 목표이며, 장기목표는 짧은 시간에 해결할 수 없거나, 여러 차원의 준비과정이 필요한 문제에 대해서 적용할 수 있다. 목표를 계획하고 수립하기 위해 주의해야 할 점을 살펴보면 다음과 같다(정순둘, 2006: 45). 첫째, 목표는 명료하게 세워야 한다. 목표가 명확하지 못하면 클라이언트의 진전 상황을 보고할 수 있는 근거가 없어지게 된다. 둘째, 실현 가능한 목표를 세워야 한다. 서비스 제공시간, 서비스의 종류·양·횟수 등에 대해 구체적으로 설정해 주는 것이 필요하다. 셋째, 클라이언트와 목표에 대한 동의가 이루어져야 한다. 사례관리실천 활동의 목표는 전문가에 의한 일방적인 결정보다는 클라이언트의 능력을 배양하고, 클라이언트로 하여금 스스로의 문제를 해결하게 하는 데 있다.

2) 북한이탈주민 사례관리를 위한 계획

북한이탈주민 사례관리를 위한 계획의 단계에서는 상호간의 목적(목표)세우기와 그에 따른 우선순위를 결정하고, 서비스 전략을 수립하며, 구체적인 방법에 대한 계획을 수립해야 한다. 또한, 사용가능한 자원을 어떻게 사용할 것인가에 대한 세부적인 계획도 수립해야 한다.

북한이탈주민에게 있어서 보편적으로 나타나는 장기목표는 남한 사회에서의 자립과 사회적응이라고 할 수 있으며, 단기 목표는 초기 정착과정의 성공을 위한 직접적인 차원인 취업과 생계유지, 자녀들의 교육, 건강상의 어려움 등을 꼽을 수 있다.

또한, 목표 달성을 위하여 구체적인 전략을 수립하는 가운데서 북한이탈주민과 상호 협력 하에 결정하는 것은 위에서 언급하였던 것처럼 상당히 중요하다. 북한이탈주민의 경우 사회복지 서비스에 대한 이용경험 부족과 남한사회에 대한 이해 부족 등으로 인하여 협력적 계획수립을 하지 않을 경우, 일방적이고 계획이 될 수 있으며 북한이탈주민은 이후 서비스 이용과 자원연계 과정에서 전혀 다른 반응을 보일 수 있기 때문이다. 구체적으로 계획단계에서의 북한이탈주민의 사례관리의 과제를 살펴보면 〈표 11-6〉과 같다.

<표 11-6> 북한이탈주민 사례관리 계획의 주요 내용

단계	주요 과제	북한이탈주민 사례관리의 주요사항
계획	· 상호간의 목적(목표) 만들기 　- 장기 · 단기 목표 설정 · 우선순위 정하기	· 장기목표: 사회적응 및 정착 · 단기목표: 생활안정, 기술취득, 취업, 아동청소년의 학교적응, 학업연장 및 진학, 기초실력증진
	· 서비스 전략 수립하기 · 최선의 전략 선택하기 · 방법 실행하기	· 이용 가능한 서비스(프로그램) 확인 및 기획(사회복지사 진행 프로그램 계획) · 서비스계획: 서비스 이용 회수, 방법 등에 대한 구체적인 계획 (아동공부방, 집단상담, 치료프로그램, 직업훈련 프로그램, 병원진료, 멘토링 등의 프로그램에 대한 이용계획 수립)
	· 자원계획 수립	· 자원봉사자 모집 및 배치 계획 · 연계기관과 서비스 의뢰 계획 및 연락 · 확보 가능한 자원 확보 계획 수립

5. 개입 intervention

사정이후, 구체적 개입을 위한 장단기의 목표 등에 대한 계획이 수립되면, 그 다음 단계로 이어지는 것이 구체적인 개입이라고 할 수 있다. 개입과정에서 사례관리자는 정보제공자, 교육자, 지원자로서 기능하기도 하며, 한편으로는 중개자와 옹호자의 역할을 수행하기도 한다. 클라이언트의 문제 상황과 욕구충족을 위한 구체적인 프로그램과 서비스에 주진행자로 역할을 수행하기도 한다.

개입은 클라이언트의 사회적 망, 혹은 대인 서비스 수혜자 중 어느 하나를 변화시키기 위해 고안된 개입을 전달하는데 집중하는 과정이다. 사례관리자는 두 가지 유형의 개입을 이용한다(Ballew & Mink, 1996). 첫째는 직접 개입으로 클라이언트 자신이 서비스에 접근하고 이용할 수 있는 능력과 기술을 향상시키도록 사례관리자가

<표 11-7> 북한이탈주민 사례관리 개입의 주요 내용

단계	주요 과제	북한이탈주민 사례관리의 주요사항
개입	· 직접개입 및 조정(상담 및 프로그램진행)	· 사회복지사의 프로그램 진행 - 각 주제에 맞는 프로그램을 진행(집단프로그램, 단기캠프 등) - 예: 아동 집단프로그램, 영화치료프로그램, 노인우울증 예방프로그램 등 · 지속적 상담(전화 및 내방)과 가정방문 - 프로그램참여시 불성실한 경우 많음. - 지속적 관리 필요(단기간서비스중요) - 가정방문
	· 간접개입 및 조정(자원연계/정보제공) · 옹호활동	· 관계기관담당자 간담회 · 자원봉사자 간담회

사용하는 개입기술을 의미한다. 직접적 개입으로는 클라이언트에게 자기표현의 기술을 가르치거나 자기옹호의 기술을 가르치는 것 그리고 위기 기간 동안 개입하는 것 등이 있다. 둘째, 간접적 개입으로 사례관리자가 클라이언트를 대신해 체계의 수행이나 행동을 변화시킬 때 사용하는 것으로 대인 서비스 제공자와 클라이언트를 연결하는 것, 서비스를 중개하는 것, 클라이언트의 욕구가 충족될 수 있도록 클라이언트를 옹호하는 것, 사회적 지원을 증가시키는 것 등이 있다(정순둘, 2006: 50).

북한이탈주민 사례관리에서 개입의 주된 내용을 살펴보면 <표 11-7>과 같다.

6. 모니터^{monitoring}

사례관리 과정에서 모니터의 단계는 점검의 단계로서 '서비스와 지원이 잘 이루어지고 있는가'에 대한 확인이 필요한 단계이다. 구체적으로 이 단계에서는 서비스 계획이 적절하게 진행되고 있는지에 대한 확인과, 클라이언트와 서비스 제공자 각각의 활동을 점검해야 한다. 또한, 이러한 서비스 제공과 실행의 과정이 계획대로 잘 진행되고 그에 따라 목표성취가 어느 정도 이루어지고 있는가에 대한 확인이 필요하다. 마지막으로 서비스 진행과정 중에 클라이언트의 욕구에 변화가 있었는지를 확인하고, 만약 변화하였을 경우 적절하게 개입의 내용이 수정·변경되었는지를 확인하여 궁극적인 목표달성이 이루어질 수 있도록 다각적인 확인 작업이 이루어지는 단계라고 할 수 있다.

점검의 단계에서 할 수 있는 질문들은 다음과 같다(Holt, 2000; 최송식, 2008: 353에서 재인용).

· 클라이언트의 상황이 변화하고 있는가
· 의뢰는 여전히 적절한 것인가
· 희망하는 결과가 달성되었는가
· 만약 희망하는 결과가 달성되지 않았다면 희망하는 결과를 향한 진전은 있는가
· 개입 계획은 수정되어야 하는가
· 사례는 종결되어야 하는가

이러한 점검 과정을 거치면서 제공된 서비스가 클라이언트의 욕구를 충분히 충족시켰다면 종결단계로 넘어가지만, 그렇지 않았다면 재사정 단계를 거쳐 목표 계획과 개입을 수정해야만 한다.

북한이탈주민 사례관리에서 모니터의 주된 내용을 살펴보면 〈표

<표 11-8> 북한이탈주민 사례관리 모니터(점검)의 주요 내용

단계	주요 과제	북한이탈주민 사례관리의 주요사항

모니터
(점검)
	· 서비스 계획의 실행 정도 확인
	· 클라이언트와 서비스 제공자 각각의 점검활동 필요
	· 계획이행 및 목표성취 정도
	· 욕구변화 사항
		· 서비스 제공자의 소진이 많이 발견됨
		- 클라이언트의 기질적 특성 및 환경적 차이
		  → 사고판단의 수준과 내용이 상이함
		  → 클라이언트와의 갈등 및 서비스 혼선
		  → 서비스 제공자 소진
		· 클라이언트의 변화상황이 다수 발견됨.
		- 취업상황, 가족성원, 거주지 등 수시변동
		  (→ 계획이행의 장애요인)
		- 서비스 이용 중단의 상황 발생빈도 높음
		- 욕구변화 상황이 다수 발생
		· 클라이언트와 서비스 제공자 간의 의사소통 정확도 확인

11-8)과 같다.

7. 평가[evaluation]

사례관리에서의 평가는 사례관리자에 의해 형성되고 조정되는 서비스 계획, 구성요소, 활동 등이 과연 시간을 투자할 만한 가치가 있는지 여부를 측정하는 과정이다(권진숙 · 전석균 역, 1999). 사례의 종결을 결정하기 위하여 평가의 과정을 거치게 된다. 사정과 계획수립, 이후 개입과 모니터 과정을 통해서 진행된 클라이언트의 욕구충족과 문제해결이 어느 정도 진행되었는지를 확인하는 단계가 평가의 단계이다.

평가의 단계에서는 클라이언트의 서비스 및 개입 계획에 대한 평가와 목적과 목표가 달성되었는지 여부, 그리고 개입의 과정 속에서 제공되었던 서비스 효과성에 대한 평가, 마지막으로 클라이언트의 만족도에 대한 평가가 이루어진다.

〈표 11-9〉 북한이탈주민 사례관리 평가의 주요 내용

단계	주요 과제	북한이탈주민 사례관리의 주요사항
평가	· 클라이언트의 서비스 및 개입계획 평가 · 목적 달성 평가	· 목적달성 정도 확인 - 미달성 목표에 대한 원인 규명 필요(점검 단계에서 잘 검토되지 못하면 목표 미달성이 많음→클라이언트의 인정이 필요) · 클라이언트에게 목표 성취에 대한 지지와 격려
	· 서비스 효과성 평가	· 서비스의 효과성 - 일반적 기준과 동일하게 적용하기 보다는 북한이탈주민의 특성을 고려한 효과성 평가가 필요
	· 클라이언트 만족도 평가	· 만족도 평가 - 객관화된 지표를 사용하기 보다는 대화의 과정을 통해서 진행하거나, 축소된 지표에 의거한 평가가 적절함.

북한이탈주민 사례관리 과정에서의 평가의 주된 내용을 살펴보면 〈표 11-9〉와 같다.

8. 종결과 사후관리

사례관리에서 종결은 어려운 부분 중의 하나이다. 만성적이고 지속적인 특성을 가진 클라이언트가 사례관리의 대상이기 때문에 종결을 결정하는 것이 매우 힘들다. 종결은 클라이언트와 원조망이 사례관리자에게 의존하지 않고 충분히 능력을 갖추었을 때 이루어지는데, 종결의 원인은 클라이언트가 주도하는 종결, 사례관리자가 주도하는 종결, 법원에서 내려진 결정, 그리고 기관의 정책 등이 있다 (최송식, 2008; 354).

Ballew와 Mink(1986)가 제시하는 클라이언트의 종결에 대한 준비

를 측정하는 지표는 다음과 같다. 첫째, 클라이언트가 혼자서도 문제를 해결할 수 있고, 결정을 내릴 수 있는 능력이 있는지를 보여줄 수 있어야 한다. 둘째, 사례관리자와의 파트너십에 대한 요구가 줄어들고 있는지의 표시로 그러한 행위가 나타나고 있는가를 보아야 한다. 셋째, 클라이언트가 사례관리 네트워크나 자원의 도움을 필요로 할 때 적절하고 효과적으로 사용할 수 있는가를 보아야 한다. 사례관리자의 도움 없이도 필요한 서비스에 대해서 스스로 요청하고 이용할 수 있는가를 확인하는 것이다(정순둘, 2006: 55).

12 북한이탈주민 사례관리의 실제

1.북한이탈주민 사례관리를 위한 자원

사례관리자가 접근해야 하는 필수적인 자원은 세 가지로 분류된다. 첫째, 사회적 자원$^{social\ resources}$으로서 사회지지체계를 개선하고 클라이언트체계 내의 스트레스 요인을 감소시키는 능력을 의미한다. 둘째, 정보적 자원$^{informational\ resources}$으로서 특히 의료서비스와 건강정보에 관련된 정보를 말한다. 셋째, 물리적 자원$^{physical\ resources}$으로서 경제적 원조와 주택과 같은 기본적 욕구를 의미한다(배태순 역. 2007: 137).

북한이탈주민의 사례관리를 위해서 사회복지사들은 다양한 자원을 발굴하고 각 대상자들에게 적합한 자원을 연계하고 이용하도록 독려해야 한다. 북한이탈주민들을 위해서 사회복지사들이 개발하고 관리해야 할 자원을 살펴보면 다음과 같다.

1) 사회적 자원^{social resources}

사회적 자원, 특히 적절한 사회지지체계는 사례관리의 필수요건이다. 가족과 친구들과의 직접적인 관계와 클라이언트에게 진정한 관심을 갖고 있는 전문가 네트워크가 존재하지 않는다면 사례관리는

〈표 12-1〉 북한이탈주민의 사회적 자원: 사회적 지지

구분		공식적(전문적) 지지 체계
일반적 경우		다른 사회복지사, 간호사, 의사; 성직자, 변호사, 교사
북한이탈주민		- 복지관(새터민정착지원센터) 사회복지사 - NGO의 담당자(사회활동가, 종교인) - 정착도우미(지역복지관과 대한적십자사에게 파견한 자원봉사자) - 종교기관의 성직자(개신교 목사, 천주교 수녀)

		- 하나원 공무원
		  (전담관, 상담심리사, 진로지도관)
		- 학교교사
		  (정규학교, 북한이탈주민 청소년대안학교, 한겨레학교)
		- 보호담당관
		  (신변: 경찰서형사/취업: 노동사무소/거주지: 자치단체공무원)

구분		비공식적(비전문적) 지지 체계
일반적 경우		형제, 아내, 남편, 이웃, 직장동료, 교회친구, 아니면 볼링리그의 팀원

북한
이탈
주민
	가족	- 가족: 배우자, 형제, 자녀
		  (가족전체가 남한에 있는 경우가 소수)
		  (가족의 해체와 재구조화 과정에서 지지체계로서 기능이 다소 부족)

	북한 이탈 주민	- 하나원 동기생 (하나원 입소시 함께 입소하여 2-3개월을 함께 생활한 북한이탈주민) - 북한이탈주민 이웃(밀집지역에 함께 거주하는 북한이탈주민) - 북한이탈주민 친목단체 회원(봉사단체, 축구단, 여성자조조직)
	자원 봉사 자	- 자원봉사자
	기타	- 교회 친구 및 관계자 (일반지역교회 및 북한이탈주민 다수가 다니는 교회의 북한선교회 관계자)

성공하기가 어렵다. 클라이언트들은 그들을 돌보는 사람들과 적극적으로 관계를 맺고 개인적으로 관련되어야 한다. 비공식적 지지체계는 형제, 아내, 남편, 이웃, 직장동료, 교회친구, 아니면 볼링리그의 팀원이 될 수 있다. 전문적인 공식적 지지체계는 다른 사회복지사, 간호사, 의사, 성직자, 변호사, 교사 혹은 그 밖의 많은 사람들이 될 수 있다(배태순 외 역, 2007: 137). 북한이탈주민은 사실상 사회적 지지체계가 거의 전무하다고 할 수 있다. 대부분의 북한이탈주민은 남한에서의 생활이 5년 이내라고 할 수 있기 때문에 남한 사람들에 비해서는 그들이 사용할 수 있는 사회적 지지 체계는 부족하다고 할 수 있으나, 사용가능한 지지체계를 살펴보면 〈표 12-1〉과 같다.

2) 정보적 자원^{informational resources}

사례관리에 필수적인 자원은 의료보호 정보^{medical care information}와 건강정보^{health information}이고 신체와 정신의 연결을 인정하는 총체적인 접근이 본질이며, 적절한 의료적 치료는 보호의 중요한 요소이다. 의료 보호에 대한 또 다른 필요는 생활의 질을 심각하게 손상시키는 잠재적인 통증, 고통, 질병의 효과와 관련되어 있다. 사례관리는 다면적이고 적극적인 접근이다. 생활의 모든 측면과 문제의 원인들이 주의 깊게 평가되고 아주 적극적으로 검토되어야 한다. 또한 사례관리자는 분명한 신체 문제가 있거나 행동, 통찰력, 감정, 시간 혹은 장소에 대한 인식이 심각하게 손상되어서 정신과나 다른 의료적인 주의가 분명히 필요할 경우에 의뢰의 필요성을 잘 인식하여야 하며, 신체적 · 사회적 · 감정적 문제가 복잡하게 상호연결된다는 것을 인식할 필요가 있다 (배태순 외 역, 2007: 142~143).

건강정보와 교육은 사례관리의 이러한 총체적이고 광범위한 노력

<표 12-2> 북한이탈주민의 정보적 자원

구분	의료보호정보	건강정보
내용	· 신체적 질병에 대한 정보 · 정신건강과 관련된 정보: 정신과 질병의 특징	· 정신건강 증진을 위한 정보 · 노인들의 건강한 생활 습관 정보

의 기본적인 자원들이다. 사회복지사들은 정기적으로 클라이언트에게 식습관과 수면습관이 규칙적인가를 묻고, 성적인 질병과 관련된 건강문제, 균형잡힌 영양의 필요, 일정한 수면유형, 건강개선과 저하에 관련된 활동에 대해서 교육을 해야 한다(배태순 외 역, 2007: 144).

북한이탈주민의 정보적 자원을 내용을 살펴보면 <표 12-2>와 같다.

북한이탈주민은 신체기능이 약화되어 있는 경우가 대부분으로, 탈북의 배경과도 연관되어 있다. 신체적 기능이 약화되어 있을 뿐 아니라, 질병에 대한 적절한 치료가 부족하여 치료와 관리가 필요한 질병을 갖고 있다. 또한, 남한의 의료체계와 신체건강과 관련된 기초정보가 부족하기 때문에 북한이탈주민을 지원하는 사례관리자는 신체적인 특징과 의료정보 등에 대한 인지적, 정보적 자원의 부족함을 파악하여 적절한 정보를 공급해야 할 것이다. 특히, 북한이탈주민은 정신건강상의 어려움에 많이 노출되어 있고, 정착초기 단계인 3년 이내의 경우 정신건강상의 어려움(우울, 수면부족, 술과 담배 등의 약물남용 등)이 많이 나타나므로 정착초기 단계에 중요한 개입의 영역이 되어야 한다.

경제적인 어려움이 있기 때문에 적절한 의료서비스 제공을 위한 지역사회의 의료적 자원을 동원하기 위해서 노력해야 한다. 의료보호 외의 의료 서비스에 대해서는 고가의 비용이 사용되므로 북한이탈주민들에 대한 별도의 서비스가 가능한 의료기관을 지역사회 내 또는 인근 지역 내에서 확보해야 하며, 특히 주요 질병의 치료를 위한 전문병원을 발굴하여 지역연계기관과의 협약 등 자원 확보의 노력이 중요하다.

3)물리적 자원 physical resources

경제적 원조, 주거와 같은 기본적인 욕구를 포함한다. 기본적인 인간의 욕구 충족을 위해 적절한 주거뿐만 아니라 음식이나 다른 필수적인 것 등 경제적 지원이 반드시 다른 어떤 서비스보다 우선 제공되어야 한다.

사례관리자들은 클라이언트가 독립적으로 경제적 자원을 개발할 수 있도록 원조해야 한다. 일부 인구집단에 대해 편견이 심하고 경제적 기회의 문이 닫혀 있는 사회에서 사례관리자들은 클라이언트가 기회를 찾을 수 있고 경제적 독립을 성취하는데 필요한 기술을 개발하거나 적어도 클라이언트에게 필수적인 원조를 제공해주는 자원을 연계해 주어야 한다. 옹호는 그러한 자원에 대한 접근을 제공해 주는 점차적으로 중요해지는 부분이라 할 수 있다. 어려운 경제상황에서는 정보원조와 취업과 같은 자원이 부족하다. 인종차별주의, 성차별주의, 장애에 대한 편견, 경험 부족이나 지식부족과 같은 이유 때문에 이미 불리한 위치에 있는 클라이언트들은 억압을 표현하고 정의를 요구하며 이러한 체계를 잘 알고 있는 옹호자의 지도를 필요로 한다(배태순 외 역, 2007: 147).

주거문제는 한 인간에게 안정되고 기본적인 지역사회의 구성요소가 될 수 있게 하며, 클라이언트의 삶의 안정성을 나타내는 중요한 표시이기 때문에 중요하다. 주거가 불안정할 경우 클라이언트는 삶이 혼란스럽고, 우울하고 긴장 속에 있게 된다. 대부분의 취약계층은 경제적인 어려움과 더불어 주거의 문제로 인하여 더욱 많은 어려움

<표 12-3> 북한이탈주민의 물리적 자원

구분	경제적 문제	주거 문제
내용	· 정착금과 주거지원금 · 「국민기초생활 보장법」에 의한 정착초기 6개월 생계급여 지원 · 민간단체의 경제적 지원(장학금, 긴급생계비 등) · 일상생활에 필요한 지원(식사, 밑반찬지원 등)	· 주거지원금에 의거 임대주택 제공

을 경험하게 되므로 사례관리자는 클라이언트의 주거문제에 대해서도 주의 깊게 개입해야 한다.

북한이탈주민에게 있어서의 물리적 자원의 상황을 살펴보면 〈표 12-3〉과 같다.

북한이탈주민에게 제공되는 정부의 정착지원 제도는 경제적 자원이 가장 큰 범주라고 할 수 있다. 그럼에도 불구하고 북한이탈주민의 정착의 어려움으로 보고되는 것은 '경제적인 어려움'이다. 이는 정착지원 제도에 대한 근본적인 제고의 필요성을 나타내주는 것으로 볼 수도 있지만, 기본적으로 수입보다는 지출이 많기 때문이다. 약 50%가 넘는 북한이탈주민들이 정착초기 단계인 3년 이내의 남한 거주 기간을 갖고 있으므로 안정적인 경제활동을 하기에는 다소 무리가 있기 때문에 사례관리자들은 북한이주민의 경제적인 어려움에 대해서 구체적이고 직접적인 개입이 필요하다.

경제적 자립을 위해서는 근로활동을 하도록 유도하는 일과 더불어, 근로능력이 없는 북한이탈주민들을 위한 경제적 지원이 가능한 다양한 방법을 확보하고 있어야 할 것이다. 북한이탈주민 정착금 지원 기관, 의료비 지원기관, 긴급생계비 지원 기관 등의 지원 기관 목록을 확보해야 한다.

2. 북한이탈주민 사례관리를 위한 서비스

북한이탈주민 사례관리를 위해서는 클라이언트의 내부 자원과 클라이언트에게 공급하고 이용할 수 있는 외부의 자원을 확보하는 것이 일차적으로 중요하다. 또한, 클라이언트가 가진 욕구충족과 문제해결을 위해서는 다양하게 공급되는 단순 이용 자원뿐만 아니라 특정 이슈를 다루는 프로그램을 이용할 수 있도록 지원해야 한다.

따라서 북한이탈주민의 사례관리를 위해서는 기관 내·외에서 공급 가능한 자원(서비스, 프로그램 포함)을 발굴할 뿐 아니라, 기관 자체적으로 프로그램을 진행할 필요가 있다. 북한이탈주민들이 가진 욕구와 문제에 따라서 제공해야 할 자원(서비스)은 다음과 같다.

1) 서비스의 내용

북한이탈주민이 초기면접과 사정을 통해 서비스의 목표 및 계획이 수립이 되면, 서비스 이용 등에 관한 계약을 하게 되고 〈표 12-4〉와 같은 서비스를 제공받고 이용하게 된다. 북한이탈주민의 사례관리의 최종적인 목적은 남한사회적응이라 할 수 있다. 초기 전입하여 일상생활전반에 필요한 지원과 더불어서 남한사회에서의 적응을 위한 제반사항들에 대한 계획과 개입을 통하여 개인의 잠재력을 개발하고, 내재되어 있는 장애물들을 제거할 수 있도록 지속적인 원조과정을 제공하는 것이라 할 수 있다. 〈표 12-4〉의 내용들은 이러한 사회적응과정에서 요구되는 제반서비스들이라 할 수 있고 이러한 서비스 내용들을 근간으로 하여 북한이탈주민 지원사업을 실시하는 지역사회복지관에서는 구조화된 사업과 더불어 사례관리를 실시하고 있다.

〈표 12-4〉 북한이탈주민 사례관리 서비스 내용

표출된 문제	서비스 내용
개인 · 가족상담	· 전문자원봉사자 및 사회복지사에 의한 상담 · 다양한 영역에서의 전문가 연계 상담 · 가족 관계적 어려움에 대한 상담(자녀교육상담)
정신건강 및 개인내적인 심리적 어려움	· 정신건강 회복을 위한 치료 프로그램(영화 · 독서 · 음악 · 미술치료) · 정신건강 예방 교육 및 프로그램 · 탈북 과정 속에서의 심리적인 상처 및 문제 상담
남한사회적응 문제	· 교육 프로그램 개설(국어 및 외래어교육-한문,영어) · 개인 욕구별 사회적응프로그램 실시 · 지역주민들과 어우러질 수 있는 연합행사
정보안내	· 복지관의 소식지 배포 · 북한이탈주민들의 정보안내서 발행 · 북한이탈주민들을 위한 정기 소식지 발행
자녀교육문제 및 본인 교육문제	· 복지관 내 사회교육 프로그램 무료 이용 · 개별학습지도자 배치 · 학습능력 및 성격유형검사를 통한 정서적인 지원 · 학교생활적응에 관한 지원(교사상담 등) · 학력인정과 진학을 위한 검정고시 준비 지원 & 재외국민특별전형에 대학입시 준비 지원
의료적 문제 (질병, 건강관리)	· 복지관 연계기관에서의 무료진료 · 병원내 의료사회사업가 연결을 통한 병원비 감면 · 간호사 방문 의료서비스 / 이동목욕서비스
취업 및 진로 문제	· 취업 및 진로관련 상담과 구직활동 지원 · 취업담당사회복지사 연계 부업, 취업알선 · 취업희망자들의 유형별 기본소양교육 · 취업기관 관리(직장생활적응지도, 고용주 면담)
경제적 문제	· 결연 후원자 연결(장학금, 생활용품지원, 질병치료비 등) · 초기전입자생활필수품(가구, 생활소모품, 화장품, 의료, 식료품 등) · 교육프로그램 무료이용
취미 · 여가생활문제	· 복지관 및 노원구내의 취미여가프로그램 실시기관 안내(사회복지관 및 사회체육기관, 자원봉사센터 등)

※출처: 김선화, 2004.

3. 북한이탈주민 사례관리의 주요 대상

북한이탈주민 전부가 사례관리 서비스를 필요로 하지는 않는다. 복합적인 문제, 복합적인 서비스를 필요로 하는 주요 대상들과 특정한 시기(정착의 초기) 또는 일정기간 동안 서비스가 필요한 대상자들이 사례관리가 필요한 대상자라고 할 수 있다.

상당수의 북한이탈주민은 지역사회에서의 정착 초기 단계는 사례관리가 반드시 필요하다. '정착도우미제도'를 통하여 정착초기 과정인 1년 동안 정착도우미가 밀착된 기초 서비스를 제공하는 인력으로 활동한다. 사회복지사는 정착도우미를 매개로 하여 정착초기의 북한이탈주민들을 기본적으로 사례관리하며, 정착도우미가 다룰 수 없는 전문적인 문제(정신건강, 심리상담, 가족치료, 진로취업, 교육문제 등)에 대해서 개입하여 서비스를 제공한다.

또한, 남한사회에서의 정착 시기와 무관하게 각 대상자들이 가진 복합적인 문제와 다양한 욕구로 인해서 사례관리가 필요한 대상자들이 있다. 구체적으로는 아동과 청소년, 여성, 노인, 정신건강상의 어려움이 있는 북한이탈주민으로 구분할 수 있다. 이러한 대상자들은 각 대상자 1명이 사례관리의 주요 대상이지만, 생태체계적 관점에 의거하여 각 대상자들의 가족과 지역사회 등의 환경체계에 대한 사정과 개입이 이루어질 수 있는 가족중심의 사례관리를 실시해야 한다.

〈표 12-5〉에서 보는 바와 같이 각 주요 대상자들은 그들이 가진 정착에 관한 필요 욕구와 당면한 어려움을 극복하기 위해서는 집약적이고 포괄적인 사례관리를 통한 서비스 제공이 필요하다.

<표 12-5> 공릉종합사회복지관의 북한이탈주민 사례관리 대상자 유형

구분 (가족/개인)	대상 & 서비스 issue	
	구분	내용
신규 전입 새터민	대상	· 노원지역사회 초기 전입 새터민(1년간 실시)
	서비스	· 정착초기 욕구 및 문제해결(의료, 취업, 교육) · 초기정착지원 서비스(도우미연결, 지역사회소개) · 다양한 자원 소개 · 정서적 지원
정신건강지원 새터민	대상	· 정신장애인 진단 사례 · 심리적인 어려움을 호소하는 사례
	서비스	· 심리상담과 사례관리(정기상담/의료지원/경제적 지원/ 일상생활관리)
아동 · 청소년 새터민	대상	· 본 기관 이용 아동 청소년(공부방과 학습 멘토링)
	서비스	· 가족개입/학습지원/경제적 지원/자원연계지원 · 진로지원
노인 새터민	대상	· 정착시기와 무관하지만 필요 노인
	서비스	· 일상생활지원/정서적 지원/우울증 예방프로그램/경제 적 지원/문화체험지원
여성 새터민	대상	· 단독여성 또는 자녀양육에 어려움을 가진 여성 · 부부관계에 어려움이 있는 여성(폭력 등)(자활자립/자 녀양육에 관한 욕구가 큰 경우)
	서비스	· 취업지원(직업훈련연계) · 자녀양육에 필요한 정보 및 재정지원 · 의료적 지원 · 법률적 지원 · 부부관계 및 의사소통 관련 지원

※출처: 공릉종합사회복지관, 2007.

□ 10장 참고문헌 □

권진숙(2007), 『사례관리 이론과 실제』, 공동체.
길은배(2003), 『북한이탈 청소년의 남한사회 적응 실태 및 지원 방안 연구』, 한국청소년개발원.
김선화(2007), 『정착 초기 새터민 가족의 적응 과정』, 한국가족사회복지학회 춘계학술대회.
김선화(2006), 『새터민을 위한 지역사회 정신건강지원 모형의 개발 워크샵 자료집』, 공릉종합
　　사회복지관·아름다운생명.
김선화(2004), 「지역사회복지관의 북한이탈주민지원사업 평가」, 『지역사회중심의 북한이탈주
　　민지원 사업의 전망』, 북한이탈주민지원민간단체협의회 워크숍.
김선화(2002a), 「2002년도 해외 탈북자 문제의 회고와 전망」, 『북한이탈주민지원 민간단체협
　　의회 심포지엄 자료집』, 북한이탈주민 지원 민간단체협의회.
＿＿＿＿(2002b), 「지역사회복지관의 북한이탈주민 지원현황 및 향후 전망」, 『북한이탈주민지
　　원 민간단체협의회 심포지엄 자료집』, 북한이탈주민 지원 민간단체협의회.
＿＿＿＿(2001), 「북한이탈주민 정착지원을 위한 공릉복지관 서비스 안내」, 『북한이탈주민 지원
　　지역협력체계 구축 워크숍 자료집』, 서울여자대학교·공릉종합사회복지관.
배태순·최명민·김영미 역(2007), 『전문 사회복지실천 기술』, 시그마프레스.
북한인권정보센터(2005), 『2005년 새터민 정착실태 연구』, 통일부 용역연구 보고서.
서울시정개발연구원(2005), 『서울시 거주 새터민 정착실태 분석과 정착지원 정책』.
안혜영(2000), 『북한이탈주민의 남한 사회 적응과 사회복지적 대응에 관한 연구』, 이화여자대
　　학교 박사학위논문.
엄경남(2001), 『탈북 청소년의 남한사회 적응에 관한 연구 -심리 사회적인 측면을 중심으로』,
　　서울여자대학교 석사학위논문.
엄명용(1999), 『탈북자의 사회적응 지원을 위한 종합형 사례관리모형의 제시와 그 실천」, 『한
　　국사회복지학회』, 37.
윤상석(2007), 「새터민 아동청소년의 이해」, 『SSNI 인턴실습 사전교육 자료집』, 그리스도대학
　　교 특성화사업단.
윤여상(2002), 『북한이탈주민 급증에 따른 정책대안, 국가전략』, 한국정치발전연구소.
이금순(2006), 「북한이탈주민 문제해결 거버넌스 실태조사」, 『한반도 평화번영 거버넌스의 실
　　태조사-하』, 통일연구원.
이기영(2003). 「북한이탈주민의 남한주민과의 교류실태 및 통합수준: 질적 연구조사 결과」,
　　『2003년 학술대회 자료집』, 북한이탈주민 지원 민간단체협의회·연세대학교.
＿＿＿＿(2002), 「북한이탈주민 사회적응을 위한 지역복지관의 프로그램 현황과 개선방안」,
　　『2002 탈북가족지원사업 세미나 자료집』, 태화기독교사회복지관.
＿＿＿＿(2000), 「탈북자 가족의 남한사회 적응과정」, 『한국사회복지학회 추계학술대회 자료집』.
이윤로(2006), 『사회복지실천기술론』, 학지사.
정순둘(2006), 『사례관리실천의 이해 -한국적 경험』, 학지사.
조영아·전우택·유정자·엄진섭(2005), 『북한이탈주민의 우울예측 요인: 3년 추적 연구』, 한
　　국상담심리학회.
조정아(2007), 「함께 살기와 서로 돕기: 새터민 청소년의 학교생활 적응과 지원방안」, 『'새터
　　민 청소년 교육 - 우리의 미래다' 제3회 한반도평화포럼 자료집』, 한반도평화연구원.
최송식(2008), 『지역사회정신보건과 사례관리 실천』, 공동체.
황성철(2000), 『부천시 장애인 복지관 사례관리 교육교재』.
Kane, R. A.(1990), 'The relevance of case management', In B. S. Fogel, A. Furino & Gottlieb
　　eds., *Mental health policy for older American*, Washington, DC: American Psychiatric
　　Press, pp. 201-202.
Moore, S. T.(1990), 'A social work practice model of case management: The case management
　　grid', *social work*, 35: 444-448.

□ 11장 참고문헌 □

권진숙 역(2004), 『사례관리 개념과 기술』, 학지사.
권진숙(2007), 『사례관리 이론과 실제』, 공동체.
권진숙·전석균 역(1999), 『사례관리』, 하나의학사.
김만두 역(1993), 『사례관리 실천론』, 홍익제.
김선화(2004), 「북한이탈주민의 사례관리」, 『침례신학대학교 사회복지학과 10주년 기념 학술
　　　대회 자료집』, 침례신학대학교.
김통원·김용득(1998), 『사회복지실천 사례관리』, 도서출판 지성.
부천오정구노인종합복지관(2007), 『사회복지실천현장 사례관리 적용과 이해』, 학현사.
서울복지재단(2005), 「사례관리 실천방법」, 『사회복지 프로그램 매뉴얼 개발 연구』.
양옥경 외(2003), 『사회복지실천론』, 나남출판.
이윤로(2007), 『사회복지실천기술론』, 학지사.
조미숙 외(2006), 『사례관리』, 창지사.
Moxley, D. P. (1989), *The Practice of Case Management*, Sage Publications: The International
　　　Professional Publishers.
Hepworth, D. H & J. A. Larsen(1997), Direct Social Work Practice : *Theory and Skills*. Pacific
　　　Grove:Brooks/Cole. 배태순 외 역(2007), 『전문사회복지실천기술』, 시그마프레스.
Lambert Maguire(2002), *Clinical Social Work: Beyond Generalist Practice with Individuals,
　　　Groups, and Families*, Brooks.cole.
Saleebey, D.(1997), 'The Strength persperctive in social work practice: Extensions and
　　　cautions', *Social Work*, 41: 296-305.
Holt, B. J.(2000), *The Practice of Generalist Case Management*. Allyn and Bacon : Needham
　　　Heights, M.A, 최송식(2008), 『지역사회정신보건과 사례관리 실천』, 공동체
Ballew, J. R. & Mink, G.(1996), *Case Management in social Work* 2nd Ed., The Charles C.
　　　Thomas, Publishr, Ltd.

□ 12장 참고문헌 □

공릉새터민정착지원센터(2007), 『새터민 사례관리 지침서』, 공릉종합사회복지관.
권진숙 역(2004), 『사례관리 개념과 기술』, 학지사.
권진숙(2007), 『사례관리 이론과 실제』, 공동체.
김통원·김용득(1998), 『사회복지실천 사례관리』, 도서출판 지성.
부천오정구노인종합복지관(2007), 『사회복지실천현장 사례관리 적용과 이해』, 학현사.
서울복지재단(2005), 『사회복지 프로그램 매뉴얼 개발 연구 -사례관리 실천방법』.
양옥경 외(2003), 『사회복지실천론』, 나남출판.
이윤로(2007), 『사회복지실천기술론』, 학지사.
조미숙 외(2006), 『사례관리』, 창지사.
Moxley, D. P.(1989), *The Practice of Case Management*, Sage Publications : The International
　　　Professional Publishers
Hepworth, D. H & J. A. Larsen(1997), *Direct Social Work Practice : Theory and Skills*. Pacific
　　　Grove: Brooks/Cole. 배태순 외 역(2007), 『전문사회복지실천기술』, 서울:시그마프레스
Lambert Maguire(2002), *Clinical Social Work: Beyond Generalist Practice with Individuals*,
　　　Groups, and Families : Brooks.cole.

V

북한이탈주민 정착 이슈와 프로그램 사례

13장 개인에 대한 개입방안과 실천 사례__김현경
14장 가족에 대한 개입방안과 실천 사례__한성심
15장 지역사회에 대한 개입방안과 실천 사례__김선화

13 개인에 대한 개입방안과 실천 사례

1. 유아

정병호 외(2006: 121~217)에 따르면, 가족단위 탈북이 증가하면서 부모와 함께 북한을 탈출하게 되는 유아들도 증가하는 추세이다. 1999년부터 2003년 말까지 남한에 입국한 북한이탈주민 유아(3~7세)는 약 50여 명이다. 유아들 역시 성인 이주자처럼 새로운 사회에 적응해 나가야 하는 동시에 발달과 정체성 형성이라는 고유의 과제를 갖는다. 하지만 유아기의 독특한 발달과 특성을 고려한 북한이주 유아 연구는 극히 희소하다. 통일부는 1999년부터 북한이탈주민 정착지원 사무소인 하나원을 경기도 안성시에서 운영하면서, 특히 2001년부터는 유아(3~7세), 아동(8~14세), 청소년(15~20세 전후)의 특성을 고려하여 하나원 내에 '하나둘학교'를 세워 운영하고 있다.

본 영역에서는 유아의 언어능력발달, 정체성 혼란, 정신건강, 또래 관계를 중심으로 고찰해 보고자 한다. 이러한 고찰에 앞서 탈북 이전의 삶의 시기가 상대적으로 짧고 탈북을 스스로 선택할 능력이 없었던 유아들의 경우, 새로운 사회에서 잘 적응할 것이라는 막연한 기대로 인해 탈북이 있기까지의 경험과 새로운 사회로의 적응 사이의 연계과정이 간과될 수 있음을 염두에 둘 필요가 있다. 발달과정 상 유아기가 인생의 가장 예민한 시기임을 고려할 때 유아들의 탈북이전–탈북시기–망명기의 경험에 대한 이해를 전제로 해야 할 것이다.

1) 언어능력발달

북한이탈주민들은 중국에서 북조선인임을 숨겨야 하며, 거친 노동과 닥치는 대로 막일을 하며 생계를 연명하거나, 중국 공안에 잡힐지도 모르는 공포와 불안에 시달리게 되는데 이러한 생활은 유아의 삶에 직접적인 영향을 미치게 된다. 언어발달이 거의 완성되는 2~3세경에 유랑과 은둔이 반복되는 탈북생활을 하는 유아들의 경우 모국어 획득이 늦어지고, 4세가 되도록 단어 하나 말하기에도 이르지 못하는 경우도 있다. 유랑이 심한 경우 5년 동안 60여 차례나 이동을 한 가정이나, 3년 동안 비닐 막 안에서 대인 접촉 없이 산 가족도 있었다. 이처럼 존재를 드러낼 수 없는 삶을 사는 동안 유아들은 팽팽한 긴장을 유지하는 기제가 발달하게 되고, 언어능력 발달의 유예기를 겪는다.

[사례] ○○어머니: 중국에서 살 때 우리는 ○○에게 절대 조선어를 못하게 했습니다. 우리가 천진에서 살 때 야를 주말 이틀간 한족 친구 집에 놀러 보낸 적이 있다고요. 그때 그 집 옆에 한국에서 와서 사업하는 사장이 있었는

데 그 사람도 가족이 없이 주말에 심심하니까 야 둘을 이틀 동안 데리고 있었답니다. 그런데 그 이틀 동안 ○○이가 그 사장하고 조선어를 한 마디도 안했다는 겁니다. 그 사장이 보기에 한국어를 알아듣는 것 같았다는 기죠. 그 뭐냐, 식당에 밥을 사주러 갔는데 뭐 먹겠냐는 말을 한족아이는 전혀 못 알아듣고 딴 데 쳐다보고 있는데 그 말을 듣고 우리아기 중국말로 그 한족아이에게 이야기하자, 그 아이가 음식을 택하는 걸로 봐서 ○○이가 한국말을 알아듣는 것 같은데 한마디도 한국말을 안 해서 자기도 헷갈렸다는 겁니다. 어린 아가 그 정도로 철저할 수 있는가 어떻게 교육을 시켰으면… 감탄스럽다면서 이야기해줍니다. 야가 그렇게 살았습니다….

2) 정체성 혼란

자신을 인식해 가는 정체성 형성은 인생의 지속적 과제이기도 하다. 정체성이 자신과 외부환경과의 상호작용을 통해 형성된다고 할 때, 탈북 유아들이 자기 동일성을 안정적으로 유지하는데 어려움을 가져다 줄 개연성이 있다. 인간의 정체성은 시간과 공간의 복합적 작용 안에서 형성된다고 할 수 있기 때문에 특히 공간의 정체성 형성은 중요한 요인이다. 그러나 공간에 대한 이해는 일정한 생활을 하면서 체득하는 것이기에 몸에 밸 수 있는 충분한 시간이 부여되지 않는 한, 유아가 자기동일성을 획득하는데 유약한 기반이 된다. 캄보디아 국경을 넘는데 한 유아는 '우리 집은 어디인가, 중국인가, 캄보디아인가, 아버지 집도 있나?' 남한에 입국해서는 '하나원이 어디인데 자꾸 가는가, 우리는 거기서 살아야 하나?' 라고 이야기 했다는 유아의 어머니 말에서 유아에게 있어서도 자기 존재의 뿌리를 내리는 공간이 정체성 형성에 중요한 토대임을 알 수 있다. 중국에 머무는 기간 전체가 '계속된 탈출기간' 으로 이 기간 역시 유아들에게도 극도의 긴장, 불안, 두려움으로 경험된다. 이러한 사태를 두고 '지연되고 있는 심리적 입국'이라고 명명한다.

3) 정신건강

하나원 생활에서 유아들의 과거 경험은 일반적으로 두 가지 양상으로 드러난다고 한다. 하나는 일상생활 속에서 과거의 결핍을 보상받으려는 욕구를 직접적으로 드러내는 것이고, 다른 하나는 자신들의 상상놀이나 활동에서 자신들의 이야기를 간접적으로 드러내는 방식으로 나타났다. 그 주제는 배고팠던 기억, 자기 것에 대한 집착, 긴장과 공포의 어두운 기억과 관련되었다. 유아들의 경우 언어표현의 한계가 있으므로 과거 경험에 대한 개입과정은 언어의 활용보다는 미술 및 놀이 등과 같은 도구를 활용한 방법이 효과적일 수 있다.

4) 또래 관계

이부미(2004: 353~387)에 따르면, 유아기 때 필리핀에서 미국으로 이주한 다양한 출신의 이주 아동들을 15년 이상 교육한 Igoa(1995)는 난민이나 이주 어린이들에게 있어 또래와의 유대는 발달의 필수적 단계라고 강조하였다. 이유는 다른 어린이와의 우정은 고립과 공포감을 줄일 뿐 아니라 학습도 자극하기 때문이다. 정병호 외(2006: 199~217)에서는 김영미(2002)의 연구를 인용하여 탈북유아의 경우 유치원에서 주변적 위치에 있는 또래들과 관계를 형성하였다고 보고하였다. 또한 탈북유아가 한글을 읽고 수를 세는 능력의 차이 때문에 학습장면에서는 남한의 또래들의 도움을 받는 위치가 되었으나, 놀이장면에서는 또래를 보호하고 놀이를 주도하는 능력을 보였다고 하였다. 또래관계를 형성하기 위해 탈북유아는 친근감 표현, 화장실 같이 가기, 손 놀이 같이 하기 등과 같은 행동을 보였다고 한다. 하지만, 탈북 유아들 역시 말투, 외모, 가정환경이 남한 유아들과는 다른 만큼, 남한사회 적응 초기에 또래 관계 형성에 어려움이 예상된다고 지적되고 있다.

> **[사례]** 유치원 원장: 서울 말씨로 확 바뀌면서 ○○이가 친구들이랑 벽이 없어진 것 같아요. 처음엔 말 한마디 한마디 할 때마다 쳐다보았는데… 말을 비슷하게 하니까 거리감이 없어진 것 같아요. 선아(남한출신어린이)가 ○○이와 잘 어울렸는데 선아가 ○○이에게 "너는 ~해" 하면 ○○이가 시키는대로 하고 어울려 놀기는 했어요. 그때는 ○○이 혼자 노는 경우가 많았어요. 특별히 다른 아이랑 어울렸던 것 같지는 않았고, 나무교구 이런 갖고 혼자 얘기하면서 많이 놀았지요.

5) 개입전략

탈북유아는 북한 생활 경험이 짧기 때문에 북한문화의 특성이 상대적으로 적게 유지된다. 탈북과정의 척박하고 불안한 생활로 인한 사회문화적 결핍과 손상의 문제는 빠른 속도로 보상된다. 특히 또래 관계의 경우 남한유아들은 남한아동이나 청소년들과는 달리 탈북유아에 대해 '북한출신 아이' 라는 인식이 거의 없기 때문에 그로 인한 차별과 분리는 없다고 할 수 있다. 따라서 탈북유아의 경우 남한유아로부터 차별받지 않고 무난히 새로운 생활에 적응할 수 있을 것으로 보인다.

탈북유아 발달에 있어서 가장 중요한 개입 대상은 교사와 부모라고 할 수 있다. 따라서 개입의 방향은 탈북유아와 교사의 관계가 안정을 유지할 수 있도록 돕고, 교사들이 탈북유아가 놀이와 언어를 통해 드러내는 체험을 새겨듣도록 격려하고 촉구하는 데 있다. 이는 탈북 유아의 고통을 달래주고 마음을 읽어주는 치유의 교육적 행위이기 때문이다. 또한 북한 출신 부모를 위한 개입 방향은 탈북생활에 소진된 부모들이 폭력적인 양육방식으로 유아를 교육하지 않도록 부모 심성훈련과 같은 심리 치료적 교육 내용을 제공하는 것이 중요하다. 그리고 e-learning 및 평생교육 등을 통하여 북한출신 부모들이 남한에서의 부모역할 및 문화를 배울 수 있도록 하는 등의 서비스를 제공할 필요가 있다. 덧붙여 유치원은 양육자에게 쉴 시간을 제공해 주고 낮 동안 양육자의 보살핌을 받지 못하는 시간에 유아들에게 프로그램을 제공해 주어 도움이 된다.

이 시기에 유아에게 있어서 긍정적인 자극은 말하기(아이와 얼굴을 마주보며 말하고 듣기, 새로운 단어와 의미를 효과적으로 전달해 주기)와 놀이라 할 수 있다. 특히 취학 전 아동을 자극하는 놀이의 경우, 집단활동으로서 엄마와 함께 아이들을 원형으로 둘러앉히고 노래를 들려준 후, 따라할 수 있도록 가르치고 단어게임을 한다. 이것은 언어발달에 도움이 된다. 포크댄스와 같이 춤과 노래를 함께 하도록 하며 리듬과 조화를 가르칠 수 있다. 집단활동은 다른 이들과 협력을 배우는 첫 단계이다. 하지만 일상생활에서 다음과 같은 특징을 보이는 2~4세 사이의 유아의 경우에는 특별한 도움이 필요하다고 볼 수 있다(전우택, 2007: 435~436).

· 용변 가리기를 배웠음에도 자주 밤이나 낮에 오줌을 싸는 경우
· 과잉 행동으로 가족이 통제할 수 없는 경우, 공격적인 경우
· 다른 사람들에 대해 의심과 두려움이 많은 경우
· 이전 발달 단계로 퇴행하는 경우

· 집중을 하지 못하는 경우   · 학습에 장애가 있는 경우
· 대변을 지리는 경우   · 자주 공포에 질리는 경우
· 손가락을 빠는 경우   · 악몽에 시달리는 경우

2. 아동

유아기에서 초등학교로 넘어가는 시점과 초등학교 1, 2학년의 남한사회 적응생활은 북한이주아동들의 남한사회 적응과 부적응을 이해하는데 아주 중요한 시사점을 제공한다고 볼 수 있다. 아동들이 성장할수록 가정과 학교에서 느끼는 문화적 차이에 대한 인식은 더욱 커져갈 가능성을 완전히 배제하기는 어렵다. 가정에서의 부모, 형제들과의 생활을 통해 유지되는 북한 고유의 문화 부분이 남아있고, 남한사회에서 가족들의 위치가 주변부에 머물 가능성이 있기 때문이다. 따라서 아동이 성장해감에 따라 발생하는 사회문화적 요인들이 또래 관계나 아동 자신의 정체성 형성에 미치는 영향에 관심을 가질 필요가 있다.

1) 또래 관계

기존연구들에서 북한 생활 경험과 탈북이주 과정이 길었던 아동들은 남한 친구를 사귀는 데 많은 어려움을 느끼게 된다. 대체로 탈북아동들은 북한에서의 경험을 같은 탈북아동끼리 나누는 경향이 있는데 이는 남한친구들과 공유하기 어려운 내용이기 때문이다. 탈북아동에게 있어서 남한 입국 전에 경험했던 과거 생활의 내용은 반드시 숨겨야 하는 것은 아니지만, 학교생활에서 가능한 과거 경험을

드러내지 않아야 된다는 긴장감을 갖게 된다. 심한 경우는 자신이 북에서 온 것을 드러내지 않기 위해 아는 탈북 친구를 아는 척 하지 않는 경우도 있다. 덧붙여 탈북아동들은 중국과 같은 제3국 등에서 장기간 불법체류를 하게 되면서 학습시기를 놓치게 되는 경우가 일반적이다. 따라서 이들은 자신보다 3~4년 어린 남한아동들과 같이 학습하게 되면서 또래 관계를 형성할 수 있는 기회 자체를 놓치게 되는 경우가 많다(김윤영, 2002; 정병호 외, 2006: 218~242에서 재인용).

[사례] 교사: 얘들아 새로운 친구가 왔으니까 같이 잘 지내봐, 알았지?
남한학생들: (탈북아동을 손가락으로 가리키며) 친구 아니래요. 형이래요,
누나래요(손가락질에 기분이 나쁜지 탈북아이의 얼굴이 굳어
지고, 학급아이들은 탈북 아이의 눈치를 슬슬 보며 피한다).

탈북아동들이 또래를 사귀는데 있어서 남한 친구만 사귀는 경우, 북한 친구만 사귀는 경우, 남북한 친구를 고르게 사귀는 경우의 형태로 구분될 수 있다. 일반적으로 세 번째 경우가 가장 많으며 이 경우가 친구관계의 질도 건강한 편이라 할 수 있다. 이는 미국사회에서 소수집단 아동 및 청소년이 주류사회에 적응하는 데 있어 자국 문화에 대한 정체성과 이주하게 된 주류사회에 대한 정체성이 모두 높을 때 긍정적이라는 보고와도 관련된다(Banks, 1993: 236~250). 덧붙여 북한문화 경험 역시 탈북 아동의 성장에 있어서 버려야 할 것이라기보다는 남한문화와 함께 통합될 수 있도록 하여 성장의 자양분이 될 수 있도록 지도하여야 할 것이다.

2) 학습문제

탈북아동의 경우에도 탈출과정에서 긴 시간의 학습 공백이 있었기에 긴 시간의 학습결손을 빠른 속도로 제공한다고 하여 학습효과가 생기는 것은 아니다. 이유는 적절한 시기의 적절한 학습이야말로 학습능력과 학습양식을 개발시킨다. 그러나 탈북아동의 경우 연령에 적합한 학습 능력이 개발되지 않았기 때문에 이들을 위한 맞춤형 학습개입이 요구된다. 초등학생의 경우 아직 나이가 어리고 비교적 남한사회에 잘 적응하기 때문에 이들에 대한 학습지도와 정서적 지원은 성인에 비해서 그 효과가 클 것으로 기대되고 있다.

3) 개입전략

북한이주아동들의 남한사회 적응력 향상을 위한 학습지도 및 특기적성 교육 서비스 지원 방향은 다음과 같다. 첫째, 학습클리닉을 통해 개인의 능력에 적합한 학습 방법을 제공해 주고 개인에게 합당한 학습 동기를 유발시켜 지속적인 학습 관리가 이루어지도록 한다. 둘째, 북한이주아동에게 남한 생활에서의 혼란감을 줄여주고 삶의 방향을 제시해 줄 수 있는 멘토^{mentor}를 제공해 주도록 한다. 셋째, 아동의 욕구에 맞는 특기적성별 동아리를 조직하고, 요일별로 특별활동을 실시하여 다양한 체험을 할 수 있도록 한다.

또한 남북한 아동들 간의 집단 프로그램과 통합교육을 통해 상호 이질감을 없애고 전인적 발달을 유도하기 위해서는, 첫째, 북한이주아동을 남한아동이 있는 방과 후 교실로 그룹화하여 상호 유대감을 형성시키고, 공동체 의식향상, 사회질서, 자존감 향상과 같은 집단프로그램을 실시한다. 둘째, 남한사회를 이해하기 위한 프로그램을 실

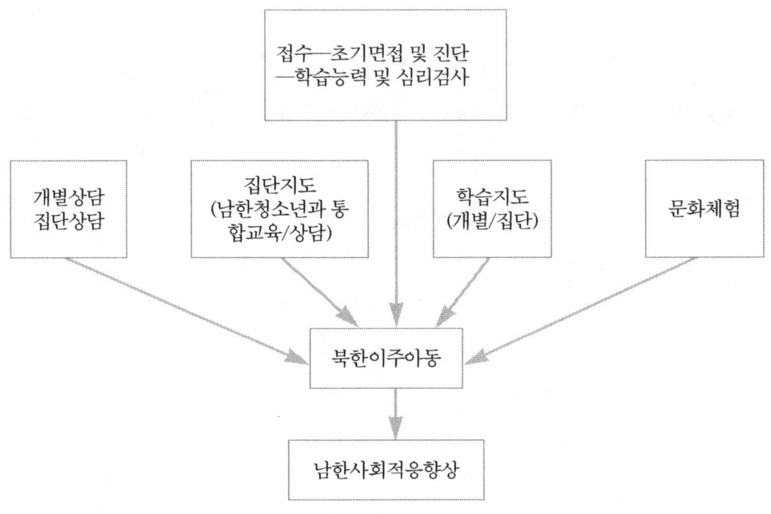

시한다. 남한사회, 정치, 경제, 문화에 대한 이해를 향상시킬 수 있는 교육(경제교육 및 민주주의 이해를 돕는 정신교육)을 실시해 보도록 한다.

마지막으로 북한이주아동들에게 남한사회 체험을 통해 문화적, 사회적 이질감을 경감시키기 위해서는, 우선, 운동경기, 연극, 음악회, 영화 관람 등 야외문화 프로그램을 제공하고, 다음으로는 가족중심적인 남한사회생활을 체험함으로써 가족의 재통합에 기여해야 한다. 또한, 지역사회 내 북한이주아동을 위한 통합적 사회복지서비스 개입전략을 통해 그들이 학교 또는 정규체계에 소속될 수 있도록 지원할 필요가 있다. 이는 궁극적으로 이들이 건강한 지역사회구성원으로서의 역할을 수행하도록 하며, 나아가 시민의식을 갖게 하는 것을 목적으로 한다. 북한이탈주민 아동(청소년 포함)을 위한 학습 관련 총체적 개입을 표로 제시하면 〈그림 13-1〉과 같다(이금순 외,

2005: 54~57,148).

3. 청소년

2005년 입국자 총 1,383명 중 청소년기에 해당하는 10~20대 연령
층은 259명에 이르러 전체 입국자의 19%에 해당된다. 2006년에는 10
대 2,019명 20대 374명으로 역시 19%에 이르고 있다. 이는 학령기에
해당하는 북한이탈주민 청소년들이 전체입국자 수 중 1/5를 차지하
고 있음을 제시하는 것이다(통일부, 2007). 실제로 「청소년기본법」에
서는 청소년의 연령을 9~24세로 한정하고 있으나 현실적으로 북한
이탈주민 청소년들은 20대 중후반이 되어서도 학업과 직업훈련 등
으로 인해 여전히 청소년문화권에 속해 있다고 해도 과언이 아니다
(정병호 외, 2004). 최근 정부가 북한이탈주민 청소년들을 위한 특성
화학교를 건립하고 또한 하나원 단계부터 북한이탈주민 청소년들에
대한 교육적 지원을 강화하고 있지만 전국적으로 분포한 일반학교
의 재학생 및 민간차원의 대안적 교육기관에 재적하고 있는 북한이
탈주민 학생 및 청소년들에 대한 적절한 지원체계가 발전되지 않고
있다. 북한이탈주민 청소년이 남한의 교육체계에 적응하지 못하고
실패하여 중도탈락하거나 직업과 관련한 진로에서 원활한 이행을
하지 못하는 경우, 청소년 본인의 남한사회적응에서의 실패라는 단
기적이고 미시적 차원에서 중요한 문제가 될 뿐 아니라 향후 이들이
성인으로 성장하여 비생산적인 사회구성원으로 존재할 때, 사회에
부정적인 영향을 미치게 될 것이며 결과적으로 사회적 부담은 장기
적이고 거시적 차원의 문제가 될 것이다.

1) 학업 및 진로문제 - 중고등학생을 중심으로

북한이탈주민 청소년(13~19세)의 면접조사 결과, 이들이 지닌 현재의 꿈과 희망은 상급학교 진학(49%)과 학교성적 올리기(25%), 취업 및 돈 벌기(11%)가 상위 1~3위를 기록하였다. 이들은 학교공부를 우선적으로 꼽아 남한에서 자기성취를 통한 미래를 밝히고자 하였다(북한인권위원회, 2007). 하지만, 현실적으로 북한이주 청소년의 긍정적이지 않은 상황들이 빈번히 보고되고 있다. 학령기에 속하는 북한이탈주민 청소년의 취학률은 60%대에 머무르는 정도로 매우 낮은 수준의 취학률을 보이고 있고 더욱이 고학년으로 갈수록 급격히 낮아지고 있다(통일부, 2007). 낮은 취학률에 비하여 취학이후 북한이탈주민 청소년의 중도 탈락률은 매우 높아서(김미숙, 2004), 지난해 이주자 가정조사연구 결과(조영달, 2006)에 의하면 조사된 취학 북한이주 청소년 약 500명 중 약 20% 정도만이 졸업하고 있음을 보여주고 있다. 이러한 상황에서 그나마 이러한 대안적 교육체계에서도 완전히 배제되어 비제도권으로 떨어지는 경우가 빈번하게 발생하고 있다. 그럼에도 불구하고 북한이탈주민 청소년들을 위한 교육과 직업세계를 이어주는 진로선택 및 결정과정에서의 지도 및 순조로운 진로이행과정에 대한 지원은 미비하여 이들의 미래지향적인 비전과 방향설정은 매우 모호하고 불확실하게 이루어지고 있다(이기영, 2002: 175~224).

2) 북한출신 대학생의 어려움과 대안적 논의

북한이탈주민 청소년의 높은 중도 탈락률은 비교적 고연령층의 청소년에 해당될 수 있는 북한출신 대학생의 경우에도 비슷한 상황으로 전개되고 있다. 2005년 통일부 자료에 근거하면 2004년까지의 대학입학 북한이탈주민 가운데 절반이상이 중도 탈락한 것으로 보고되고 있다(통일부, 2005). 북한이탈주민 청소년의 대학생활을 중심으로 고찰해 볼 때, 통일부(2005)에 따르면 2004년까지 424명의 북한이탈주민 청소년이 대학에 입학한 것으로 나타났다. 그러나 이 가운데 절반 이상이 학교를 중도에 그만둔 것으로 추정된다. 국가에서는 35세 미만까지 등록금을 제공해 주고 있으나, 대학은 이들의 적응을 위한 개입이 부족한 실정이다. 북한출신 대학생의 수는 2003년 93명에서 2005년 135명으로 증가하였다. 하지만, 정부의 적극적인 교육지원에도 불구하고 남북한의 교육내용 차이 및 탈북기간동안 발생된 학업의 결손으로 인한 대학수학능력부족, 학업 진로방향 결정을 위한 정보부족, 언어를 포함한 사회문화와 가치관의 차이, 경제적 어려움, 북한 내에서 그리고 제3국에서 체류했던 동안에 경험한 참혹한 충격과 심리적 고통, 북한이나 제3국에 살고 있는 가족에 대한 근심 등으로 인해 남한문화적응에 상당한 혼란과 고통을 겪고 있는 것이 현실이라 할 수 있다.

이혜경(2002: 5~70), 조영아·전우택(2002: 167~186)은 남한문화 안에서 북한이주 대학생들이 대학문화 적응 과정에서 경험하게 되는 외로움과 소외감, 불안과 혼란스러움 등의 문화적응 스트레스뿐만 아니라 대인관계 및 학업에서의 어려움 속에서도 나름대로의 성장(이혜경, 2002)과 정체성(조영아·전우택, 2002)을 찾아가려고 노력하고 있다고 언급하고 있다. 그러나 북한이탈주민 대학생들의 학교생활 적응을 위한 연구와 논의 역시 아직 미약한 실정이다. (사)하늘샘터 정책포럼(2005)에서는 북한이주 대학생들이 현실적으로 남한교육과는 다른 교육적 경험을 한 것을 감안하여, 위탁학점제도도입, 1:1 멘토링 학습 지원, 북한학생들을 위한 대학 오리엔테이션 강화 등의 정책을 마련하여, 자퇴와 휴학의 높은 비율을 감소시킬 수 있는 구체적이고 다각적인 방안을 모색할 필요가 있음을 논하고 있다.

3) 부모교육의 필요성을 중심으로

이주^{relocating}와 관련된 청소년들의 행태를 연구한 골드버그(Goldberg, 1980: 211~231)는 청소년들에게 있어서 이주라는 경험은 가족관계의 변화를 통하여 그들의 자긍심 발달에 지대한 영향을 미친다고 보고 이를 실증적으로 검증하고 있다. 이론적으로 가족구성원 중에서 자녀가 대개 정착지의 주류적 문화에 빠르고 많이 노출됨으로써 새로운 환경에 대한 적응도가 부모를 능가하게 될 때 가족관계는 긴장된다. 이러한 상황은 자녀로 하여금 그들의 부모를 돌보는 역할을 하게끔 만들어 궁극적으로 청소년들의 자아형성에 부정적이고 또한 존경받기 원하는 부모의 권위에 대단히 치명적인 역할전도현상을 초래하기 때문인 것으로 파악된다. 따라서 북한이탈주민이 의무적으로 교육을 받는 하나원에서 남한사회에서의 부모-자녀관계 및 학부모의 역할 등에 관한 오리엔테이션 성격의 부모교육이 강조된다.

4) 전환기학교^{transitional school}의 필요성을 중심으로

장기간의 학습공백기가 있는 북한이탈주민 청소년(아동포함)들의 거의 대부분은 학령과 학력 간의 격차가 너무 현저해서 남한의 학교나 사회에 곧장 진입하기 전에 이를 조정하는 과정이 필요하다. 이들을 위해 현재 교육부와 통일부가 설립을 지원하고 있는 북한이탈주민 청소년을 위한 '특성화학교'는 분리 교육이 아니라 이후의 통합

교육을 지향하는 준비과정으로서 일종의 전환기학교 또는 디딤돌 학교[step-stone school]이다. 이곳에서 나이와 학력, 학습능력간의 심각한 괴리를 중장기간 조절하여 나이에 걸 맞는 초·중·고등학교 학력을 인정해 줄 수 있는 장치가 마련되어야 할 것이다. 이 방안은 실질적으로 적응교육기간을 연장하는 효과가 있으며 기숙하교 형태로 운영하면 무연고 청소년의 보호 및 생활지도 문제까지 함께 해결이 가능하다는 장점이 있다(정병호 외, 2006: 380).

5) 대안학교를 중심으로

대안학교에서는 기존 일반 중고등학교와는 다른 입시위주의 교과 구성이 아니라 다양한 재능을 발휘할 수 있는 커리큘럼이 마련되어 있다. 이들에게 적합한 형태의 교육기관을 양성화시켜 북한이탈주민 청소년들을 '받을' 수 있는 체계를 마련하는 것은 중요하다.

동시에 조금씩 '남북 청소년 통합교육'을 실험할 필요가 있다. 같

〈표 13-1〉국내 대안학교 기관 현황

대안학교	통학형 대안학교	서울 관악	여명학교
		서울 영등포구	셋넷학교
		서울 중구	똘배학교
		서울 종로	한계레 계절학교
	기숙형 대안학교	충남 천안	하늘꿈학교
		경기 남양주	한꿈학교
		부산 연제	지구촌 고등학교
		경기 안산	다리공동체
		경기 광주	여럿이 함께 만드는 학교
		경기 안성	아힘나 평화학교
	특성화 학교	경기 안성	한겨레 중등학교
		경기 안성	한겨레 고등학교
	교육시설	서울 강서	성지중고등학교

이 캠프도 가고 학생교환 수업도 해보면서 '통일미래'의 교육체계를 만들어야 할 것이다. 나아가 '양부모 시스템'을 만들어 부모와 같은 보호자가 없는 북한이주 청소년이 대안학교에 입학했을 때 남한 청소년들과 똑같이 주말이나 방학에 찾아갈 수 있는 '가정'을 만들어 줄 필요가 있다(마석훈, 2005: 137~235; 정병훈 외, 2006: 338에서 재인용).

6) 청소년(12~18세) 정신건강을 중심으로

난민의 주된 문제는 부모로부터 분리되어 독립적 생활을 하게 되는 과정에서 나타난다. 지역사회 내에서 점차 성인으로 역할 담당을 하게 될 것이므로 성인의 행동을 모방하고 배워야 하는 상황이며, 이 시기는 아이에서 성인으로 도양하는 중요한 발달 단계이다. 실제로 국회에 제출된 『북한이주민 정착지원조사』(2005)에 따르면, 북한이탈주민 청소년의 정신건강 조사결과 13~19세 청소년의 3.2%가 정신질환 진단을 받았다고 보고되고 있다. 따라서 이 연령에 학교생활 및 일상에서 다음과 같은 양상이 나타나면 정신장애를 의심해보아야 한다(전우택, 2007: 439).

- 편집성 장애, 타인이 자신에게 해를 입히려 한다는 의도를 갖고 민감해함
- 극도의 우울, 움직임이 전혀 없을 정도의 무반응
- 기분의 불안정, 짧은 시간 내에 극한 감정의 변화
- 타인으로부터의 고립, 관계 형성의 실패
- 지나치게 타인과 동일시 또는 지나친 의존
- 스트레스에 의한 기능성 호소

· 불안초조, 집중을 하지 못함
· 공격성
· 환각
· 자살생각

Andre(1998: 719~727)는 특히 난민 자녀들의 경우 가정해체로 인한 상실감, 가족과의 분리, 구타와 위협 등 과거로 인한 고통의 후유증인 정신적 외상 후 스트레스가 입국 후 학령기에 있는 이들의 행동상 문제로 연계될 수 있음을 제시하였다. 특히 난민시설에서 제3국 입국을 기다리는 시점과 그 이전 경험이 이들의 입국 이후 정신적 문제에 깊은 영향을 주게 된다고 강조하고 있다. 이때 부모와 같은 성인 동반자가 없었던 15세 이하의 경우 그 심각성이 깊어 입국 후 행동문제로 돌출될 수 있음을 지적한다. 따라서 성인동반자가 없는 난민 청소년들에게는 좀 더 높은 수준의 사회적 지지기반과 정신건강 돌봄의 필요성을 제시하고 있다. 결과적으로 난민과 이주자 자녀들에게 지역사회 서비스를 제공하는 기관들과 파트너십을 맺어야 하며, 부모 참여를 연계시키고, 헤드스타트head start와 같은 조기교육 개입이 강조된다(Mary & Ernestine, 2006: 560~584).

4. 여성

1) 여성의 정신건강을 중심으로

2004년부터 북한이탈주민 여성의 수가 남성의 2배로 증가하였고, 2006년에는 3배에 이르는 현상을 보이고 있다(통일부, 2007). 북한이탈주민 여성의 입국 증가 이유는 남성보다 여성이 시장 활동 및 국외 거주 중국인과의 사실혼 관계 등으로 국경이동이 좀 더 수월했던 것에서 찾을 수 있다(강차연, 2004: 59~60). 그러나 북한이탈주민 여성들은 탈북 과정에서 불법적으로 제3국에 체류하면서 성폭력, 인신매매로 인한 성매매강요, 무국적자로서 중국남성과의 사실혼 관계 및 사생아 출산 문제 등을 겪으며 남한 입국 후에도 정신적 외상으로 인한 불안, 우울, 정체감 혼란을 겪는 것으로 나타났다(김현경, 2007: 69~107). 이러한 사항들은 여성들만이 겪을 수 있는 심리적 외상으로 현재의 남한생활 적응에 남성과 구별되는 영향을 미친다. 또한 여성들의 성폭력 경험들은 남성들의 폭력적 구애를 쉽게 받아들이게 하는 행동에 영향을 미치게 된다. 북한이탈주민 여성의 정신건강을 측정하는 연구에서 여성은 남성에 비해 신체화 증상을 더 많이 호소하였으며, 건강염려증은 남성에 비해 상대적으로 더 높은 점수를 보였다. 북한이탈주민과 비교할 수 있는 난민 연구들을 보면 여러 가지 심리적 증상은 신체적 질환과 밀접한 관련이 있다. 신체적 질환이 심리적 증상에 영향을 주는 경우들이 많으며, 때로 신체적 증상과 심리적 증상간의 차이를 구분하기도 어렵다. 또는 신체적, 심리적 질환이 경제적 안정에 영향을 미쳐 사회정착에 어려움을 가져오기도 한다. 난민과 유사한 북한이탈주민에게 심리적, 신체적, 사회적 문제는 서로 깊은 관련을 맺고 있어 이들을 대상으로 한 정책이나 서비스 제공 시 모든 것을 포괄하는 통괄적 접근이 요구된다(조영아 · 유시은, 2006: 53~77; 정병호 외, 2006: 586~587).

2) 여성의 정신건강개입

상담자의 직접적 문제해결이나 충고, 훈육을 기대하는 북한이탈주민에게 스스로 문제해결의 다양한 가능성을 탐색하도록 조력하는 과정은 이들에게 시간 소모적으로 비추어질 수 있다. 따라서 치료적 관계의 토대를 마련하여 상담과정에서 해결할 수 있는 주제와 한계, 상담자의 역할과 구체적인 상담과정, 상담의 유익함을 전달한다. 동시에 북한이탈주민 스스로가 가정하고 있는 심리적 어려움의 원인, 치료결과에 대한 기대, 도움추구 행동에 대한 특성을 이해한다.

북한이탈주민들에게 나타날 수 있는 다양한 장애(우울, 불안, 외상후스트레스, 신체화증상 등)를 일회성 강좌나 문서화된 자료, 시청각 자료를 제공하여 교육한다. 이들에 대한 교육은 문화적 역량을 증진하기 위한 사실 지향적 교육이어야 한다. 즉, 필요한 물품을 구입하는 것, 새로운 물품의 사용법을 익히거나, 병원 및 은행과 같은 서비스 기관 활용 등에 해당한다. 나아가 북한이탈주민과 관련된 학교교사, 정착도우미, 민간실무자, 자원봉사자들로 하여금 북한이탈주민의 문화적 배경 및 심리적 환경, 성격적 특성을 이해시키는 교육이 필요하다.

북한이탈주민 정신건강 전문가는 자원 동원가이며 의뢰자, 연계자로서의 역할을 하게 된다. 이주자들은 단순히 그들의 심리적 문제만을 가지고 정신건강 전문가를 찾아오지 않는다. 따라서 지역자원(의료기관, 정신보건센터, 복지관, 문화체험, 학원정보, 법률지원 등)의 연계 능력이 중요한다. 또한 이혼, 별거, 재혼, 중혼, 자녀양육 등과 같은 가족문제에 관한 어려움을 겪게 됨으로써 이들의 상실감과 슬픔에 공감하고 남한 생활에서의 의미와 생존의 의미를 찾도록 도와주어야 한다. 대부분의 북한이탈주민들이 큰 스트레스를 받기는 하지만 대처자원이 일시에 무너지는 경험을 할 가능성은 거의 없으며 대부분의 사람들은 정착에 성공한다. 하지만 이주로 인한 상실, 결혼실패, 구직실패 등과 같은 이주과정에서 비롯된 심리적 환경적 문제가 기능 장애의 촉발요인으로 작용할 수 있다. 따라서 기질적 이상이 없이 지속적이고 다면적 신체증상을 호소, 주위의 사소한 요구도 응하지 못하는 상태가 되거나 과도한 약물 사용을 보일 수도 있다. 이러한 경우 대상자를 환자로 낙인찍지 않으면서 개인적 적응 실패, 가족해체, 환경적 격리, 실존적 위기와 같은 주제들을 지속적인 상담과정에서 다루어야 할 것이다(조영아·유시은, 2007: 63~72).

3) 남한 남성과의 결혼을 중심으로

최근 급증한 북한이탈주민 여성들과 남한 남성과의 결혼이 증가하게 되면서 새로운 가족문제가 나타나고 있다. 남한의 농촌 및 도시 노총각들은 북한이탈주민 여성과의 결혼에 있어서 외모와 언어가 비슷한데다가 북한이탈주민 여성들의 경우 다른 국제이주여성과는 달리 별도의 비자나 국적취득 등의 문제가 없기 때문에 이들을 중개하는 결혼중개업체의 성황으로 문화적 이질성을 쉽게 간과하게 된다. 또한 남한사회에서 북한이탈주민 여성의 이미지는 '보수적이고 순종적인 여성' 으로 포장되어 남북한 간 문화적 이질성에 대해서는 대중들에게 미처 인식되지 못하고 있는 실정이다. 그리고 남한 남성과 결혼과정에서 북한이탈주민 여성을 대상화 및 상품화하고 이들의 욕구나 정체성에 대해서는 무관심하거나 인지하지 못하고 있다.

북한이탈주민 여성 또한 남성보다 문화적 이질감과 외로움을 많이 겪으며 적응이 순탄치 않기 때문에 안정적 정착을 위해 결혼을 서둘러 선택하는 모습을 보이고 있다(이주여성인권센터, 2007). 이들은 이주과정에서 겪은 심리적인 문제를 채 해결하기도 전에 결혼을 선택하면서 낯선 문화에서 가족을 꾸려가야 하는 문제까지 겪게 된다. 결혼 자체가 가져오는 발달적 과업들과 더불어 새로운 문화에서

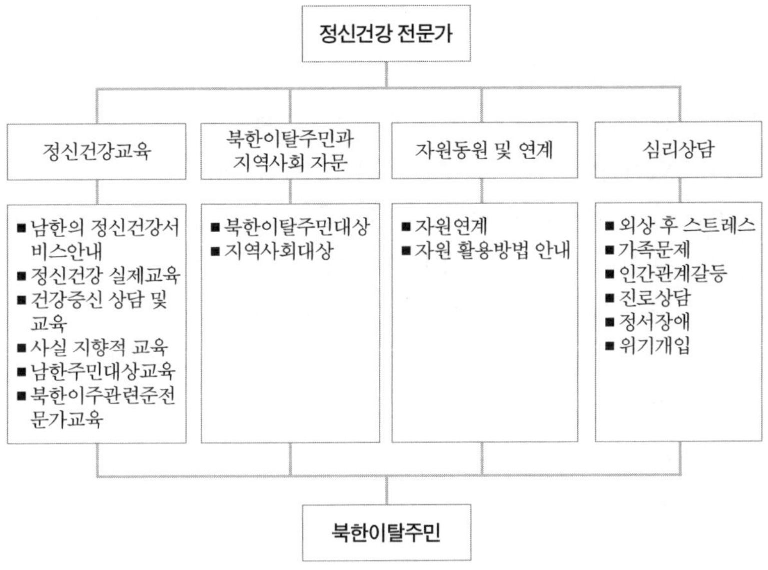

의 적응의 문제가 복합적으로 나타나게 되는 것이다.

4) 남한 남성과 결혼하는 북한 여성을 위한 개입전략

그동안 북한이탈주민 여성의 결혼을 위한 준비 부족 및 정확한 정보가 없는 것으로 나타났다. 사회적 편견에 의한 정보나 주변사람들의 주관적인 조언에만 의존하여, 결혼생활에 대한 막연한 생각만으로 결정하는 경우가 많았다. 이로 인해 부부갈등의 문제, 이혼과 별거의 어려움을 직간접적으로 경험하기도 하므로, 본 연구에서 제시한 개념들을 토대로 성공적인 부부생활을 위한 '부부 이해하기 프로그램'을 제안하고자 한다(이민영, 2007: 192~2003). 부부프로그램에서는 결혼한 북한이탈주민뿐만 아니라 남한 배우자 모두를 대상으로 북한이주의 상실과 극복경험을 이해하고 수용하는 양문화적 접근bicuturalism을 해야 할 것이다. 그 외에도 이들이 스스로의 경험을 은폐하거나 드러내지 않는 상실을 다루기 위하여 인터넷이나 전화 상담에 대한 정보제공 프로그램도 필요할 것이다. 최근 남북한 젊은이들의 모임이 활발히 운영되고 있으므로 북한이탈주민 여성이 결혼뿐 아니라 미래를 계발해나가는 데 남북한 친구 및 동료 관계가 잘 유지될 수 있도록 돕는 자조집단 프로그램도 제공할 수 있을 것이다.

다음으로 북한이탈주민 여성들은 자녀의 출산, 역할변화 등 가족발달단계가 변화하면서 부부간 갈등이 커지고 확대가족과 관계 형성에 어려움을 보여주었다. 이를 위해서 '부부관계 증진 프로그램'을 개발하여 부부간 정서, 생각, 욕구를 분명하고 정직하게 표현할 수 있도록 돕는 시간이 요구된다. 문화적 차이에 대한 이해를 통해 의사소통 방식을 개선하고, 타협의 기술을 배울 수 있는 프로그램이 필요하다. 또한 북한이주 여성에게 자녀양육 기술에 대한 서비스도 제공하여 자녀들이 정서적 사회적으로 혼란 없이 건강하게 성장할 수 있도록 지원해야 할 것이다. 기존에 활용되고 있는 부모효율성 훈련, 체계적 부모역할 훈련이나 최근에 개발된 탄력적 부모역할 훈련 프로그램을 응용할 수 있겠다.

이를 위해서는 무엇보다 사회복지사들의 훈련과 교육을 위한 준비가 필요하다. 북한이탈주민 여성의 심리적 사회적 욕구에 대한 깊이 있는 통찰이 요구되며 아울러 그들의 입장에 서서 접근하는 관점도 필요하다. 이를 위해서 동화주의나 보편주의적 접근universalistic approach이 가지는 한계인 '특수성/독특성'의 간과를 알고 문화적 역량을 키우는 노력을 해야 한다(Killian, 2002: 603~618). 이를 위해 개별 상담이나 부부 상담, 가족치료 현장에서 클라이언트와 협동적 관계를 구성하여 동시적 시선a both/and stance을 가지고 문화간, 문화 내 차이와 다양성에 대해 열려 있어야 한다. 클라이언트와 대화가 중요하며, 이야기를 통해 변화하고 성장한다는 믿음을 가져야 한다. 무엇보다 개인과 집단의 경험에 대한 다양하고 복잡한 이해를 할 수 있어야 하며, 문화적인 인식awareness과 자신감을 회복하도록 도와야 한다. 무엇보다 문화적인 접근이 개인의 심리행동적인 개입에서 머무는 것이 아니라 사회정의와 편견에 대한 비판적 개입도 포함하고 있음을 알고 있어야 할 것이다(이민영, 2005: 95~202). 이러한 문화적으로 민감한 사회복지 실천은 비단 남북한 이문화 문제뿐 아니라 사회 내 다양한 이문화 가족들과 문제들에 전문적인 접근이 가능하도록 도울 것이다.

14 가족에 대한 개입방안과 실천사례

북한을 탈출하여 남한에 입국한 북한이탈주민의 수는 2007년 2월 기준으로 1만여 명을 넘었다(북한이탈주민연구학회 · 한국사회복지사협회 · 한국노동교육원, 2007). 1993년까지는 주로 소수 개인 단독의 입국형태가 많았으나 1994년부터 가족동반 입국형태가 나타나면서 1996년 이후부터 현재까지 입국자대비 평균 50%의 북한이탈주민들이 가족단위로 남한에 입국하고 있다(통일부, 2004). 1993년 이전의 가족단위 남한입국은 1987년 귀순한 김만철씨 가족 11명이 유일한 사례이다.

단독 입국자라 하더라도 이미 남한에 먼저 들어와 정착하고 있는 북한이탈주민 가족들이 있는 경우들이 많다. 남한에 들어온 북한이탈주민들은 자신들이 받은 정착금 등을 이용하여 북한 또는 중국 등 제3국에 있는 가족들이 남한에 들어오도록 노력하고 있어 더 많은 북한이탈주민들의 남한 입국이 이루어지게 하는 중요한 요인이 되고 있다(김영수, 2000).

북한이탈주민 가족의 특성은 한부모, 형제자매 등 소위 정상적 가족형태를 갖추지 못하고 있고, 가족구성원들 사이에 탈북시기와 입국시기를 달리하는 경우가 많다. 먼저 입국한 가족들의 주선으로 제3국에 거주하고 있거나, 북한에 남아있는 가족들이 뒤따르고 있기 때문에 남한 정착과정에서 가족단위 적응의 어려움으로 이어지고 있다(이기영, 2000; 윤인진, 2007).

본 장에서는 북한이탈주민 가족의 문제 현황과 개입방안, 그리고 개입실천 사례를 살펴보고자 한다.

1. 북한이탈주민 가족의 문제 현황

1) 북한이탈주민 가족의 남한사회적응과정에서 나타나는 문제

북한이탈주민 가족단위 입국이 증가하면서 가족단위를 대상으로 연구가 시작되었다. 박미석 · 이종남(1999)은 남한에 입국한지 6개월 이상 된 7개 가족 사례를 조사한 연구에서 부모-자녀 및 부부간 상호작용에서의 문화적 차이, 의사소통의 어려움, 국정원 및 신변보호 담당형사 등의 외부체계로부터 느끼는 위압감, 남한사람들의 편견, 종교단체로부터 받는 심리적 압박감과 교리로 인한 혼란 등의 문제를 다루었다.

김영수(2000)의 경우는 세대간 문화적응의 차이, 노인층의 소외감, 부부간 문화적응 차이로 인한 갈등, 여성의 의식변화로 인한 갈등, 북한출신 남녀간의 결혼 증가, 경제적 곤란 및 언어문제, 정보의 빈약성, 남한사람들의 냉담함 등에 대한 문제를 제시하였다. 이기영 (2000) 및 이기영·성향숙(2001)은 난민이주자 가족의 사회적응이론을 바탕으로 북한이탈 가족의 문제를 고찰하였다.

조정아·임순희·정진경(2006)의 연구에서는 북한이탈주민의 문화갈등요소로서 가정과 가족관계의 갈등, 지역사회와의 갈등, 취업 및 직장생활에서의 갈등을 다루었다. 가정과 가족관계 측면에서는 부모와 자녀간 의식 격차, 자녀양육부담, 자녀교육문제, 부부간의 갈등을 다루었다. 특히 북한이탈주민 부모세대들이 남한의 신세대 청소년에 대해 강한 심리적 거부감을 보인다는 점에서 남한의 세대갈등 양상과는 차이점을 나타냈다. 또한 자녀양육과 관련된 경제적·심리적 부담이 부모의 건강문제로까지 심화되고 있는 문제, 그리고 금전문제, 남편의 과음, 시댁 및 자녀와 관련된 문제 등과 같은 남한 가족과 유사한 패턴의 문제도 다루었다.

북한이탈주민 가족이 남한에서 적응하면서 겪게 되는 문제는 다양하다. 즉, 실업 및 저소득, 사회적 고립, 문화 및 심리적 부적응, 가족이산, 가족구성원간 갈등, 법률문제, 질병 및 건강문제 등을 들 수 있다(윤인진 외, 2007: 95~98).

(1) 가족이산

탈북과 남한 입국과정에서 북한이나 중국 혹은 제3국 등지에 가족의 일부를 남겨두고 오게 된 경우, 북한이탈주민은 죄의식과 가족의 신변불안 때문에 정서불안과 함께 병이 생기기도 한다. 중국과 제3국은 물론이고 북한 내에 있는 가족까지도 중국의 현지인들을 활용하여 연락을 주고받을 수 있다. 상황은 남한으로 입국하는 형태의 가족재결합이 이루어질 가능성이 높음을 보여주는 것이다.

북한 또는 제3국에 가족이 있을 경우 이들을 지원하기 위하여 돈을 보내는 현상은 그들의 가족주의적 정서가 강함을 보여주는 것이다. 북한에 가족을 두고 올 경우 가족에 대한 죄책감으로 정상적인 경제활동을 하기 어려울 뿐만 아니라 정신 및 신체 건강에도 문제를 겪고 있다(윤인진·김숙희, 2006). 북한 가족에 대한 걱정과 죄책감으로 송금을 하게 되는데 자신도 경제적으로 어려운 상황에서 송금을 하게 되므로 경제자립에 지장을 받게 되고, 송금여부를 놓고 남한에서 결혼한 배우자와의 갈등도 생겨나기도 한다.

(2) 부부갈등

북한이탈주민 가족들은 권위주의적이고 가부장적인 북한의 가족관계에서 생활하다가 상대적으로 자유롭고 평등한 남한의 사회문화를 접하면서 가치관과 태도가 바뀌게 된다. 북한이탈주민들은 주로 서비스 직종에 취업을 하게 되는데, 이러한 직종의 경우 접근성에 있어서 남성보다는 여성이 상대적으로 높기 때문에, 여성 북한이탈주민이 남한문화에 빨리 적응하는 편이다. 남녀간의 문화적응 속도 차이가 부부간의 불화와 갈등으로 이어지게 되며, 이는 이별, 이혼, 별거로까지 이어지게 되는 것이다.

(3) 자녀와 부모사이의 갈등

북한의 가족문화는 자녀들이 부모에게 순종하고 교육이 가계에 큰 부담이 되지 않기 때문에 자녀양육에 있어서 어려움을 겪지 않았다. 그러나 남한사회의 자녀양육문화는 사교육비에 대한 부담, 자녀의 학교공부 및 진로지도에 대한 어려움, 자녀들의 친구관계 등에 어려움 등을 겪고 있음을 호소하고 있다(장혜경·김영란, 2000).

(4) 법률문제

북한이탈주민이 북한에 배우자를 남겨두고 남한에 입국해온 경우에 재혼, 남한 이주가족과의 재결합, 사실혼, 중혼 등의 문제가 발생하고 있다. 남한에서 재혼을 하고자 하여도 북한에서 이혼 또는 배우자 사망을 증명할 길이 없어 중혼금지 조항으로 인해 재혼을 하지 못하게 된다. 또한 최근 중국 체류과정에서 조선족 또는 한족과 실질적인 혼인관계를 유지하다가 입국한 사례도 증가하고 있다. 이들 중에는 중국에 있는 배우자를 입국시켜 사실혼 관계를 맺고 있는 사람들이다. 이들 역시 한국의 중혼금지 조항으로 인해 법적으로 재혼하지 못한다. 이런 문제로 법원에 소송을 내어 문제해결을 하려는 사람들이 증가하고 있다.

2) 북한이탈주민 가족관계의 변화

북한이탈주민 가족은 남한사회적응과정에서 여러 가지 총체적 위기에 직면하고 있다. 북한이탈주민 가족구성원이 이러한 위기에 직면하여 잘 극복할 수 있는 신념체계를 갖고 있는지, 가족이 안정적이고 협력적이며 동원할 자원이 있는지, 합리적이고 개방적인 의사소통을 통해 문제해결을 협력적으로 할 수 있는지 등을 파악하는 것은 중요한 과제이다(윤인진 외, 2007: 98~103).

(1) 가족응집력과 적응력

북한이탈주민의 가족응집력과 적응력은 전반적으로 높다(윤인진 외, 2007; 장혜경·김영란, 2000). 이는 북한체제의 불확실하고 어려운 생활여건 하에서 가족이 살아남기 위해서는 가족원 간에 서로 위해주고 보살펴주는 힘이 매우 중요한 역할을 담당하고 있음을 의미하고 이러한 어려운 상황에서 가족의 대처하는 능력이 높다는 점을 시사하는 것이다.

(2) 남한생활에서의 배우자 역할과 기여도

가정에서 여성과 남성의 역할에 있어서 의사결정자 혹은 선택행위자가 누구인가에 대해 남성중심적인 선택권과 의사결정권이 남한생활에서 그대로 유지되고 있다. 남한생활에서 경험하는 다양한 문제를 극복하기 위해서는 가부장적인 성역할과 고정관념에서 벗어나 가족구성원들이 협력하는 관계를 맺는 것이 필요하다.

(3) 남한과 북한에서의 남편과 아내관계

남북한에서의 남편과 아내관계를 배우자 만족도 측면에서 살펴본 연구결과(윤인진 외, 2007)를 보면, 전체적으로 탈북이전보다 배우자의 만족도가 높아졌으며, 남녀간의 인식격차도 상당히 줄어들었음을 알 수 있다. 부부관계 만족도는 다른 부문(자녀교육, 종교활동, 건강상태, 주거환경, 이웃관계 등)에 대한 만족도에 비해서 대체로 높은 편이다. 부부관계에 만족한다는 반응은 아내들보다는 남편들에게서 더 높게 나타났다.

3) 북한이탈주민 가족의 남한사회에서의 생활 특성

북한이탈주민 가족의 남한사회 적응은 향후 남북한 통일과정에도 중요한 의미를 갖는다. 반세기 넘도록 이문화異文化 속에서 생활해온 남한과 북한이 정치경제적 통일만이 아닌 사회문화적 통합을 이루는 일은 우리 한민족의 최대 과제이다.

남북한 사회통합의 문제는 바로 사회의 기본 단위를 이루는 남북한 가족통합의 문제라 할 수 있다. 남북한 가족의 통합은 서로 다른 사회체제 속에서 다르게 형성되어온 남북한 가족문화와 가족관계의 상호이해에 기반한 통합을 의미한다. 이를 위해 서로 다른 사회체제에서 형성해온 남북한 가족구조와 가족관계의 차이를 이해하고 조절할 수 있는 문화간 훈련이 필요하다.

북한이탈주민 가족이 새로운 환경에서 적응하는 과정에서 겪는 적응상의 문제와 그 수준, 그리고 적응과정에서 가족관계는 어떻게 변화하는지에 대해 알면 통일 이후 남북한 가족들이 서로 교류하고 접촉할 때 발생할 수 있는 문제점들을 파악하고 문화충돌로 생기는 오해와 갈등을 감소시키는 문화간 훈련 프로그램을 개발하는데 기초자료로 활용될 것이다(윤인진 외, 2007: 90).

북한이탈주민 가족의 지속적인 유입상황에서 남한사회에서의 생활특성을 살펴보면 다음 3가지로 볼 수 있다(윤인진 외, 2007).

(1) 가족의 기능적 측면

북한이탈주민들은 불확실하고 어려운 환경에서 가족이 생존하기 위해서는 가족끼리 서로 위해주고 보살펴주는 것이 매우 중요하다는 인식을 하고 있다(안연진, 2002; 장혜경 · 김영란, 2000). 가족결속

력의 순기능이 매우 강함을 알 수 있다. 실제로 가족단위로 입국한
북한이탈주민들은 독신 입국자들에 비해서 정서적으로 안정감이 높
으며 가족의 지원이 개인의 부적응 문제를 완화시킨다고 볼 수 있다
(이기영, 2000).

(2) 가족관계나 성역할 변화

북한이탈주민 가족의 경우 북한사회에서의 가부장적 성격이 그대
로 유지되는 것으로 보고되고 있다(안연진, 2002). 가족원들 사이에
가장을 중심으로 한 수직적인 위계질서가 강하고, 아내는 남편의 의
사에 무조건 따라야하는 생각을 한다. 전통적인 효의식에서도 부모
의 말씀에 순종하고 부모를 공경하고 책임지고 부양해야 한다는 경
향이 짙다. 또한 북한이탈주민들은 북에 두고 온 가족에 대한 죄책감
이 남한에서의 사회적응과 가족관계에 큰 영향을 미치고 있다.
북한식 성별 위계를 고수하려는 북한 남성과 상대적으로 높은 남
한 여성의 지위를 인식하게 된 여성들의 의식전환으로 인한 갈등도
부부(남녀)갈등의 중요한 요소로 작용한다(김선희, 2005; 배문숙,
2004).

(3) 가족갈등

북한이탈주민의 가족갈등은 단순히 경제적 어려움 때문으로만 볼
수 없고, 남한사회에 적응하는 속도의 차이, 세대별 가치관의 차이,
역할 갈등 등과 같은 다양한 이유들을 갈등의 원인으로 볼 수 있다.
가정 내에서 장년인 부모세대와 자녀세대인 청소년들 사이에 사
회적응 차이로 인한 세대갈등, 남편과 아내의 역할변화로 인한 부부

갈등이 발생함으로써 아내에 대한 폭력과 부모자녀 간의 갈등상태가 가족의 불안정성의 원인이 되고 있다(김진미, 2004. 윤인진 외, 2007: 91).

4) 북한이탈주민 가족의 정착장애요인

결혼하여 자녀를 둔 여성들의 경우, 남한사회의 교육상황을 제대로 이해하지 못하고 실질적으로 사교육 부담을 감당하기 어려워 부담을 안고 있다. 즉, 자녀들의 취학 및 견학과정에서 중요한 결정을 하여야 하는데, 부모들은 정보도 부족하고 북한의 경우와 같이 학교에서 다 알아서 해 줄 것으로 기대하는 경우가 많다. 또한 부모 스스로 새로운 사회에 적응하느라 자녀교육에 신경을 거의 쓰지 못하고 자녀들을 방치하거나 혹은 북한에서와 같은 방식의 생활태도를 자녀에게 강요함으로써 심각한 갈등을 빚어내기도 한다. 영유아 자녀를 둔 경우에는 양육부담으로 인해 취업이 어려운 상태이다.

이러한 여성 가족들의 가정생활을 함에 있어서 어려운 점이 많으

〈표 14-1〉 북한이탈주민 여성(가족)의 정착장애요인

문제유형	문제 상황	정착장애요인
결혼생활 (북한출신배우자가족/남한출신 배우자가족)	· 부부간 성역할 갈등: 가부장적인 권위의식(남녀평등) · 부부관계 갈등: 대중매체를 통해서 보게 되는 남성상과 여성상의 변화와 기존의 사고방식과의 갈등	· 부부간 불신에 다른 심각한 가정불화 · 가정폭력: 일방적 남편폭력에 따른 아내의 신체적, 정신적 피해 · 가정 불안정에 따른 자녀들의 불안정
		· 남한남자와 결혼한 경우, 낮은 지위의 역할을 취하게 되어 남편에게 종속적인 경향이 큼
자녀양육	· 양육방식 및 자녀 눈높이에 맞는 의사소통 곤란	· 부모자녀 간의 대화 부족(진로선택 및 기타 학교생활 관련하여 적절한 조언 불가능)

※출처: 김선화(2005).

며, 이로 인해 정착에 장애요인이 되고 있다. 이를 정리하면 〈표 14-1〉과 같다.

5) 북한이탈주민 가족을 위한 서비스 현황

북한이탈주민 여성(가족)을 위해서 실천현장에서 제공되고 있는 서비스는 다양하지 못하나, 현재까지 진행되고 있는 프로그램의 내용을 간략하게 소개하면 〈표 14-2〉와 같다.

〈표 14-2〉 북한이탈주민 여성(가족)을 위한 서비스 내용

프로그램명	프로그램의 내용	실시기관
북한이탈주민 가족 강화를 위한 여성교육	· 탈북가정의 문제를 완화하고 해결하는 것이 사회 적응의 기반이 되는 중요한 일임을 인식 · 교육내용: 탈북 여성의 자아존중 향상 및 역량 강화	공릉종합 사회복지관
탈북여성 자조그룹	· 내용: 월 1회 토론을 통한 생활에서 나타나는 문제점을 해결, 남북한 여성들이 함께 진행하는 통일 바자회	방화6종합 사회복지관
사회적응교육	· 탈북 여성만을 위한 사회적응교육시설 설치 및 운영 · 교육내용: 문화 이질감 해소 및 사회적응, 진로지도 및 일상생활 기능실습 등으로 구성되어 실시	하나원
차와 다과가 있는 한마당, 추석명절행사, 심포지엄	· 문화행사 진행: 탈북 여성들의 자작시 낭송, 남북한 송편을 빚으며 명절의 즐거움을 함께 하는 문화행사 · 심포지엄 개최: 2001년 '이산가족의 한(恨)과 정신건강 - 여성정신과 민족통일'	한민족통일 여성중앙 협의회
북한이탈여성주민 생활실태 조사결과 발표와 지원방안을 위한 토론회	· 1999년 국내거주 탈북동표 중 탈북여성 35명을 대상으로 생활실태 조사결과 보고 및 지원방안 논의	평화를 만드는 여성회

프로그램명	프로그램의 내용	실시기관
탈북 여성 하나원 분원 직업교육 및 상담자 교육	· 2001년 '탈북여성을 위한 취업 설명회' 및 탈북여성 직업훈련 프로그램 실시 · YWCA 고유인력인 전문상담원을 활용하여 탈북동포를 위한 전문상담원 양성 교육 실시	서울 YMCA
탈북여성 동료상담	· 2003년부터 탈북 여성들의 동료상담교육 진행 · 내용: 기입국한 탈북 여성들이 자신의 경험을 가지고 새로 편입한 탈북 여성을 상담	하나로 교육복지 연구원
하나원 분원 탈북여성 사회봉사교육 및 효친사상교육	· 내용: 교육기간 중 정교육생이 1일 동안 사회복지시설을 방문하여 클라이언트들을 격려하고 위문공연 진행 · 효친사상 교육 및 탈북 동포들의 결혼식 지원, 이혼 등으로 오갈 곳 없는 탈북 여성들의 긴급 쉼터를 제공	남북사회복지 실천운동본부
하나원 분원 탈북여성 사회적응 프로그램	· 내용: 여성 자신의 생각 표현하기, 경제생활, 직업 탐색, 성 보건지식, 여성으로서의 권리와 법률, 송별파티 · 프로그램 운영: 매주 1회 하나원을 방문하여 정기 교육이후 저녁시간을 이용하여 진행	북한인권 시민연합
탈북여성의 외상 후 스트레스 장애치료 및 상담	· 외상 후 스트레스 장애를 앓고 있는 탈북 여성을 포함한 탈북 동포들을 중심으로 2003년 8월부터 치료를 위한 상담 실시	국경없는 의사회
국제결혼, 입양 등의 법률지원	· 법률적인 지원이 필요한 상황에 처하는 경우 법률 상담을 지원	대한 변호사협회
탈북 여성 직업탐방 실시 및 직업교육 예정	· 2004년 10월부터 탈북 여성 직업탐방 프로그램 실시 · 하나원의 사회적응교육 프로그램 중 8개 프로그램은 민간참여를 통한 개방형 교육운영제도를 도입할 계획	서부 여성발전센터

※출처: 기관의 홈페이지 및 박윤숙(2005)

2. 북한이탈주민 가족에 대한 개입방안

북한이탈주민 가족의 성공적인 사회적응을 위한 정책을 제안하면 다음과 같다(윤인진 외, 2007: 105~106).

1) 북한이탈주민 가족재결합과 가족해체 예방에 대한 정책 마련

북한이탈주민들은 가족단위 생활을 할 경우 가족응집력과 결속력이 강화되므로, 단독세대, 가족해체세대보다는 가족단위 생활이 남한사회 적응에 긍정적 영향을 미치기 때문에 북한이탈주민 가족의 재결합을 촉진하고 입국 이후 가족해체를 예방하는 가족관계 강화 프로그램을 지속적으로 실시할 필요가 있다. 북한이탈주민 가족의 재결합과 가족해체를 예방하는데 정책적으로 중점을 두어야 한다.

2) 북한이탈주민 가족의 자녀교육 우선 지원

북한이탈주민 가족의 자녀교육을 우선적으로 지원할 필요가 있다. 북한이탈주민 가족에서 자녀의 존재와 자녀의 안정적인 학교 및 사회정착은 이탈주민 가족의 사회적응에 중요한 변수이다. 따라서 북한이탈주민 가족의 자녀에 대한 학습지도와 가족관계, 사회적응력 제도 등에 체계적인 지원 프로그램이 실시되어야 한다. 이러한 프로그램을 이탈주민 자녀만이 아니라 가족 구성원 전체 또는 일부를 대상으로 실시하여야 더욱 효과적이다.

3) 남북한 가족관계와 성역할 차이에 대한 인식전환의 교육기회 제공

남북한의 분단과 장기간의 단절된 삶은 가족관계에 있어서 법률적 문제만이 아니라 실제 가정생활에서 다양한 부적응과 고통을 초래하게 된다. 가족단위로 입국하여 생활하는 북한이탈주민 가족과 남북한 가족통합에는 이질적인 가치관 때문에 어려움을 겪고 있다. 따라서 북한이탈주민 가족과 남북한 가족의 통합을 위하여 이질적인 남북한 가족문화와 성역할, 가족갈등 해소 등의 다양한 프로그램이 시행되어야 한다. 먼저 북한이탈주민들의 사회적응교육시설인 하나원에서 이러한 교육 프로그램을 체계적으로 실시할 필요가 있으며, 남북 가족통합의 우선적 사례가 될 수 있는 기입국북한이탈주민, 납북자와 국군포로 가족, 그리고 이산가족들을 우선 대상으로 인식 제고를 위한 프로그램을 실시하여야 한다.

4) 북한이탈주민 가족들을 위한 전문상담기관 및 전문인력 양성 필요

북한이탈주민 가족은 혼인과 이혼, 별거로 인한 심리적 고통, 재산관리 및 이혼시 분할, 성역할 갈등, 자녀교육 등의 문제로 인한 상담 수요가 많다. 남북한 가족의 통합과정에서 발생할 수 있는 법률적, 심리적 문제들을 상담할 수 있는 전문기관 설치와 전문인력 양성, 그리고 이를 위한 교육프로그램 개발이 필요하다.

5) 지속적인 보호와 안정을 제공해주는 북한이탈주민 가족의 지지체계 기능 강화

북한이탈주민이 일상생활에서 얻는 사회적 지지의 주요 원천은 친가족, 친구 및 동료이다. 지속적인 보호와 안정을 줄 수 있는 가족 및 보호자 체계의 지지기능을 강화할 필요가 있다. 가족구성원 관계를 돈독히 할 수 있는 부부를 대상으로 한 프로그램이나 부모–자녀의 의사소통 프로그램, 이혼가족이나 재혼가족의 재적응서비스, 폭

력가족이나 알코올 중독 가족을 위한 지원서비스 등이 확대되어야
한다. 특히 가족과의 이별과 상실의 고통을 안고 있는 무연고 청소년
들에게는 대안가정이나 지속적인 보호를 제공해주는 후견인을 확보
하는 방안을 적극 모색해야 한다.

6) 북한이탈주민 가족에게 서비스를 제공하는 기관의 역량 강화

지역사회복지관은 북한이탈주민 가족에게 가장 근거리에 위치하
면서 그들에 대한 이해와 경험이 있는 전문인력들이 상주해서 그들
의 다양한 문제해결과 욕구충족을 위해 여러 가지 측면에서 지원을
하게 된다. 정부는 예산과 행정지원을 하고 지역복지관에서는 다양
한 가족건강 증진사업을 실행할 수 있도록 파트너십체계가 구축되
어야 한다. 지역사회사회복지관에서 북한이탈주민의 가족건강을 포
함한 정착지원 서비스를 제공하는 중심기관으로 역량을 강화하고
내실화를 꾀하여야 한다.

3. 가족에 대한 개입 실천사례

북한이탈주민 가족에 대한 개입실천 사례연구가 최근에 시작되고
있다. 이옥자·김현경(2007)의 연구에서는 북한이탈주민 가족이 북
한과 중국이라는 시공간을 넘어 해체되고 재통합되는 과정에서 어
려움을 극복하기 위해 분투노력했던 체험적 현상에 대한 의미와 구
조를 밝혀 그들을 이해하였고, 연구결과를 토대로 북한이탈가족에
대한 이주사회에서 변화된 가족관계의 다양한 측면에 개입할 수 있

는 가족치료적 전략을 제안하였다. 이 연구에서는 2개의 사례가 제시되었는데, 그중 1개 사례의 구술내용, 의미분석, 구조확인, 통합 해석과정을 제시하였다(이옥자 · 김현경, 2007: 380~382).

여기에서는 미국 기관에서 실시하고 있는 난민가족 강화하기 Strengthening Refugee Families 실천사례를 소개하고자 한다. 이는 난민가족 프로그램 RFP:Refugee Families Program 으로, 난민가족들의 사회적응에 도움이 되는 프로그램이다. 이러한 프로그램은 여러 가지가 있지만 여기에서는 취학 전아동과 부모가 함께하는 교실을 간략하게 정리하였다(Scheinfeld, D. & L. B. Langendorf, 1997: 25~46).

1) 아동 - 부모 교실 child-parent classes

난민가족들은 기관에서 제공되는 다양한 난민가족프로그램에 참여하게 되는데, 그중 하나가 아동-부모교실이다. 아동-부모 교실은 공교육 속에 난민가족의 어린 아동이 입학을 준비하고 부모의 양육능력을 강화하며 그들의 어린 자녀의 지적 · 정서적 개발을 지지하기 위한 프로그램이다.

아동-부모 교실은 미취학 아동과 부모가 등록하는 것으로 시작되며, 보통 참가자 가정 중 한 가정에서 이루어진다. 등록한 각 가정은 수업이 그들의 집에서 열려질 수 있는지에 대해 요청을 받게 되며, 적어도 한 가족은 자발적으로 이를 수락하게 된다. 집이 붐빌지라도 교사는 수업에 가장 적절하도록 환경을 구성하고 상황을 조절한다.

교실은 기본적으로 3~5세 아동을 가진 가족을 대상으로 실시한다. 수업은 최대 5명의 부모와 7명의 취학 전 아동을 대상으로 하여 작게 이루어진다. 수업이 참가자 중 한 명의 가정에서 이루어진다면 집단의 크기는 편안하게 적응할 수 있도록 또한 그 수를 제한한다.

가족에게 프로그램의 세부내용에 대해 설명할 때는 아동이 취학을 준비하는 데 있어 어떻게 도움이 되는지를 설명한다. 초기 설명은 간단하게 하고, 진행될 아동-부모 교실을 강조한다. 어머니와 아버지, 혹은 양육자는 각 세션에 참여하고 활동을 통해 아동을 돕게 된다는 점을 명확하게 하여 깨닫게 한다.

수업은 아동과 부모(보통 모), 둘에게 실시되는 내용으로 구성되며, 9개월 반 동안 같은 교사와의 정기적인 만남을 통해 진행된다. 학교에 입학하는 아동에게 기대되는 사회기술의 획득은 프로그램의 중요한 부분이고 교사는 특히 매일의 프로그램 속에 이 부분이 학습되도록 주의를 기울인다.

아동교육에 대한 목표는 다음과 같다.

- '더 혹은 덜, 크고 작은' 과 같은 기본 개념, 분류 기술, 관찰 기술에 초점을 맞춤으로써 지적 발달을 도모한다.
- 초등학교 교과과정에서 잘 활용할 수 있는, 색깔이나 형태 등 구체적인 기본 단어와 주로 사용하는 문장과 구체적인 기술을 발달시킨다.
- 가위, 크레용, 파스텔, 퍼즐 등 취학 전 수업에서 주로 사용하는 도구 등의 사용법을 배운다.

(1) 모집recruitment - 가족을 찾아내기locating families

모집의 주요한 목적은 학교에 들어갈 연령이 되는 취학 전 아동들을 준비시키고 학교생활을 잘 할 수 있도록 지원하는 데 있어 도움이 필요한 가족을 등록하기 위한 것이다.

모집 과정은 난민가족프로그램과 같은 가족 프로그램의 개발에

있어 중요한 과정이다. 프로그램 목표와 클라이언트의 욕구의 연계
는 성공적인 프로그램에 기초가 된다. 그것은 가족구성원 모두에게
도움이 되는 적절한 기관과 상담소로의 의뢰, 가족서비스, 교육적 활
동을 개발하는 데 있어 기초가 된다.

① 초기면담 initial contacts

가족이 확인되고 의뢰되면 즉시 부모들에게 난민가족프로그램에
대해 설명을 한다. 부모가 난민가족프로그램에 대한 설명을 듣고 나
서 참여하기를 원하면 등록하게 한다. 가족과의 초기 단계에서 부모
들에게 프로그램에 대한 좀 더 실제적인 이해를 돕기 위해 프로그램
이 진행될 교실의 사진을 보여주는 것이 좋다. 이렇게 함으로써 진행
될 교육과정에 대한 이해가 높아지기 때문이다. 즉, 부모의 이해를
방해하는 언어적 혹은 문화적 장벽이 있는 경우에 특히 필요하며 중
요하다.

② 등록 enrollment

입학자의 이름과 주소가 등록되면, 프로그램 진행 스케줄을 세우
며 제안된 계획을 부모가 수행하는 것이 가능한지 반드시 확인한다.
부모와의 접촉은 전화상 의사소통하기 어렵다든가 전화를 가지고
있지 않은 가족이 있을 수 있기 때문에 대면상 in-person 으로 해야 한다.

③ 인테이크 인터뷰 intake interview

프로그램에 참가하는 가족은 인테이크 인터뷰를 통해 시작된다.
인테이크에서는 가족구성원의 이름과 나이, 각 가족구성원의 교육
경력, 직업사, 개인사, 병력과 현재 의료적 상태 등을 알아본다.

(2) 사후관리^{follow-up} - 지속적 사정^{ongoing assessment}

난민가족이 RFP에 참여한 후, 2개 국어를 하는 상담사 직원은 가족 관계를 구축하는 과정의 연속에서 가정방문을 한다. 가정방문에서 그는 인테이크 인터뷰에서 제공받은 정보를 확장 심화하며, 그 가족에게 제공되는 부가서비스를 알려준다. 또한 방문할 때 아이들이 놀 수 있는 장난감을 가져가서 부모와 아동 간 의사소통과 아동의 양육기술을 관찰할 수 있는 기회를 가진다.

참여 가족에 대한 지속적 사정은 중요하다. 아동-부모 교실의 교사는 가족에게 필요하다고 생각되는 부가적 서비스를 파악하여 상담사 직원(혹은 사회복지사)에게 알려주도록 한다. 초기사정은 가족 구성원 간의 의사소통과 생활방식을 포함하여 더 많이 이해할 수 있게 한다. 또한 그들의 문화적 배경과 교육관 및 아동양육 방식을 어떻게 반영하는지를 더 잘 알 수 있게 한다.

아동-부모 교실의 초기 방문과 가정 방문에 이어 추가로, 교사는 부모가 아동과 상호작용하는 방법과 교실에서의 아동의 수행에 관한 정보를 제공한다. 초기 그리고 지속적 사정은 가족들이 이용가능한 서비스와 그것들을 유용하게 이용할 수 있는지에 대해 이해할 수 있게 한다.

2) 아동 - 부모교실의 교육과정과 활동^{curriculum and activities}

교사는 교육과정 개발과 실행을 위해 사회복지사 및 상담가와 협력하여야 할 책임이 있다. 교육과정은 수업의 전체적인 청사진이라 할 수 있다. 교사는 아동의 나이, 발달단계, 성격 등을 고려한 각 집단의 욕구뿐만 아니라 부모의 욕구를 고려하기 위해 그것을 조절하여야 한다. 교사는 프로그램에 아동들의 흥미가 포함되며, 그리고 그 흥미가 집단에 의해 구체적으로 표현되도록 노력해야 한다.

프로그램의 내용은 아이들이 문화적 정체성을 유지하는 반면, 그들이 국가의 문화와 공교육의 기대에 익숙해지도록 돕는 데 있다. 그와 동시에 중요한 목표는 아동의 지적 발달을 지지하는 것이다. 교사는 기초를 이루는 기본개념의 이해를 촉진하는 활동을 계획하는 데 특별히 주의를 기울이고 이와 더불어 취학 전 프로그램의 실천을 아동들에게 소개하기 위한 것이다. 또한 교사는 프로그램에 공휴일과 중요한 지역사회 이벤트를 포함한다.

(1) 교재교구 및 자료 준비하기 preparing materials

교사는 프로그램이 진행되는 전 기간 동안 아동들이 다양한 경험을 제공할 수 있는 교재교구를 선택하여야 하고, 각 세션의 계획에 적절한 교구를 선택해야 한다. 교사는 그 날에 필요한 적절한 준비물을 가지고 와서 난민 가족들과 함께 신중하게 활동해야 한다.

(2) 부모와 함께 하기 working with parents

아동과 그의 부모 간의 상호작용을 촉진하도록 조정하는 일은 중요하다. 아동들이 어떠한 사물에 대해 이름을 말하고, 설명하고, 질문하고, 이에 대해 부모가 반응을 보여주고, 격려해주는 등 함께 상호작용할 수 있도록 교사는 부모를 장려한다.

부모가 수업활동이 중요하다고 느끼도록 하기 위해 프로그램의 모든 측면에 부모들을 포함하도록 한다. 때때로 교사는 부모가 아동을 돕는 게 필요하다는 것을 부모에게 명확히 해주기 위해 아동의 수준 이상의 단계인 활동을 계획한다. 부모는 아동과 함께 책을 보도록 요구받기도 한다. 프로그램은 문화적 정체성을 유지하고 모국어로 아이들이 개념을 배우도록 하기 위한 방법으로서 집에서는 가족의 모국어를 사용하도록 장려한다. 지금 사는 곳에 대해 더 많이 알도록 부모에게 소개하는 노력을 하지만 그들의 본국의 관습을 존중함으로써 균형을 유지하도록 한다.

문화적 차이는 대개 절충적으로 다루어진다. 교사는 부모가 행하는 방법과 프로그램(RFP)이 기능하는 방법 간의 중간의 방법을 모색하여야 한다. 부모와 교사 간의 관계를 발전시킴으로써 부모는 교사가 옳은 것을 한다고 믿고 교사는 좀 더 긍정적인 면에서 부모의 접근을 바라보아야 한다.

3) 가족에 대한 개별 서비스^{individual services to families}

0~7세 사이의 아동이 있는 가족 중에는 여러 가지 이유—예를 들면 아프거나 장애인이 있는 가족, 너무 많은 어린 자녀가 있는 경우, 수업 장소에서 너무 멀리 떨어진 곳에 사는 가족—로 수업에 참여할 수 없는 경우도 있다. 이러한 가족은 개인적 기초를 바탕으로 교육과 가족서비스를 받기도 한다. 교사 혹은 2개 국어를 사용가능한 직원이 정기적으로 방문하고 부모(보통 어머니)와 가족의 어린 자녀 중 한 명 이상을 만난다. 가정방문자는 적절한 취학 전 활동을 부모와 아이에게 설명하고 또한 가족에게 적절한 서비스를 제공한다. 이러한 서비스에는 공적부조, 시설 혹은 학교와 같은 사회적 기관을 이용하는 내용을 포함한다.

취학 전 아동—부모교실에 참여할 수 없는 가정에 제공되는 교육서비스로 두 가지를 생각해 볼 수 있다. 한 가지 접근은 취학 전 수업의 형태를 따르는 것이다. 교사는 1주일에 한 번씩 1시간 30분 동안 가정을 방문하고 취학 전 아동뿐만 아니라 형제자매와 부모에게 활동과 수업을 제공한다. 가족서비스는 다른 직원이나 다른 기관 혹은 전문가로의 의뢰를 통해서도 제공될 수 있고, 교사는 주 1회를 기본으로 부모와 아동에게 이용가능하도록 할 수 있다. 아무래도 개별가정 방문수업은 아동-부모교실에 비해 개별화된 접근으로 많은 제한점이 있게 된다. 예를 들면 집단 활동에서 얻어지는 사회기술을 배울 기회를 제공받지 못할 수도 있다.

교육서비스에 대한 두 번째 접근은 좀 더 유연한 형태를 따르는 것이다. 가정기반 서비스가 교육뿐만 아니라 사회적, 의료적 서비스를 포함하게 될 경우, 주 1회 방문에 의료방문, 공적부조와 다른 의뢰기관과의 약속, 아동 양육 혹은 가족문제에 관한 부모와의 논의 등을 포함하여 수업 관련 스케줄을 유지한다는 것은 불가능하다.

4) 아동 - 부모교실 교사의 기술^{teacher techniques}

교사가 프로그램에 참여하는 아동과 부모에게 서비스를 제공할 때 유용한 기술은 다음과 같다.

(1) 모델링^{modeling}

모델링은 교사에 의해 사용되는 가장 중요한 기술이다. 부모와 아동이 어떻게 상호작용이 이루어져야 하는지, 태도는 어떠해야 하는지 등 바라는 성과를 실제적으로 나타내 보여줄 수 있다. 특히 언어장벽이 있을 때 상호관계 모델링은 언어적 설명보다 훨씬 더 효과적이다.

아동양육기술은 국가마다 다르다. 같은 기술도 문화적 맥락에서 효과적일 수 있고, 비효율적일 수 있다. 징벌discipline은 아동양육에 관해 문화가 어떻게 충돌하는지를 보여주는 좋은 예이다. 교사는 이 나라에서 효과적으로 증명되고 부모에 의해 채택될 수 있는 징벌의 방법을 계획하고 소개해주어야 한다.

(2) 가족서비스 직원과 교사의 상호작용teacher interactions with family service staff

교사는 부모와 아동과의 상호작용에서 관찰되는 문제를 파악하고, 2개 국어를 사용하는 직원(상담사, 혹은 사회복지사)과 그 문제를 논의하는 데 주의를 기울여야 한다. 부모와의 개별적인 상담을 통해 부모를 지지할 수도 있고, 아동발달에 대한 지도도 할 수 있다. 수업시간에 드러나는 다른 사람들의 상호작용을 관찰하게 함으로써 부모자신들의 상호작용과 양육기술에 대해 알 수 있게 된다. 교사는 부모에게 아동과 상호작용하는 새로운 방식을 제공하고 아동을 다른 측면에서 바라볼 수 있게 한다.

(3) 아동의 개별적 욕구 충족하기meeting individual needs of children

개별적 욕구 충족은 각 아동의 발달단계, 독특한 성격과 기질 및 강점과 흥미에 대해 교사의 요구를 조화시키는 것을 의미한다. 교사는 수업 참여를 위한 적당한 요구를 하는 동시에 주의집중시간이 짧거나 부끄럼을 많이 타는 아동이 영어로 의사소통하는 데 있어서의 어려움을 고려해야만 한다. 아동은 각기 다른 성장속도와 학습형태를 가지고 있기 때문에 교사가 이러한 개인적 차이를 고려하고 적절하게 조정할 때 가장 효과적이 된다.

부모가 아동에 대해 비현실적인 기대를 가지는 경우, 교사는 취학전 아동의 연령에 맞는 적절한 기대가 무엇인지를 부모들이 인지할 수 있도록 노력해야 한다. 구조화된 더 많은 작업들이 과제로 주어져서 부모들이 아동들과 좀 더 친숙한 방법으로 관여할 수 있게 해준다.

(4) 부모의 욕구 충족하기^{meeting individual needs of parents}

수업에 참여하는 부모들은 많은 욕구를 가지며 이를 표현하기도 한다. 교사는 이들의 욕구를 고려해야만 한다. 부모들은 아동들의 교육적 목적을 위해 활동에 참여하기도 하지만, 그러한 활동을 통해 부모 자신들의 욕구가 해결되기도 한다.

9개월 반 동안 함께 하는 스케줄로 참가자들이 서로 편안함을 느끼게 되고 이로 인해 교사는 활동을 계획함에 있어서 보다 유연해지게 된다. 교사는 부모가 지루해하지 않고 수업에 흥미와 참여를 유지하도록 관심을 가져야 한다.

(5) 학습 지지하기^{supporting learning}

아동들은 다양한 활동을 통해 개념, 기술, 새로운 단어 등을 습득하게 되며, 학습하고자 노력을 기울이게 된다. 이때 교사는 이러한 노력에 대해 칭찬과 격려로 지지해주어야 한다. 교사가 아동에게 직접적으로 지지해줄 수도 있을 뿐만 아니라 부모가 아동들을 지지할 수 있도록 하는 것도 중요하다. 교사가 아동을 지지해주는 모델이 될 수 있지만 부모도 지지하는 모델이 될 수 있다. 부모 중 한명이 지지하는 모델이 될 수 있도록 하면 그 부모의 행동을 다른 부모들이 모방하게 될 것이다.

(6) 학습 강화하기^{reinforcing learning}

아동들은 학습된 개념이 일상생활에 나타나 강화될 때 더 잘하게 된다. 언어장벽과 문화의 차이가 있는 난민가족의 아동인 경우에 더더욱 그렇다. 그러므로 난민가족프로그램 교사는 아동들이 배운 학습내용을 가능한 한 많이 그들의 레퍼토리 안에서 통합·활용될 수 있도록 강화방법들을 적용해야 한다.

(7) 자기표현^{self-expression}

아동들이 사회에서 받아들여지는 방법으로 그들의 느낌을 표현하게 하고, 그들의 느낌을 알도록 하는 것은 교육에서 매우 중요하다. 교사는 아동 스스로 표현하게 하기 위해 그들에게 놀이, 미술, 음악 등의 활동을 제공한다. 문화가 다를 경우에 어떻게 느끼는지에 대해 이야기하는 것은 민감한 부분이다. 아동들이 그들 자신과 학교문화에 적합한 방법으로 그들 자신을 표현하도록 배우게 돕는 것이 필요하다. 교사는 아동들이 그들의 문화 속에서 받아들여질 수 있는 방법으로 그들 자신을 표현하도록 주의를 기울여야 한다. 교사는 부모들에게 아동들을 다룰 때, 방해하거나 공격하지 않으면서 좀 더 개방적으로 어떻게 아동들을 돕는지에 대해 부모들에게 모델링을 제시할 수 있다. 미술은 종종 아동들이 타인을 공격하지 않고 감정과 생각을 표현하는 하나의 좋은 방법으로 활용될 수 있다.

(8) 공동체 의식 형성하기^{creating a sense of community}

    교사는 프로그램에 참가한 난민 가족들이 가지고 있는 공통된 문화적 이상^{cultural ideals}에서 공동체 의식이 형성되도록 노력해야 한다. 지역사회의 일원이라는 느낌은 여러 방법을 통해 형성되는 것이므로 프로그램 활동을 통해서 촉진한다. 공립학교에서는 부모들이 아동들에게 지지자가 되도록 돕는 목적이 있는데, 아동 부모교실 프로그램 참가자들은 이미 엄마나 아빠가 프로그램에 참여하였기 때문에 목적이 달성되었다고 볼 수 있다. 부모와 아동이 함께 같은 교재교구를 가지고 경험과 활동을 공유하는 기회를 갖게 되었고, 부모들은 어떻게 교사가 아동과 상호작용하는지를 파악하였으며, 새로운 생활태도와 좀 더 일치하는 아동양육의 새로운 방법을 배우게 되었다. 이는 공립학교에 입학하여 경험하게 되는 아동을 지지하도록 하는 구체적 기술을 습득하는 것으로 볼 수 있다.

15 지역사회에 대한 개입방안과 실천 사례

북한이탈주민의 특성과 정부의 정착 지원 제도의 한계로 인해 북한이탈주민이 남한사회에서 자립·자활을 이루는 데에 어려움이 존재하고 있다. 이에 정부에서는 북한이탈주민 지원을 위해 정부 주도적인 정책에서 민간기관의 참여와 협력적 파트너십으로의 방향 전환을 지속하고 있으며, 특히 최근에는 지방자치제가 본격화됨에 따라 각 지역차원에서 북한이탈주민의 적응 지원을 유도하고 있다. 전국적으로 분산 배치되고 있는 북한이탈주민의 성공적인 지역사회 정착을 이루기 위해서는 중앙정부의 역할 외에 지방자치단체 및 민간기관들과 협력, 역할 분담에 대한 준비와 계획은 정부의 중요한 과업이 되었다(황부자·손영지, 2007: 10~11).

지방분권화 정책에 따라서 지방자치단체의 역할의 중요성이 강조됨과 동시에 지역사회에서 북한이탈주민을 지원하는 지원 시스템의 중요성이 동시에 강조되고 있는데, 지방자치단체보다는 서비스의 경험과 서비스의 전문성을 확보하고 있는 지역사회복지관을 비롯한 지역사회 내 유관 서비스 전달체계 및 기관의 역할이 더욱 강조되고 있다고 할 수 있다.

김선화(2007: 21)에 따르면 새터민의 정착과 적응이라는 것은 복합적인 요소와 상당한 시간이 소요되는 것으로 정착과 적응 과정 중의 일정한 기간 동안 이러한 요소들을 새터민들의 각각의 상황에 맞게 지원하는 것이 정착을 지원하는 주체들이 가져야 할 태도이고 기능일 것이다. 이런 구체적인 정착지원 활동은 정부의 제도적 지원 안에서는 불가능한 것으로 민간기관들[1]이 그러한 역할 수행을 하고 있다. 특히 정부의 지원이 미치지 못하는 곳에서 새터민들의 제반 문제 해결 및 욕구 충족을 위한 서비스 제공의 역할을 수행하는 민간기관들 중에서 지역사회 내 새터민 밀집지역에서 포괄적 정착지원 서비스를 제공하고 있는 곳은 '지역사회복지관' 이라 할 수 있다.

지역사회복지관은 새터민들의 정착과정에서의 보편적 서비스(지역사회에 편입하는 신규자들을 위한 사례관리-정착도우미사업 및 기초적 지원, 사회적응, 아동청소년 교육, 정보화 교육 등)를 지원하는 기관과 이러한 분야를 포함한 취업과 정신건강 및 심리상담 등의 전문(전담)인력에 의한 전문적인 서비스를 제공하는 기관[2]까지 다양한 형태로 새터민 정착지원 프로그램들이 실시되고 있다. 또한, 지역사회복지관은 전국 16개 지역에 설치된 통일부 산하 북한이탈주민지원 지역협의회의 위원으로 소속되어 지역 내의 보호담당관(신변,

---

1 새터민지원 민간단체는 약 60여 개 기관으로 (재)북한이탈주민후원회에서 북한이탈주민지원 민간단체연대(1999년 24개 단체와 연구자가 모여 발족)를 총괄하는 역할을 담당하고 있다. 민간단체는 지역복지분과, 아동청소년분과, 정착지원분과, 해외분과로 구분하여 각각의 영역에서 활동하는 기관 간의 네트워크를 형성하고 있다.
2 공릉종합사회복지관, 한빛종합사회복지관, 북한이주민지원센터.

거주지, 취업)과 연계하고 그리고 2005년도에 시작된 정착도우미 사업 수행기관으로 다양한 기관들과 협력하면서 새터민 정착을 지원하고 있다.

본 장에서는 북한이탈주민이 거주지 배정에 따라 밀집 거주하는 지역사회가 발생됨에 따라 그러한 지역사회가 가진 어려움과 문제점을 파악하고, 그에 따른 지역사회의 문제 해결을 위한 방법들을 살펴봄과 동시에 지역사회의 지원 체계와 역할을 지역사회복지관에서의 기능과 역할을 중심으로 살펴보고자 한다.

1. 북한이탈주민 지역사회 거주 현황

1) 북한이탈주민 입국 현황과 변화 추세

북한이탈주민이 남한에 입국하는 수는 다음 표에서 보는 바와 같이 1990년대 초반까지 매년 10명을 넘지 않는 수준이었다. 그러나 1990년대 중반 수십 명 수준을 유지하던 것이 1999년 100명을 넘어선 이후 급격하게 증가하여 2002년부터는 매년 1,000명 이상이 입국하고 있다. 이처럼 북한 경제 상황 및 내부 상황이 약간은 호전되었음에도 불구하고 탈북자의 수 및 남한 입국 북한이탈주민의 수가 줄지 않는 것은 여러 가지 차원의 이유가 있을 것이다. 그러나 가장 많은 수의 탈북자가 체류하고 있는 중국 내에서의 탈북자에 대한 강한 압박이 지속되는 한 남한으로 입국하고자 하는 탈북자의 수는 증가할 것으로 예상할 수 있다.

또한, 국제위기감시기구(2006; 10) 보고서에 따르면 중국 등에 체류하고 있는 탈북자는 100,000명이라고 한다. 이러한 상황을 살펴볼

<표 15-1> 북한이탈주민 입국 현황

(단위: 명)

구분	~'89	~'93	~'98	~'01	'02	'03	'04	'05	'06	'07.3	합계
남	564	32	235	564	514	468	625	422	510	130	4,064
여	43	2	71	479	625	813	1,269	961	1,509	464	6,236
합계	607	34	306	1,043	1,139	1,281	1,894	1,383	2,019	594	10,300
여성비율(%)	7	6	23	46	55	63	67	69	75	78	60

※출처: 통일부.

<표 15-2> 북한이탈주민 지역별 거주현황

(단위: 명)

지역	서울	부산	인천	대구	광주	대전	울산	경기	강원
인원	3,381	580	728	344	226	400	139	1,905	220
지역	충북	충남	경북	경남	전북	전남	제주	계	
인원	215	290	237	220	141	128	47	9,201	

※자료: 통일부.

<표 15-3> 북한이탈주민 연령별 입국현황

(단위: 명)

구분	10세 미만	10~19세	20~29세	30~39세	40~49세	50~59세	60세 이상	계
'03	46	161	345	447	160	57	65	1,281
'04	69	247	493	644	260	8	96	1,894
'05	40	184	374	475	187	53	70	1,383
'06	84	259	527	688	258	73	130	2,019
'07.3	25	69	137	225	89	17	32	594

때, 남한에 입국하는 새터민들의 수는 지속적으로 증가할 것으로 판단되어 현재 입국한 새터민, 그리고 앞으로 입국할 새터민을 위한 준비는 매우 중요하다(김선화, 2007: 1).

남한에 입국하는 북한이탈주민들이 증가하면서 과거와 다른 추세가 발견된다. 즉, 과거에 비해서 가족단위 입국이 증가하고 있으며,

북한이탈주민 사회복지실천론

여성의 비율이 과반수를 넘고 있다. 연령별로는 20~30대가 가장 많은 비중을 차지하고 있으며, 지역별로는 중국과 접경하고 있는 함경도 지역의 비중이 매우 높다. 탈북 이전 직업 구성을 살펴보면 전문직보다는 일반 노동자의 비율이 압도적으로 높게 나타나고 있으며, 탈북 동기에 있어서도 생활고가 가장 높은 비율을 차지하고 있다(최용환, 2007: 101).

2) 북한이탈주민 지역사회 거주 현황

북한이탈주민을 지원하는 정부의 정착지원 제도에는 주거를 지원하는 제도가 있는데, 그 내용은 정부에서 주거지원금을 제공하고 북한이탈주민은 그 지원금으로 전국의 임대아파트를 임대할 수 있도록 지원하는 것이라 할 수 있다. 또한 전국의 임대아파트를 임대하는 과정에서 정부가 전국의 임대아파트를 임의로 선택하여 북한이탈주민에게 배정하는 과정을 거치기 때문에 특정 밀집 지역이 발생하고 있다고 할 수 있다.

전상천(2007: 49)에 따르면 국내 입국 탈북자들의 상당수는 수도권에 거주하고 있다. 최근 3년간 국내 정착 현황은 서울 3,701명(37.06%), 경기도 2,270명(22.73%), 인천 887명(8.89%) 등의 순으로, 수도권에만 전체 탈북자의 68.68%가 집중되어 있다. 수도권 외의 지방에 정착한 탈북자들 중 상당수가 구직, 학업 등을 위해 서울 등 수도권 지역을 수시로 오가며 지내는 상황이라는 것도 탈북자 정착 지원정책의 주무부처나 중앙정부 관련 기관에 대한 예산 편성 등에 있어서 중요하게 고려되어야 할 요소다. 최근 3년간의 입국자 현황을 살펴보면 〈표 15-4〉와 같다.

지역	서울	경기	인천	부산	대구	광주	대전	울산	강원
인원	3,701	2,270	887	523	321	219	352	134	199
비율	37.06%	22.73%	8.89%	5.24%	3.22%	2.20%	3.53%	1.35%	2.00%
지역	충북	충남	경북	경남	전북	전남	제주	계	
인원	240	291	249	252	147	156	48	9,987	
비율	2.41%	2.92%	2.50%	2.53%	1.48%	1.57%	0.48%	100%	

※출처: 2007년 통일부 국정감사자료.

2. 북한이탈주민 밀집 지역의 문제

최근 북한이탈주민이 밀집한 지역이 다수 발생하고 특정 지역의 경우 북한이탈주민 거주 비율이 심각히 높아지면서 북한이탈주민의 새로운 유형의 정착 장애 요인이 발생하고 있다. 북한이탈주민들이 남한사회에서 거주하면서 갖는 일반적인 어려움을 살펴보면 다음과 같다.

1) 지역중심의 지원 체계 부족

북한이탈주민이 밀집 거주하는 지역사회 내에의 지원체계는 이들이 지역사회에 잘 적응하고 정착하게 하는 데 가장 중요한 변수 중에 하나일 것이다.

이금순 외(2007: 1153~1154)에 따르면 북한이탈주민들이 정착하고 있는 지역단위에서 이들의 사회적응을 돕기 위한 지역단위 정착 지원체계는 지역에 따라 매우 큰 차이를 보인다. 제도적 차원에서 북한이탈주민정책 주무부서인 중앙정부의 통일부가 지역단위 정착 지원체계 구축을 정책목표로 설정하였다. 이에 따라 지역단위 보호담당관제도를 마련하고 있으나 대부분의 경우 관련행정업무 처리에 그치고 있다. 또한 16개 지역에 북한이탈주민지원 지역협의회가 구성되어 있으나, 일부 지역을 제외하고는 정착지원 활동이 활성화되지 못하고 있다. 주로 보호담당관, 지역 실무자와 관련 민간단체의 전문가들로 구성되어 있으나, 일반 지역주민들의 참여를 적극적으로 유도할 수 있는 기능은 하지 못하고 있다. 또한 거주지 정착과정에서 실제 북한이탈주민들이 겪는 어려움을 상담할 수 있는 체계가 지역단위에 마련되어 있지 못하는 경우가 많다. 다만 보호담당관 등 개인적 차원에서 문제를 해결하고자 하는 노력들이 상당한 비율을 차지하고 있다.

2) 지역사회와의 소통을 통한 지원 체계 부족

북한이탈주민들이 거주하는 주거지에서 생활하면서 겪게 되는 여러 가지 어려움들을 해결하기 위해서는 이웃이나 동료들의 관심이 필요하다.

북한이탈주민들이 남한사회 정착과정에서 거주지, 직장, 학교 등에서 만나게 되는 사람들과의 관계가 매우 중요한 영향을 미치게 된다. 그러나 실제 이러한 관계 형성을 도와주기 위한 정부나 민간차원의 프로그램은 매우 단발적이고 형식적으로 이루어지고 있는 수준이다. 이는 실제 지역사회차원에서 북한이탈주민 정착지원문제에 대한 인식이 매우 부족하며, 이들을 지역사회의 중요한 인적자원으로 수용해야 한다는 의식이 미흡하기 때문이라고 할 수 있다(이금순 외, 2007: 1153).

3) 지역사회 및 지역주민의 편견과 차별

북한이탈주민들의 실태조사를 보면 남한사회의 사회적 편견이 사회적응과정에서 매우 어려운 문제점으로 지적되어 왔다. 통일연구원(2003년) 조사에 따르면 북한이탈주민에 대해 편견을 갖는 이유와 관련하여 '북한에서 왔기 때문에' 가 응답자의 40.1%를 차지하여 출신지역이 가장 커다란 이유를 차지하고 있다. 단순히 출신지역이 북한이라는 이유만으로 편견을 갖는다고 인식하는 비율이 가장 높게 나타나고 있는 것이다. 다음으로 '사고방식이 달라서' 라고 답한 응답자가 27.6%를 차지하고 있다. 이외에도 '노력 없이 기대수준이 높아서' 10.7%, '말투가 달라서' 가 9.9%를 차지하고 있다. 반면 북한이탈주민들은 '능력이 부족해서 편견을 갖는다' 는 견해에 대해서는 상대적으로 부정적인 견해(5.6%)를 표출하고 있다. '사고방식이 달라서' 라는 응답을 2순위(27.6%)로 꼽고 있지만 북한이탈주민들은 사고방식의 차이가 남한인의 편견에 가장 큰 영향을 미치는 요소는 아니라고 인식하고 있다. 이러한 북한이탈주민들의 인식을 고려할 때 통합을 추진하는 과정에서 사고방식의 차이 극복보다는 '북한출신' 이라는 편견의 극복이 가장 심각한 것으로 판단된다(이금순 외, 2007: 1154).

통일문제국민여론조사(2003)[3]에 따르면 북한이탈주민에 대해 '동포애를 느낀다' 는 비율이 58%, '이방인 같이 느껴진다' 가 12.9%, '적대감이 느껴진다' 의 경우 5.5%, '별감정이 없다' 는 21.7%, '생각해 본 적이 없다' 가 1.9%로 나타난다. 성별 응답비율을 보면, 남성(61.7%)의 경우 여성(54.2%)보다 북한이탈주민에 대해 호의적인 감

---

3 전국단위 1,000명에 대한 설문조사의 결과이다.

정을 갖고 있는 것으로 응답하고 있다. 북한이탈주민의 사회적응도
에 대해서는 긍정적(32.5%)이라는 평가가 부정적(26.8%)보다 다소
높게 나타났으나, 다수(40.7%)는 보통이라는 응답을 하고 있다. 북한
이탈주민이 도움을 요청할 경우 태도에 대한 설문에는 '돕겠다' 는
응답이 49.5%, '관계기관 통보' 가 40.5%, '거절하겠다' 는 응답이
5.1%, '생각해 본 적이 없다' 는 경우가 4.9%로 나타난다. 남성
(57.8%)이 여성(41%)보다 적극적인 지원의사를 나타내고 있다. 이처
럼 북한이탈주민들과 일반 국민들 간에 상당한 인식차이가 존재하
고 있으며,[4] 북한이탈주민들은 대부분 정착과정에서 '북한출신' 이
라는 점 때문에 부당한 차별을 당하고 있다고 느끼고 있다. 이와 같
이 북한이탈주민들이 거주하는 지역단위에서 주민 혹은 동료들과
좀 더 자연스럽게 소통할 수 있는 기회가 필요하다. 정부나 민간단체
차원에서 이러한 주민들 간의 대화기회를 마련하기 위한 시도들이
지속되어 왔으나, 아직도 매우 미흡한 실정이다(이금순 외, 2007:
1154).

4) 남한 주민과 북한이탈주민간의 서로에 대한 이해의 차이

남한 주민과 북한이탈주민들 간에서는 서로에 대한 인식의 차이
가 상당히 크게 나타나고 있다. 정치, 경제, 사회, 문화적인 특성이
상이한 곳에서 삶을 살아왔기 때문에 당연한 부분도 있지만, 일상생
활을 공유하는 지역사회 내에서 이러한 차이를 근거로 한 서로에 대
한 시각의 차이는 생활상에서는 큰 갈등의 상황을 만들어 낼 수도 있

---

4 채정민, 「북한이탈주민 이미지 관리방안」, 『북한이탈주민 정착지원 발전방향』, 하나원 개원 5주
년 기념 세미나(2004.7.9), pp.65-88. 재인용.

으므로 상당히 의미 있게 살펴볼 필요가 있다.

KBS(시사기획 쌈)에서 2007년 3월 30일~2007년 4월 7일까지 (주)밀워드브라운 미디어리서치에 의뢰하여 서울시의 북한이탈주민 밀집지역의 한 아파트에 거주하는 만 19세 이상의 원주민[5] 250명과 새터민 50명을 대상으로 '새터민에 대한 인식조사'를 실시한 결과를 소개하면 다음과 같다.

새터민과 원주민에게 각각 서로에 대한 감정을 질문한 결과, 원주민들은 과반수인 57.6%가 '별 감정이 없다'라고 답했고, 23.2%는 '같은 민족으로서 동포애를 느낀다', 19.2%는 '이방인처럼 느껴진

〈그림 15-1〉 새터민/원주민에 대한 평소 감정

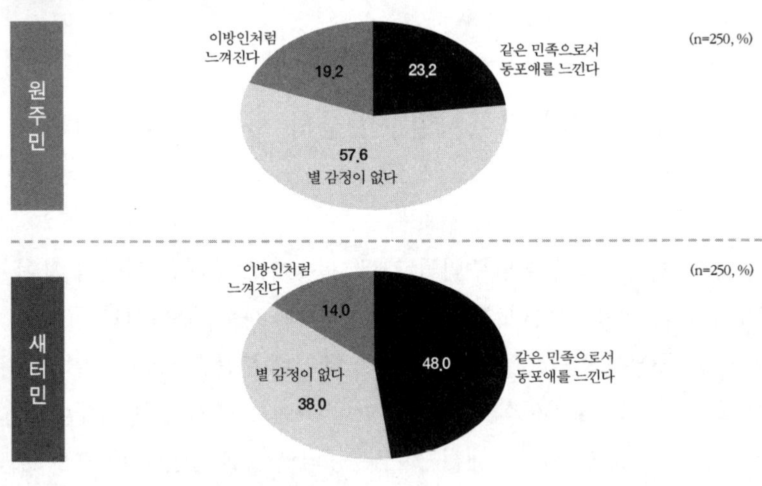

---

5 남한에 원래부터 거주한 주민을 일컫는 용어

다'고 응답했다. 그에 비하면 새터민들은 원주민에 대해 '같은 민족으로서 동포애를 느낀다'(48.0%)고 밝혔다. '별 감정이 없다'는 38.0%, '이방인처럼 느껴진다'는 14.0%로 나타났다(〈그림 15-1〉 참조).

새터민들의 거주 아파트 추가 전입 찬반에 대하여 원주민들은 '찬성한다'가 49.6%, '반대한다'는 50.4%로 나타나, 찬반이 팽팽히 맞서고 있었다. 한편, 새터민 대면 경험층에서는 과반수가 '반대'(61.5%)의 입장을 보였다. 이는 새터민에 대한 경험이 있는 사람들일수록 그들에 대해서 거부적인 성향을 보이고 있음을 확인할 수 있다.

〈그림 15-2〉 새터민 거주 아파트 추가 전입 찬반에 대한 견해

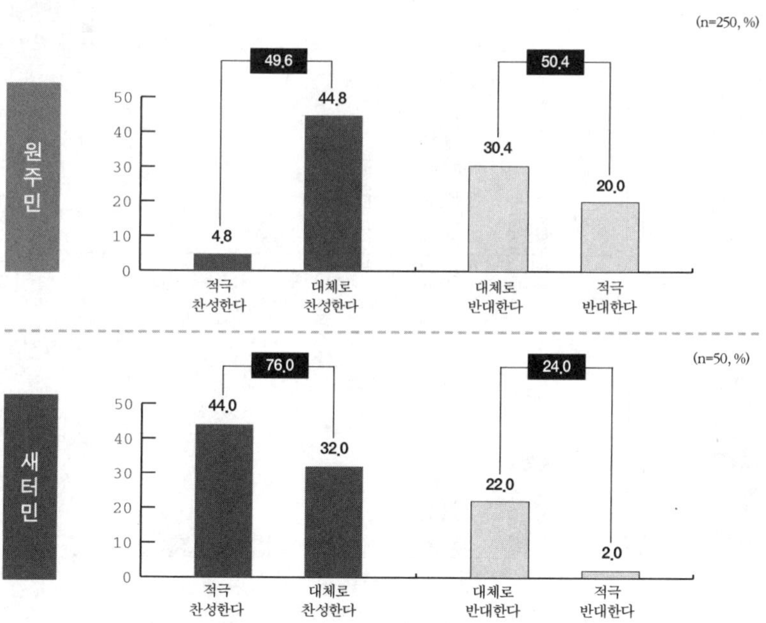

반면, 새터민들은 76.0%가 '찬성한다', 24.0%가 '반대한다' 라고 응답해, 다른 새터민들이 현재 살고 있는 임대아파트로 추가 전입하는 것에 대해 '찬성' 이 강했다(〈그림 15-2〉 참조).

새터민 지원금 제도에 대하여 원주민들은 '현재 수준이 적당하다' (44.4%)는 의견이 가장 많았고, 26.0%는 '지원금을 지금보다 줄여야 한다', 6.4%는 '지원금 제도 자체를 폐지해야 한다' 고 응답해 원주민의 30% 정도는 현재의 지원금 제도에 부정적이었다. '지원금을 지금보다 늘려야 한다' 는 응답은 11.2%로 적었다. 반면, 새터민들은

〈그림 15-3〉 새터민 지원금 제도에 대한 견해

문 정부는 새터민들의 남한 정착을 돕기 위해 지원금 제도를 시행하고 있습니다. 현재 새터민 1인에게 지급되는 각종 지원금은 약 1,900만원 정도입니다. 귀하는 이같은 지원금에 대해 어떻게 생각하십니까?

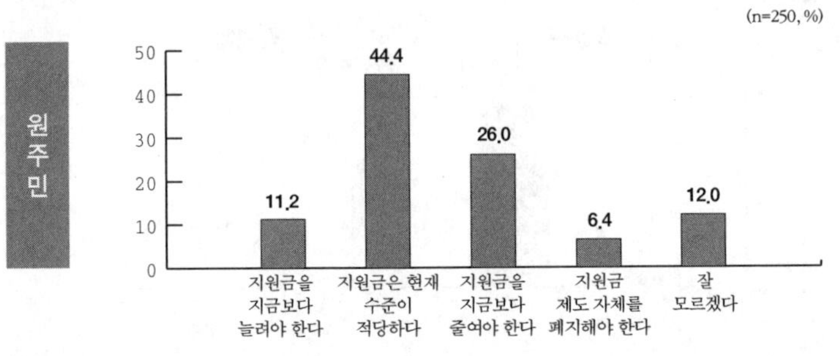

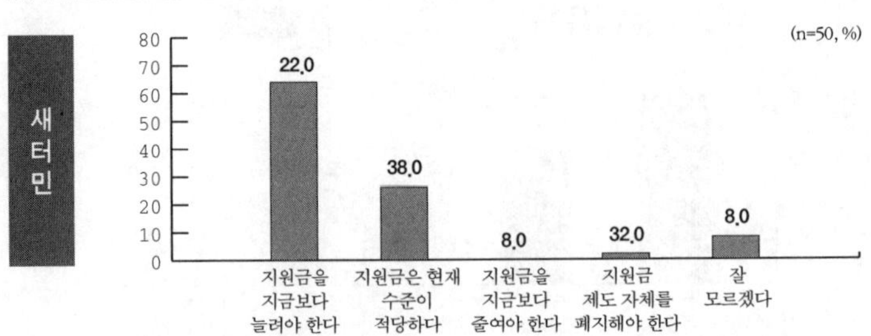

'지원금을 지금보다 늘려야 한다' 가 64.0%로 가장 많았고, 26.0%는 '지원금은 현재 수준이 적당하다' 고 응답했다(〈그림 15-3〉 참고).

원주민의 31.6%는 새터민이 미래 통일 한국을 준비하는데 '도움 이 될 것이다', 68.4%는 '도움이 되지 않을 것이다' 라고 응답해, 새 터민들이 미래 통일 한국을 준비하는데 도움이 되지 않을 것으로 보 고 있었다. 새터민들이 미래 통일 한국을 준비하는데 '도움이 될 것' 으로 보는 원주민들은 구체적으로, '남한주민들이 북한사회의 어려 운 실상을 객관적으로 파악하는데 도움이 된다' (49.4%)를 가장 많이

〈그림 15-4〉 미래 통일 한국 준비에 새터민 도움 정도 및 분야(원주민)

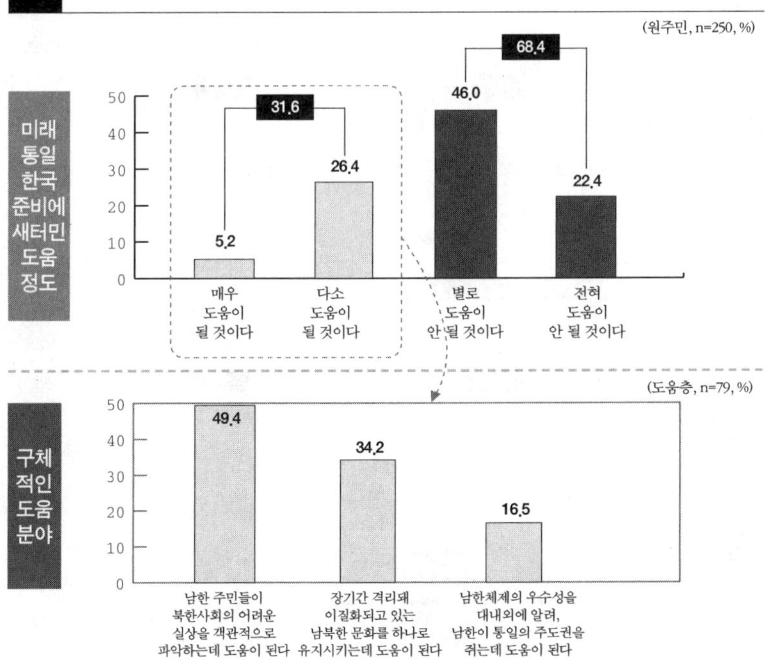

꼽았다. 미래 통일 한국 준비에 새터민의 도움 정도 및 분야에 대해서 새터민의 80.0%는 '도움이 될 것이다', 20.0%는 '도움이 안 될 것이다'고 응답해, 자신들이 미래 통일 한국을 준비하는데 도움이 될 것이라는 시각이 강했다. '도움이 될 것이다' 라는 새터민들은, 구체적으로 '남한주민이 북한사회의 어려운 실상을 객관적으로 파악'(57.5%)하는데 도움이 된다는 응답이 많았다. 다음은 '장기간 격리돼 이질화되고 있는 남북한 문화를 하나로 유지시키는데 도움이 된다' (25.0%)로 나타났다(〈그림 15-4〉 참고).

새터민 정착을 위해 세금을 더 낼 용의가 있는지 질문한 결과, 원

〈그림 15-5〉 새터민 정착을 위한 세금 증가에 대한 견해

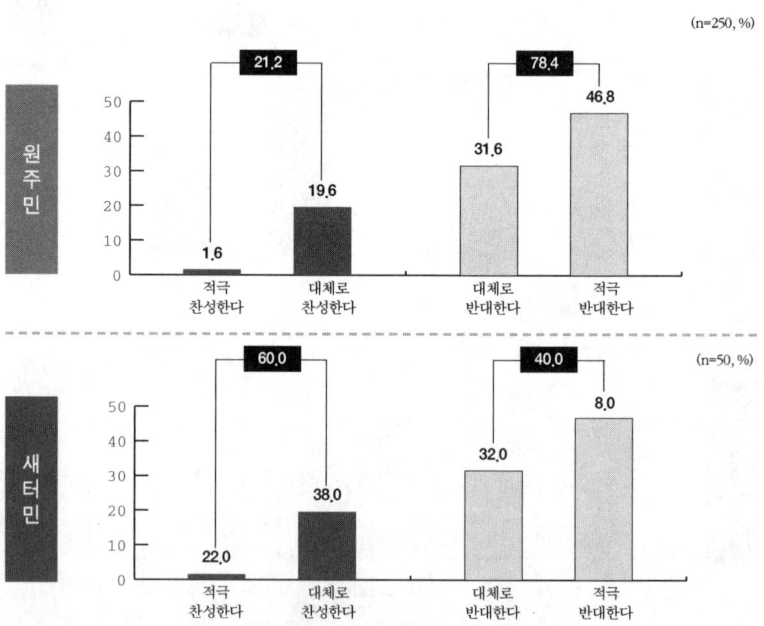

주민은 21.2%가 '있다' 고 응답했지만, 78.4%는 '없다' 로 나타나, 새터민을 위한 추가 세금 납부에 대해서는 부정적이었다. 반면, 새터민은 '매우 있다' 는 응답 22.0%를 비롯해 과반수인 60.0%가 '있다' 고 응답해 원주민과 새터민의 입장 차이를 보였다(〈그림 15-5〉 참고).

　　새터민의 한국사회 적응여부에 대해 원주민들은 과반수인 57.6%가 새터민들이 한국사회에 '적응하지 못하고 있다' 고 응답하였다. '잘 적응하고 있다' 는 26.8%로 나타났고, '잘 모르겠다' 는 응답은 15.6%로 나타나 적지 않았다. 새터민들은 본인들이 전반적으로 한국사회에 '잘 적응하고 있다' 는 의견과 '적응하지 못하고 있다' 는 의견이 비슷했다.

〈그림 15-6〉 새터민의 한국사회 부적응 원인

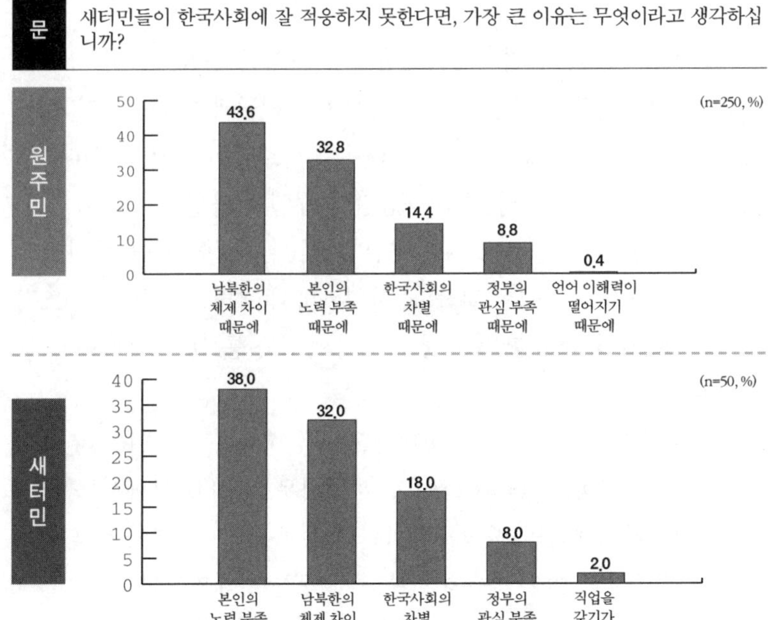

새터민들이 한국 사회에 적응하지 못하는 이유로 원주민들은 '남북한체제 차이'(43.6%)를 가장 많이 꼽았고, 그 다음은 '새터민 본인의 노력 부족'(32.8%)이라고 응답했다. 한편, 새터민들도 '새터민 본인의 노력 부족'(38.0%)과 '남북한 체제 차이'(32.0%)를 주로 꼽아, 원주민과 새터민 모두 '남북한 체제 차이'와 '새터민 본인 노력 부족'을 한국사회에 잘 적응하지 못하는 주 이유로 보고 있었다(〈그림 15-6〉 참조).

3. 지역사회에 대한 개입방안

1) 지역 주민조직에 대한 개입

북한이탈주민들의 지역사회에서의 안정적인 정착생활이 상당히 중요한 의미를 갖는 것은 그 지역사회의 주민들과의 관계상의 불편함이 적고 지역주민으로서 자연스러운 의사소통이라 할 수 있다. 이러한 의사소통을 위해서는 주민들 간의 개인적 차원으로의 실천 노력도 필요하지만, 전략적으로는 지역사회를 이끌어 가는 주민조직의 도움을 통하는 것이 적절하다. 지역사회 내에는 다양한 주민 조직이 있는데, 가장 작은 단위의 행정 조직 단위는 통, 반 시스템이라 할 수 있다.

북한이탈주민 밀집지역의 통반장모임을 비롯하여 새마을 부녀회 및 아파트 부녀회, 지역 내 노인정, 관리사무소, 학교 안에서는 학부모회, 주민자치센터의 주민사치위원회 등에서 그 지역의 지역주민으로서 거주하고 있는 북한이탈주민에 대한 소개와 더불어 그들의 적응 과정상의 어려움에 대한 이해를 증진시키고, 이를 통하여 지역사회의 주민조직들이 도움을 제공할 수 있는 방법을 찾아가도록 지원하는 전문가의 실천적 노력이 필요하다.

2) 북한이탈주민들의 조직화

주민 조직화의 개념은 다음과 같다(선의관악복지관 외, 2007: 101).

첫째, 지역의 당면사안이나 문제해결을 위해서 주민들의 힘을 모으는 것이다. 조직화는 주민의 효과적인 힘, 뭔가 변화시킬 수 있는 힘을 모아내는 데 목적이 있다. 조직화 과정을 통해서 주민은 자신들의 무기력함을 극복하고, 그들이 처한 상황에 대처하고 조정할 수 있는 힘을 개발하며, 그들 자신의 손으로 미래를 만들기 시작한다. 그들을 억누르는 구조나 제도들에 대항하는 과정에서 주민은 비인간화된 대상이 아닌, 자신들의 권리를 지키고 운명을 스스로 결정하며 온전한 존재로 거듭나는 것이다.

둘째, 주민이 문제 인식을 공유하고 행동하게 하는 힘의 체계(조직체)를 만드는 것이다. 조직화는 주민을 모아놓는 데 그치지 않고, 주민의 이해와 요구를 위해 움직이는 지속가능한 조직적 구조(주민 공동체)를 만드는 데까지 나아가야 한다. 이 구조(공동체)는 주민의 힘이 모여지고 발산되는 통로가 되어 움직이게 된다. 주민이 자신들이 직면한 문제를 공유하고 이의 해결을 위해 행동하기 위한 힘의 실체가 되는 것이다.

셋째, 여러 세력과 연대하고 협력하며 최대한의 힘을 구축하는 것이다. 지역 문제를 해결하며 보다 근본적인 변화를 이루기 위하여 최대한의 힘을 모아내야 한다. 문제의 일차적 주민으로서 주민을 조직하는 것과 더불어 주민에게 도움이 되는 지역사회 내·외의 협력 가능한 여러 세력들과 자원을 조직하여 힘을 최대로 만들어야 한다. 이 것은 주변의 협력자, 인적 물적 지원자, 이타적 사람들, 영역별 연대, 다른 주민 조직이나 연대체, 지역 혹은 전국 단체들, 정당, 해외 단체 들 등에 관련될 수 있다.

넷째, 주민의 의식을 조직하여 삶의 주체성을 높이며 자치력(정치력)을 창출하는 과정이다. 조직화는 육체적 존재로서의 주민을 조직하는 것이 아니라 의식적 존재로서의 주민을 조직하는 것이다. 그러므로 조직화의 궁극적 목적에는 주민의 의식의 변화가 있음을 놓치지 말아야 한다. 이 의식의 변화가 조직화 과정에서 현실화되어 자신의 지역을 스스로 변화시켜 내는 자치력을 확보하게 되는 것이다. 주민의 자치력은 결국 지역에서의 영향력, 즉 정치력으로 작용한다. 조직화로 인해 형성되는 주민의 자치의식은 지역에 정치적 영향력을 발휘하며 집단적 이기주의가 아니라 공동선(공공선)을 지향하며 지역의 비전, 즉 보다 나은 지역과 주민의 삶을 만들어 나가게 된다.

북한이탈주민들을 지원하고자 하는 지역주민들의 노력과 더불어 중요한 것은 남한사회에서 정착해가고 있는 북한이탈주민들의 노력이 필요하다. 사회복지사들은 북한이탈주민이 지역주민으로서 자신의 권리와 지역 주민으로서의 의무감을 확인할 수 있도록 지원해야 한다. 또한 지역주민들과 원활한 소통을 위하여 북한이탈주민들이 자조조직을 만들 수 있도록 도와야 할 것이다. 자신들의 문제와 어려움을 함께 모여 논의하고 해결을 위한 대안을 만들어 갈 수 있는 주민 조직을 만들고, 이러한 주민조직들이 지역사회와 주민 조직으로서 의사소통과 공동의 활동을 수행해 나가는 과정을 통해서 서로에 대한 이해의 증신과 오해와 편견을 축소시킬 수 있다.

3) 지역주민들에 대한 인식개선활동

　지역사회 차원에서 북한이탈주민의 정착을 지원하기 위한 개입활동으로, 지역주민들을 대상으로 한 북한이탈주민에 대한 인식개선활동은 북한이탈주민들이 정착에서 가장 어려워하는 남한 주민들의 편견과 오해를 줄일 수 있는 효과적인 방법 중에 하나이다.

　지역주민들이 북한이탈주민에 대한 인식의 상당히 많은 부분은 대중매체의 영향력이라고 할 수 있다. 최근에 북한이탈주민이 남한에 거주하는 비율이 높아짐에 따라 많은 대중매체들은 북한이탈주민의 정부차원의 정착지원 실태와 그에 따른 북한이탈주민들의 남한적응 실태에 대해 다양한 시각으로 방송을 실시하고 있다. 그러나 이러한 방송 사례 중 상당 부분은 북한이탈주민의 남한사회에서의 정착 실패 사례에 대한 소개이고, 북한이탈주민에 대한 부정적인 인식을 갖게 할 수 있는 내용이 많다.

　이러한 방송매체의 영향력으로 인해서 북한이탈주민을 접해 본 경험이 없는 남한 주민들은 자연스럽게 부정적인 인식을 갖게 되고, 점차 증가하고 있는 북한이탈주민에 대한 부담스러움과 거부감을 갖게 된다. 따라서 북한이탈주민에 대한 객관적인 인식을 갖도록 하는 것이 중요하다. 또한 이념의 차이로 인한 분단국가이기 때문에 남한주민들은 북한이탈주민들의 사상적 측면에 대해서 부정적인 인식을 갖기도 하는데, 이러한 오해를 자연스럽게 해결해 갈 수 있는 남한 주민들의 인식개선활동이 시급히 필요하다.

　이를 위해서는 지역사회 내에 있는 다양한 조직과 지역사회를 이끌어가고 있는 지도자들을 대상으로 교육과 인식개선 활동을 해야 하며 북한이탈주민들과의 다양한 형태의 만남의 기회를 제공하여 인식개선을 이끌어내야 한다.

4) 지역주민조직과 북한이탈주민의 연합 활동

지역주민으로 거주하고 있는 북한이탈주민들과 지역주민들과의 공동의 연합 활동은 서로에 대한 인식의 장벽을 무너뜨릴 수 있으며 서로에 대한 긍정적인 인식을 증진시킬 수 있는 가장 적절한 형태의 개입이라고 할 수 있다. 지역사회를 이끌어가고 있는 기존 지역사회 조직의 활동과 역할 속으로 북한이탈주민들이 한 구성원이 되어 참여할 수 있는 기회를 발굴하고 그 활동에 참여할 수 있도록 북한이탈주민을 독려하고 이끌어내는 사회복지사의 적극적인 개입 활동이 필요하다.

많은 북한이탈주민들은 남한사회에서 경제활동에 참여하느라 지역사회와의 단절된 경우가 상당히 많으며, 남한의 기존의 주민조직에 대한 이해와 경험이 없기 때문에 쉽게 기존 조직 안으로 들어가는 것이 어렵다. 따라서 사회복지사는 북한이탈주민 자조조직과 북한이탈주민들의 특성, 어려움을 충분히 고려하여 지역주민조직과 연대 활동을 적절히 수행할 수 있도록 지원해야 할 것이다.

이러한 연합활동은 각 조직의 필요에 따라서 진행될 수도 있으며 북한이탈주민의 남한사회 정착을 지원하기 위한 방법으로 활동이 이루어질 수도 있다. 북한이탈주민과 남한주민들이 연합하여 지역주민으로 지역사회가 가진 북한이탈주민의 어려움과 적응상의 문제에 대해서 공동으로 개입을 위한 전략을 수립하고 활동하는 것은 가장 바람직한 형태인 당사자들에 의한 지역사회 문제해결의 방법이라고 할 수 있겠다.

5) 지역사회조직 간의 네트워크 구축

조직 간의 연대와 네트워크의 중요성과 필요성은 다음과 같다(선
의관악복지관 외, 2007: 141).

첫째, 지역사회를 구성하는 주민들의 욕구와 문제는 매우 다양하
며 이는 다양한 자원을 동원해 조직하고 상호교환과 분배가 이루어
짐으로써 해결되는 것이 더 효과적이며 효율적이라는 것이 네트워
크 형성의 중요한 함의를 지닌다. 특히, 다양한 욕구와 문제 개입을
위해 자원을 공유함으로써 서비스의 중복을 피하고 그 범위가 확장
될 수 있다.

둘째, 지역사회 자원공유의 필요성이 증대되었다. 자원은 늘 제한
적이며, 한계가 있다. 자원의 범위를 인적자원과 물적 자원, 모두를
포함하는 것으로 보았을 때, 서로가 가지고 있는 한정된 자원을 공유
하는 것은 가치실현의 가능성을 높게 하는 일이다. 자원공유와 네트
워크에 있어 상호이익$^{win - win}$의 사고 방식을 갖는다.

셋째, 네트워크 형성과정에서 다양한 자원이 개발되고 참여를 활
성화시킬 수 있다는 측면에서 중요한 전략이라고 할 수 있다. 특히,
지역사회 주민들이 서비스의 공급주체로 참여할 수 있는 기회가 확
장될 수 있다.

넷째, 네트워크의 철학적 관점은 인간의 욕구나 사회문제 중 어떤
한 부분은 반드시 다른 욕구와 자원간의 교환을 통해서 해결되고 충
족되는 것이 있다는 것이다. 이는 서로 상이한 욕구를 지닌 자원들이
서로 욕구와 자원을 교류하고 상호관계형성을 통해 해결되는 것이
효과적이라는 것을 배우는 과정이다. 즉, 상이한 욕구를 가진 자원들
이 지역사회 문제에 대한 공유의식을 갖게 되며, 지속적인 문제해결
구조로서 인식하는 과정이라는데 그 의미를 갖는다.

새터민들의 정착을 지원하기 위해서는 다양한 자원들이 필요하다. 정착과 적응에 필요한 여러 요소들은 그 서비스를 제공하는 기관이 보유하고 있는 자원들도 있지만, 지역사회 내에 전문기관 등을 포함하여 해당 기관이 보유하지 않은 자원들을 더 손쉽게 제공가능한 기관들이 있으므로 새터민 서비스 전담기관에서의 여러 지역 내 자원 및 기관들과의 네트워크는 무엇보다도 중요하다(김선화, 2007: 27)

이러한 지역사회내의 유용한 자원들 간의 네트워크는 정부의 예산지원보다도 더 효과적으로 지역사회의 문제를 해결하고, 지역사회의 필요한 욕구를 해결할 수 있도록 하는 원동력이다. 따라서 북한이탈주민을 위한 사회복지사의 지역사회 개입 전략은 지역사회내의 다양한 자원들을 파악하고 북한이탈주민의 욕구와 문제해결에 적합한 영역을 네트워크로 연결하고, 그 네트워크에 참여한 기관과 기관의 종사자들의 북한이탈주민에 대한 바른 이해를 증진시키는 일도 병행해야 할 것이다.

4. 지역사회에 개입 실천 사례

여기에서는 지역사회 차원으로 진행되고 있는 북한이탈주민 지원 프로그램 중 지역사회복지관에서 실시하고 있는 프로그램들을 소개하고자 한다.

북한이탈주민들을 지원하는 민간단체 중 가장 적극적이고 지역사회 중심으로 밀착지원 서비스를 제공하는 곳이 지역사회복지관이라 할 수 있다. 그 이유는 첫째, 대부분의 북한이탈주민들의 거주지역이 복지관이 위치한 임대아파트 지역이기 때문에 지역적 접근성이 높다는 점과 둘째, 지역사회복지관은 지역사회 내 거주하는 주민들의 특성(표적대상별, 문제유형별)과 그들의 욕구에 대응하여 전문 프로그램을 시행하는 기관이었기 때문에 새롭게 증가하고 있는 지역주민의 유형인 북한이탈주민에 대해 타 민간영역보다 비교적 즉각적이고 효과적으로 대응할 수 있다는 점에서라고 할 수 있다(김선화, 2004: 15). 2007년도 5월 현재 전국에서 북한이탈주민을 지원하는 지역사회복지관은 30여 개 기관으로 이들 중 일부 기관에서는 "새터민 정착지원센터"를 별도로 설치하여 운영하고 있으며 각 지역적 특성(북한이탈주민 거주자 수 및 지역사회차원의 대응 수준 등)에 따라 다양한 형태로 북한이탈주민 지원사업을 실시하고 있다. 지역사회복지관의 주요한 기능은 지역사회정착안내(지역소개 및 안내)와 초기상담을 포함한 지속적인 사례관리, 남한사회 적응을 위한 사회적응지원프로그램, 취업알선 및 진로지원, 아동 및 청소년과 대학생들을 위한 교육지원사업, 지역주민과의 통합과 사회적 통합지원사업, 지역사회차원의 네트워크 및 인프라 구축 사업 등을 실시하여 북한이탈주민들이 지역사회 안에서 조기에 정착하고 경제적으로 자립하여 장기적으로 남한지역사회에 통합될 수 있게 하는 목적을 추구하고 있다(김선화, 2007: 31~35).

또한 지역사회복지관은 북한이탈주민이 밀집 거주하게 되는 임대아파트에서 북한이탈주민을 포함한 다양한 지역주민들에게 사회복지 서비스를 제공하는 곳이다. 대부분의 지역사회복지관은 그 임대아파트가 조성되는 시점에 함께 건립되어 지역주민들이 이곳에 이주해오는 시점부터 지역주민들의 삶에 대한 사회복지적 개입을 실시하여 왔기 때문에 최근 신규 전입자들인 북한이탈주민들이 지역주민들과 의사소통하고 함께 어우러지면서 생활하는 과정에서 발생할 수 있는 어려움과 문제를 포함한 가장 필요로 하는 부분이 무엇인지를 가장 적절히 파악하고 있으며 실제 오랜 기간 동안 북한이탈주민들이 지역주민들과 융화되는 과정에 개입해 왔다고 할 수 있다.

1) 지역주민조직에 대한 개입 사례

지역사회 내의 새마을 부녀회, 통반장 모임, 기타 소규모 모임 등에서 지역 내 북한이탈주민들이 함께 참여하여 간담회를 실시하여 지역주민으로 북한이탈주민에 대한 이해를 증진시킴과 동시에 지역사회 차원으로 지원에 대한 계획을 수립할 수 있는 계기를 제공할 수 있다.

2) 북한이탈주민들의 조직화 사례

성인 북한이탈주민들을 중심으로 친목과 자조활동을 하기 위한 조직은 4가지 유형으로 구분할 수 있다. 북한이탈주민의 자원봉사단은 일반적으로 북한이탈주민에 대한 시각 전환에서 큰 의미를 지닌다. 북한이탈주민들은 자신의 정착 문제도 어렵기 때문에 다른 사람을 돕는 활동을 할 수 없을 것이라는 시각에서 누군가를 도울 수 있는 존재, 즉 사회적 기여자라는 시각의 전환을 이끌어냈다. 이 과정에서 사회복지사들은 북한이탈주민들의 내적 에너지를 임파워링empowering하여 북한이탈주민들의 강점을 강화하는 역할을 수행하게 된다.

북한이탈주민 조직은 다양한 활동을 통하여 긍정적인 기여도가 많기 때문에 향후에도 북한이탈주민들의 조직화 과정이 중요한 사회복지실천의 영역이 되어야 할 것이다. 그러나 조직화 과정은 북한이탈주민 특성에 대한 깊은 이해와 원활한 의사소통을 통한 사회복지사들의 섬세한 개입기술이 요구된다. 자발적인 조직으로서 북한

<표 15-5> 북한이탈주민 조직화 사례

프로그램명	프로그램 내용
북한이탈주민 자원봉사단	남한사회의 수혜자로서의 위치에서 타인을 돕는 경험은 자신감 및 삶의 의욕을 고취시키는 것 뿐 아니라, 지역주민들로 하여금 북한이탈주민에 대한 긍정적인 시각을 갖게 하는 계기가 될 수 있음(장애인 시설봉사, 무료급식 봉사 등) 북한이탈주민의 자발적 참여로 여러 개의 봉사단이 활동 중에 있음(공릉 - 나눔봉사단/방화6 - 여성봉사단)
북한이탈주민 운동팀 (축구단,탁구팀)	북한이탈주민들간의 친목을 도모함과 동시에 지역 내 주민들로 구성된 다양한 운동 동호회들과 상호 교류과정을 통하여 서로간의 차이를 이해하고 긍정적인 관계 형성에 도움이 되는 활동 (축구: 공릉 - 경평축구단/방화6 - 일심축구단/한빛축구단)
북한이탈주민 부녀회	부녀회 모임을 통하여 북한이탈주민 여성들간의 단합과 공동의 관심사와 고민들을 공유할 뿐 아니라 지역 주민들로 구성된 부녀회와 활동을 공유하는 과정을 통하여 상호 이해증진 및 지역사회에 기여하는 활동 (노원구새터민여성부녀회)
북한이탈주민 여성 자조모임	

이탈주민 조직이 활동할 수 있도록 사회복지사들은 원조자의 역할을 수행하여야 하며, 이러한 역할 수행은 조직의 주체인 북한이탈주민과의 깊은 신뢰가 있을 때 가능한 것이다.

3) 지역주민들에 대한 인식개선활동 사례

지역주민들에 대한 인식개선활동은 교육과 지역사회 활동으로 구분할 수 있다. 지역주민들을 범주화 하여 그 범주의 특성에 맞게 인식개선에 필요한 교육의 내용과 교육방법을 선택하는 것이 실천 전략이라고 할 수 있다.

인식개선을 위한 교육의 내용은 우리 사회의 여론을 이끌어 가는 집단을 대상으로 북한이탈주민에 대한 인식을 새롭게 하고 그 집단의 구성원들이 북한이탈주민과 통합하기 위해서 어떠한 역할을 수행할 것인가에 대한 고민을 할 수 있는 내용으로 구성되어야 한다.

지역사회의 차원으로는 지역사회를 이끌어가는 중심세력의 인식변화가 중요하며, 보다 확대된 지역사회의 개념 안에서는 대학생들의 인식변화가 중요하다. 상당수의 북한이탈주민 청년들이 대학에 재학 중이며 이들은 향후 남북한 주민들 간의 통합을 이끌어낼 중요한 기능을 수행하는 집단으로 그들이 속한 대학과 대학생들의 인식의 변화는 영향력을 미치기 때문이다.

인식개선의 두 번째 방법은 인식개선을 자연스럽게 이끌어낼 수 있는 활동(행사)이다. 지역주민들이 북한사회에 대한 경험, 북한이탈주민에 대한 경험을 가질 수 있도록 지역주민과 북한이탈주민들이 하나의 공통된 영역에서 접촉하도록 이끌어내는 것이다. 이러한 과정을 통해서 서로의 다름에 대한 인식과 그 다름이 하나가 될 수

〈표 15-6〉 지역주민들에 대한 인식개선활동 사례

프로그램명	프로그램 내용
대학생들의 인식개선 세미나 및 공동활동	남한대학생과 북한출신 대학생이 함께 세미나의 패널로 참여해서 서로가 가진 차이과 공통점을 찾아가면서 남북한 대학생들간의 차이를 줄이고 연합을 위한 세미나 및 체험과 교제를 위한 캠프 진행 (공릉: 남북한대학생들의 연합캠프)
지역 내 기관 및 단체장교육	각 지역사회의 직능단체장, 학교장, 공무원, 주민자치위원들을 대상으로 하는 북한이탈주민에 대한 인식개선을 위한 교육
남한 대학생들을 대상 북한이탈주민 인식변화 교육	북한이탈주민이 다수 재학중인 대학교의 대학생들 대상으로 하여 북한이탈주민에 대한 바른 이해 및 북한이탈주민 대학생 친구를 돕기 위한 자원봉사 활동에 대한 안내 (서울지역의 5개 복지관의 연합으로 실시하고 있음: 가양7, 공릉, 방화6, 한빛, 태화복지관)
지역주민 대상 바자회	지역사회 단위의 조직들이 북한음식 판매 등의 활동과 바자회 등을 통해서 인식을 개선시키고, 또한 공동 참여를 통하여 서로에 대한 이해 증진(북한음식나누기/밀집지역의 지역주민에게 북한음식 나눔행사)
남북한 문화 통합을 위한 지역축제	· 새터민들과 함께 만들어가는 지역축제 · 남한문화, 북한문화 등을 소개하고 서로에 대한 차이를 이해하고, 하나됨의 계기를 만들어가는 과정

있는 가능성을 찾아내는 계기를 제공할 수 있는 내용으로 구성되어
야 한다. 이러한 접근은 사회복지실천의 거시적인 관점으로 지역사
회를 구성하는 다양한 요소들이 함께 참여하여 북한이탈주민에 대
한 인식개선을 이끌어내는 프로그램이라 할 수 있다.

4) 지역주민조직과 북한이탈주민의 연합활동 사례

지역주민들의 북한이탈주민에 대한 인식 개선뿐만 아니라, 서로
다른 경험 속에서 살아온 두 집단이 한 지역사회 안에서 원만한 관계
를 이루는 이웃으로 살아가기 위해서는 서로가 연합하여 일정한 활
동을 하는 것이 필요하다. 양자가 서로에 대한 생각을 확인하고, 그
차이를 인식하고 또한 그 안에서 차이를 극복해내기 위해서는 구체

〈표 15-7〉 지역주민조직과 북한이탈주민의 연합활동 사례

프로그램명	프로그램 내용
주민통합기획단	남한주민과 북한이탈주민이 동일한 수로 참여하여 서로에 대한 이해를 증진시키고, 상호의 관심사를 공유하면서 북한이탈주민이 남한사회에 잘 적응할 수 있도록 지원하는 지역사회 지원체계를 자발적으로 만들어가는 조직 (08년도 한국사회복지사협회가 사회복지공동모금회의 지원을 받아 북한이탈주민 밀집지역인 노원, 양천, 강서지역에서 실시하고 있는 조직)
	・공릉새터민정착지원센터(노원구) 　- 남한주민대표: 자원봉사단체장, 밀집 거주지역의 주민자치위원, 북한이탈주민지원지역협의회위원, 관련공무원 　- 북한이탈주민대표: 북한이탈주민단체장(노원구거주), 북한이탈주민 자조조직의 대표, 지역별 대표 　- 활동내용: 전체 25명으로 구성되어 월 1회 자원봉사활동과 서로를 이해하기 위한 활동 수행 중, 연합활동으로 북한음식나누기 행사, 한반도의 작은 통을 위한 노원구 남북문화축제 개최
남북한주민화합프로그램 (남북통합모임)	남한주민과 북한이탈주민이 함께 조직을 이루어 야유회, 산행, 체육대회, 영화보기, 씨티투어, 명절행사 공유하는 프로그램 (구성: 직원, 남한참가자, 북한이탈주민으로 참여)

적인 활동 과정이 필요하다. 이러한 필요 속에서 만들어진 활동이 '주민통합기획단'이다. 〈표 15-7〉에서 설명한 바와 같이 주민통합기획단은 북한이탈주민이 밀집한 지역사회에 3개가 운영 중에 있다. 각 지역사회의 특성이 반영된 것으로서 유사하면서도 각각 다른 형태로 운영되고 있다.

5) 지역사회조직 간의 네트워크 구축 사례

지역사회복지관은 지역사회 내에 거점을 두고 오랜 기간 활동[6]을 하여 네트워크가 원활히 형성되어 있는데, 현재 새터민 서비스를 제공을 하는 기관들은 기존 복지관이 보유하고 있는 네트워크를 기반으로 하여 새터민 지원을 위한 전담 네트워크 등을 다양하게 형성하고 있다. 이러한 네트워크를 통하여 새터민들이 요구하는 다양한 문제들에 대해서 적정, 적시의 서비스 제공을 가능하게 하는 것은 지역복지관이 가진 강점이라고 할 수 있다(김선화, 2007: 27). 구체적으로 지역사회복지관이 북한이탈주민들을 지원하기 위한 조직의 네트워크 현황은 다음과 같다.

---

6 전국사회복지관은 400여 개, 서울시 사회복지관은 97개소로 25개구에 골고루 배치되어 있으며 저소득층 밀집지역 내에 반드시 설치되어 있다. 또한 사회복지관은 1980년대 중후반 이후로 집중적으로 건립되어 지역사회 내에 오랜 거점기관으로 지역사회문제해결에 선도적인 기능을 수행하고 있다.

〈표 15-8〉 새터민 지원 지역복지관의 서비스 네트워크 현황

구분	기관현황(기관명)
새터민 지원기관	- 새터민 지원 민간단체(60여개) - 북한이탈주민후원회
지역기관 (단체,모임)	- 북한이탈주민지원지역협의회(보호담당관 및 지역대표) - 직능단체 및 지역조직 　(민주평통, 의사회, 새마을부녀회 및 봉사조직 및 친목조직)
교육기관	- 초 · 중 · 고등학교 교육복지실 및 대학교 - 일반학원 (학습 및 예체능 관련)
복지기관	- 이용시설: 사회복지관, 장애인 · 노인복지관, 보육시설 및 지역아동센터 - 생활시설: 일시보호시설 및 위탁가정 - 사회복지관협회
관공서	- 지방자치단체(구청, 시청 : 거주지보호담당관) - 고용안정센터(취업보호담당관) - 동사무소(국민기초생활보장 관련), - 경찰서(신변보호담당관) - 시구의회
의료기관	- 종합병원(아산병원, 삼성병원, 지역내 종합병원) - 지역병의원(내과, 산부인과, 정형외과, 신경정신과, 치과) - 지역보건소, 지역정신보건센터
지원기관	- 기업복지재단, 사회복지공동모금회, 기업의 사회공헌팀 - 한국정보문화진흥원, 한국문예진흥원
종교단체	- 개신교, 천주교, 불교(사회복지위원회 및 자원봉사 조직)
새터민 관련단체	- 새터민 친목단체 　(탈북자 동지회, 통일을 준비하는 탈북자 협회 등)
기타	- 아파트 관리사무소

※출처: 김선화, 2007: 27.

□ 13장 참고문헌 □

김미숙(2004),『북한이탈학생의 학교적응 실태 분석 연구』, 한국교육개발원.
김윤영(2002),『탈북 아동들의 남한학교 생활과 정체성』, 한양대학교 석사학위논문.
김현경(2007),『난민으로서의 새터민의 외상회복 경험에 대한 현상학 연구』, 이화여자대학교 박사학위논문.
강차연(2004),「재중탈북여성들의 생활실태」,『여성연구』, 19: 59-78.
북한인권위원회(2007),『북한이주민 정착과정 실태조사』.
이기영(2002),「탈북청소년의 남한사회적응에 관한 질적분석」,『한국청소년연구』, 13(1): 175-224.
이금순·김규륜·김영윤·안혜영·윤여상(2005),『북한이탈주민의 사회적응 프로그램 연구』, 통일연구원.
이부미(2004),「어린이집에서 친구 사귀기를 통해 본 탈북유아의 남한사회 적응생활」,『아동권리연구』, 8(3): 353-387.
이민영(2005),『남북한 이문화 부부의 가족과정 경험에 관한 질적 연구-내러티브탐구방법을 활용하여』, 이화여자대학교 박사학위논문.
이민영(2007),「새터민의 가족탄력성 증진을 위한 개입모형 개발」,『남서울대논문집』, 13(2): 35-55.
이혜경(2002),『북한이탈주민 대학생의 학교생활에 관한 체험연구』, 이화여자대학교 석사논문.
조영달(2006),『다문화가정의 자녀교육실태 조사』, 교육인적자원부.
조영아·유시은(2007),「새터민 정신건강 전문가의 역할과 개입전략」,『통일정책연구』, 15(2): 53-77.
조영아·전우택(2004),「북한 출신 대학생들의 대학생활 적응에 대한 질적연구」,『한국심리학회지: 상담 및 심리치료』, 16(1): 167-186.
전우택(2007),『사람의 통일, 땅의 통일』, 연세대학교 출판부.
정병호·정신경·이한규(2004),『북한이탈주민 교육지원체제 수립방안에 관한 연구』, 교육정책연구.
정병호·전우택·정진경(2006),『웰컴투 코리아 북조선 사람들의 남한살이』, 한양대학교출판사.
Andre Sourander(1998), 'Behvavior problems and traumatice events of unaccompanied refugee minors', *Child & Neglect*, 22(7): 719-727.
Killian, K. D.(2002), 'Dominant and marginalized discourses in interracial couples' narratives: Implications for family therapists, *Family process*, 41(4): 603-618.
Mary, E. Gardiner & Ernestine, K. Enomoto(2006), 'Urban school principal and their role as multicultural leaders', *Urban Education*, 41(6): 560-584.
(사)이주여성인권센터 www.wmigrant.org
(사)하늘샘터 정책포럼(2005),「탈북대학생 교육문제 무엇이 대안인가?」, 샘터탈북자료실, www.samter.or.kr.

□ 14장 참고문헌 □

김선화(2005),「여성새터민을 위한 특화 프로그램 개발」,『통일부 내부 워크숍 발표자료집』.
김선화(2007),「정착초기 새터민 가족의 적응과정」,『사회복지사의 문화적 역량, 그리고 새터민 가족에 대한 개입』, 한국가족사회복지학회 제17회 춘계워크숍.
김선희(2005),『조선여성지에 나타난 북한여성의 성역할 연구』, 가톨릭대학교 사회복지대학원 석사학위논문.
김영수(2000),「북한이탈주민의 가족문제」,『사회과학연구』, 9: 102-117.

김진미(2004), 『북한이탈주민의 가족안정성 및 사회적응에 관한 연구』, 경기대학교 행정대학원 석사학위논문.
박미석·이종남(1999), 「탈북가족의 남한사회적응시 겪는 어려움과 그에 따른 대처방안」, 『통일논총』, 17: 3-73.
박윤숙(2005), 「탈북여성의 삶의 과정과 지원방향」, 『어디까지 왔나 무엇이 쟁점인가?』, 도서출판 우양.
배문숙(2004), 『북한의 각급학교 교과내용에 나타난 남녀의 역할과 이상적 남녀관에 관한 분석 연구』, 고려대학교 석사학위논문.
북한이탈주민연구학회·한국사회복지사협회·한국노동교육원(2007), 『새터민 1만명시대, 지난 7년과 앞으로의 7년』, 학술대회 자료집, 북한대학원대학교 통일관 정산홀.
안연진(2002), 『북한이탈주민가족의 가족문화 특성에 관한 질적 연구』. 가톨릭대학교 석사학위논문.
윤인진(2007), 「북한이주민 가족의 사회적응과 사회복지 지원정책 방안」, 『새터민 가족을 위한 가족복지 지원방안』, 2007년도 한국가족복지학회 춘계학술대회 발표자료집.
윤인진·김숙희(2005), 「국내 탈북자의 건강과 의료」, 『보건과 사회과학』, 17: 149-182.
윤인진·박영희·윤여상·장혜영·임인숙(2007), 「북한이주민 가족의 사회적응과 가족관계의 변화」, 『한국가족복지학』, 12(2): 89-108.
이기영(2000), 「탈북자 가족의 남한사회적응과정」, 『한국가족사회복지학회 추계학술대회 발표집』.
이기영·성향숙(2001), 「탈북자 가족 구성원의 가족관계 인식에 관한 조사 연구」, 『한국사회복지학』, 47(11): 243-271.
이옥자·김현경(2007), 「새터민 가족의 재통합을 위한 분투노력 - 새터민 가족 사례를 중심으로」, 『한국가족치료학회』, 15(2): 365-387.
장혜경·김영란(2000), 『북한이탈주민가족의 가족안정성 및 사회적응과 여성의 역할』, 한국여성개발원 연구보고서.
조정아·임순희·정진경(2006), 『새터민의 문화갈등과 문화적 통합방안』, 한국여성개발원·통일연구원.
통일부(2004), 『새터민 입국 통계자료』.
Scheinfeld, D. & Lorraine B. Wallach(1997), *Strengthening Refugee Families*, Lyceum Books, Inc.

□ 15장 참고문헌 □

국제위기감시기구 보고서(2006).
김선화(2005), 「지역사회 중심의 북한이탈주민 정착지원사업의 전망」, 『북한이탈주민 지원 민간단체 협의회 워크숍 자료집』.
김선화(2005), 「지역사회복지관의 북한이탈주민지원사업의 현황과 과제」, 『북한이탈주민 지원 실무자 전문성 증진을 위한 교육 워크숍 자료집』.
김선화(2007), 「공릉종합사회복지관 새터민 정착지원센터 운영 현황」, 『인천지역 새터민종합지원체계구축을 위한 세미나』, 무지개 청소년 센터.
김선화(2007), 「새터민 정착지원을 위한 사회복지 프로그램의 현황과 평가」, 『새터민 1만명 시대, 지난 7년과 앞으로의 7년』, 북한이탈주민연구학회·한국사회복지사협회, 한국노동교육원 공동학술대회 자료집.
선의관악복지관 외(2007), 『"사회복지사를 위한 단계별 주민조직가 훈련과정과 네트워킹" 사업발표회: 사회복지관 지역사회조직화 실천과정에 대한 소통』.
이금순 외(2007), 『한반도 평화·번영 거버넌스의 실태조사(하)』, 통일연구원, p.1152-1154.
전상천(2007), 「중앙주도형 정책과 사회적 지지망의 취약성」, 『기로에 선 탈북자 정착지원 정

책, 주무부처 조정, 지자체ㆍ민간이양 가능한가?』, (사)북한인권시민연합ㆍ(사)경인발
    전연구원, p.49.
최용환(2007), 「탈북자 정착 전국화: 경기도의 여건과 정책 과제」, 『기로에 선 탈북자 정착지원
    정책, 주무부처 조정, 지자체ㆍ민간이양 가능한가?』, (사)북한인권시민연합ㆍ(사)경인
    발전연구원, p.101.
황부자ㆍ손영지(2007), 「지역사회복지관의 북한이탈주민 지원 프로그램이 북한이탈주민의 생
    활만족도에 미치는 영향에 관한 연구(서울지역 거주자를 중심으로)」, 『태화임상사회연
    구』, p.14.
KBS(시사기획 쌈)(2007. 4), 『새터민에 대한 인식 결과 보고서』, 미디어 리서치.

국문

ㄱ

가족응집력 / 232, 238
간접적 개입 / 184
게하트 / 152
경청하기 / 48
계약 / 115, 118, 195
교류 / 28, 233, 273
국제위기감시기구 / 255, 283
귀인 / 94
그레이스 애보트 / 19
기본형 모델 / 156
기제 / 36, 47, 48, 56~58, 68, 93, 129, 150, 204

ㄴ

난민가족 강화하기 / 241
난민가족 프로그램 / 241

ㄷ

단순형 모델 / 154
대중매체 / 36, 164, 271
동시적 시선 / 224
동화주의 / 19
디딤돌 학교 / 217

ㅁ

맥락화 / 77
멘토 / 183, 198, 211, 215
모니터 / 32, 127, 150, 157, 169, 184~186
모델링 / 247, 250
목적 / 116, 117, 122, 130, 139, 141, 152, 174, 182, 186, 195, 212, 242, 249, 251, 270, 275
목표 / 116, 117, 132, 144, 169, 173, 181~183, 185, 186, 195, 242, 243, 245
목표설정 / 115, 116
무력감 / 78, 121
무연고 미성년 난민신청자 / 18
문제사정 / 109
문화 능력 / 101, 111
문화도 / 111, 113
문화적 편견 / 133, 134
문화지도 / 30
물리적 자원 / 189, 193, 194
미시적 체계 / 30
미완성 종결의 비율 / 131
민족계급적 시각 / 81
민족지적 인터뷰 / 108

ㅂ

바틀렛 / 27
발달적 위기 / 39
보편주의적 접근 / 224
보호담당관 / 161, 171, 180, 190, 254, 259, 281
복합적 사정 / 33
부부갈등 / 223, 230, 234
불이익집단 / 18
브론펜브래너 / 30

ㅅ

사례관리 / 8, 11, 21, 140, 147, 149, 150~159, 161, 163, 165, 167, 169, 170~200, 254, 275
사례발견 / 170, 171, 173
사정 / 8, 11, 18, 20, 30~32, 46~48, 52, 53, 84, 85, 99, 102, 104, 107, 109, 110, 111, 113, 114, 116, 130, 150, 155, 169~171, 173~181, 183, 185, 186, 195, 197, 244

4체계 / 30
사회사업실천 / 27, 29, 31, 174
사회적 기능의 상호작용 / 27
사회적 바람직성 / 135, 142
사회적 자원 / 150, 189, 190
사후관리 / 66, 139, 140, 141, 170, 187, 244
상실 / 35, 36, 42, 44, 58, 62, 65, 66, 78,
    102, 129, 221, 224, 240
상호이익 / 273
상황적 위기 / 39, 46, 47
새터민 적용 탄력성 측정 도구 / 91
새터민정착지원센터 / 171
생태도 / 111
생태적 관점 / 81
생태학적 접근 / 27~29, 31, 32
서비스 제공의 포괄성 / 153
서비스의 개별화 / 152
서비스의 연계성 / 153
서비스의 지속성 / 153
세대갈등 / 229, 234
소피 브레켄리지 / 19
스트레스원 / 43, 63, 88, 110
신체적 장애물 / 177
실존적 위기 / 40, 222
심리적 강점 / 177
심리적 응급 / 36, 37

양문화적 접근 / 224
에디스 애보트 / 19
역량강화 / 75~78, 80~83, 85~87, 121, 122
역사적 시각 / 80
연결 / 9, 19, 24, 51, 56, 57, 59, 77, 109,
    117, 128, 129, 132, 136, 140, 150, 153,
    154, 169, 184, 191, 196, 198, 274
영성 / 67, 91
외부체계 / 30, 228
외상 / 36, 40, 41, 43, 44, 61~67, 71, 72, 87,
    94, 95, 221
외상적 노출 / 35
5초점 시각 / 80, 82
용광로 / 19
위기개입 6단계 모델 / 46
위기분류사정양식 / 52
인보관 / 19
인생증진상담 / 130
임무실패 / 36

자기노출 / 105
자기통제검사 / 142
자기표현 / 184, 250
자살방지계약 / 51
자아존중감 / 52, 135, 142
적응 / 28~30, 32, 42, 61, 70, 73, 80, 87, 93,
    102, 111~114, 120, 138, 144, 151, 153,
    154, 158~165, 167, 203, 204, 207,
    209~211, 213, 215, 220, 222, 228~230,
    233~235, 238, 241, 253, 254, 258, 267,
    268, 274, 275
적합성 / 28, 30, 127, 136, 172
전문 관리형 모델 / 156
전환기학교 / 216, 217
정보적 자원 / 189, 191, 192
정착도우미 / 171, 190, 197, 221, 254
정착도우미 사업 / 157, 171, 255
제인 아담스 / 19
종결 / 126~129, 131, 132, 136, 137, 141,
    150, 169, 170, 185~187
종결과정관련 기술 / 128
종결의 개념화 기술 / 128
종결의 개인화 기술 / 128
종합형 모델 / 156
주민 조직화 / 269, 277
주민통합기획단 / 279, 280
중재 / 19, 169
중혼금지 / 231
지역사회센터 / 19
직접적 개입 / 184
직접적 실천에 대한 평가 / 127
집합성 / 77
체계적 위기 / 40

ㅊ

초기접수 / 170
총괄적 평가 / 127
치유적 관계 / 65

ㅋ

캔터 / 59
클라이언트의 자율성 극대화 / 153

ㅌ

탄력성 / 76, 78, 87~91, 93~95, 282
특성화학교 / 213, 216

ㅍ

파울로 프레이리 / 75
편향성 / 137, 142
평가 / 8, 11, 46, 47, 52~55, 82, 85, 86, 91,
  99, 104, 113, 114, 123, 125~129, 131,
  133~143, 150, 169, 170, 174, 181, 186,
  187, 191, 199, 261, 283
평생교육 / 208
폐쇄질문 / 50
프로그램의 평가 / 127
피억압자 / 18

ㅎ

하나둘학교 / 203
해리 / 43
헤드스타트 / 219
협력적 관계 / 83, 181
형성적 평가 / 127
환경 속의 개인 / 27, 32
환경적 강점 / 177
환경적 장애물 / 177
활동하기 / 48
회복 / 62~68, 70~73, 87, 120, 225
회전문효과 / 131

영문

A

Andre / 219
attributes / 94

B

Ballew / 187
Bartlett / 27
bias / 133, 142
Bronfenbrenner / 30

C

Canter / 59
case management / 21, 98, 140, 149, 199
collectivity / 77
contextualization / 77
culturagram / 30, 111, 112
culturally competent practice / 102
culturally sensitive practice / 101
direct practice evaluation / 127
disadvantaged people / 18
dissociation / 43
drop out rate / 131

E

e-learning / 208
eco-maps / 111
emergency / 36, 96
empowerment / 75, 96, 97, 98
ethnoclass / 81
exo-system / 30

F

Fi-Focial Vison / 80
follow-up / 128, 132, 139, 244
Fong / 122
formative evaluation / 127

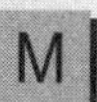

GHIJL

good of fit / 28
healing relationship / 65
intake / 170, 243
Jane Adams / 19
Life enhancement counseling / 130

M

media coverage / 36
melting pot / 19
Mink / 187
mission failure / 36
Moore / 151, 154, 199
multiple assessment / 33
Munoz / 131

NO

neighborhood centers / 19
outreach / 97, 170

P

Paulo Freire / 75
person-in-environment / 27
personal loss / 35
powerlessness / 78

R

recovery / 62, 98
revolving door effect / 131

S

self-control rating scale / 142
self-esteem / 135
settlement houses / 19
sexual orientation / 20
social desirability / 135, 142
Social func tioning interactions / 27
Sophie Breckenridge / 19
spirituality / 67
Stressors / 63
summative evaluation / 127

T

Triage Assessment Form / 52
termination / 126, 145
termination conceptualization skills / 128
termination personalization skills / 128
termination process skills / 128
the oppressed / 18
transaction / 28
trauma / 36, 67, 69, 96, 98, 282
traumatic exposure / 35

U

Unaccompanied asylum-seeking minors / 18